Ralf Schmitz

SCHMITZ' HÄUSCHEN

Wer Handwerker hat,
braucht keine Feinde mehr

BASTEI
LÜBBE
TASCHENBUCH

BASTEI LÜBBE TASCHENBUCH
Band 60806

1. Auflage: September 2014

Dieser Titel ist auch als Hörbuch und E-Book erschienen

Originalausgabe

Copyright © 2014 by Bastei Lübbe AG, Köln
Autor: Ralf Schmitz
Kontakt: www.hpr.de
Mitarbeit: Melanie Fahnert, Jana Runde
Lektorat: Ramona Jäger
Titelbild: © Boris Breuer
Cover: Alexander Scasny, Umschlag: FAVORITENBUERO, München
© Bilder Innenteil: Boris Breuer (S. 12, 86, 282),
Delfin Deutschland Industriesauger GmbH (S. 119 u.),
Fotolia (S. 15, 118–123, 169, 217), Melanie Fahnert (S. 17 u., 118 u.),
Stefan Hillebrand (S. 18 o.), Karin Wilbrand (S. 44),
www.terriblerealestateagentphotos.com (S. 16, 17 o., 18 u., 19, 20).
Alle übrigen Fotos: Ralf Schmitz, Rätsel auf S. 132/170: Deike Verlag, Konstanz
Satz: Florian v. Wissel, hoop-de-la, Köln
Gesetzt aus der Whitney HTF
Druck und Verarbeitung: GGP Media GmbH, Pößneck
Printed in Germany
ISBN 978-3-404-60806-5

Sie finden uns im Internet unter
www.luebbe.de
Bitte beachten Sie auch: www.lesejury.de

Inhaltsverzeichnis

Vorwort	7
Wer nicht wagt, der gewinnt – oder so	13
Haus to go	34
Knusper, knusper, knäuschen	40
Passierschein A38	51
Klug geplant ist halb zerronnen	67
Liebes Tagebuch (Teil 1)	79
Operation Wohnsitzwechsel	86
»Ich verstehe das nicht«	113
Ein Bohrer ist ein Bohrer ist ein Bohrer …	115
Warten auf Godot	124
Stillleben	133
Ich sehe was, was du nicht siehst	139
Die 7 Handwerker	147
Privatsphäre interruptus	161
Nach ganz fest kommt ganz lose	173
Aller guten Dinge sind zwölf	181
Expeditionen ins Marktreich	190
Selbst ist der Dumme	203
Handwerker-Knigge	216
Die besten Handwerkerlügen	224
Was Handwerker wirklich denken	226
Immer lekker perfect	230
Unheilbar	238
Der Verschlimmbesserer	244
Drive Baumarkt	250
Baumarktholiker	257
Sexer Dübel	264
Wir werden sie nie wieder los	270

Gehirnwäsche 278
Top Ten der lustigsten Handwerkerkatastrophen 283
Der Anruf 285
Dunkle Seiten 290
Liebes Tagebuch (Teil 2) 301
Ende gut. Tut gut. 307
Schlusswort 310

Gebrauchsanweisung kompakt 313
Der große Test:
Wie verhalte ich mich beim Umbauen richtig? 314
Regelkatalog für den richtigen Umgang mit Handwerkern ... 325
Letzte Tipps für Betroffene 328

Kleines Fotoalbum zum Schluss 330

Vorwort

Liebe Leserin, lieber Leser,

bestimmt wissen Sie, mit welch unfassbaren Schwierigkeiten man bei Renovierungs- oder Umbauarbeiten zuweilen zurechtkommen muss. Entweder weil Freunde Ihnen davon erzählt haben. Oder, viel schlimmer, weil Sie all diese Probleme und Verzögerungen, diese mittleren bis ausgewachsenen Katastrophen selbst erlebt haben. Dieses Buch wird Ihnen helfen, die Sache mit Humor zu nehmen. Tragen Sie den Spaß und ein Lächeln wie einen Schild vor sich her, und alles wird am Ende gut. Denn die beste Waffe ist immer noch das Lachen!

Damit Sie den Wettkampf um Ihr perfektes Heim gewinnen, lasse ich Sie teilhaben an meiner ganz persönlichen Haus-Olympiade. Mit Eröffnungsfeier, unterschiedlichsten Disziplinen, Rekorden, Fouls und Medaillen.

Getreu dem Motto: Geteiltes Leid ist halbes Leid.

Als meine Freunde mir hin und wieder von ihren Umbauarbeiten erzählt haben, habe ich blöderweise immer nicht richtig zugehört und die Sachlage völlig unterschätzt. Es betraf mich ja nicht. Außerdem hätte ich mir nicht mal im Traum vorstellen können, irgendwann selbst in die Situation zu kommen, ein Haus zu renovieren. Die kostbaren Ratschläge plätschern also bloß als amüsante Anekdoten knapp an meinem Bewusstsein vorbei, wie ein entfernter, rauschender Fluss, den ich irgendwann mal überqueren muss. Vielleicht aber auch nicht. Vielleicht müsste ich ja nie auf die andere Seite. Und selbst wenn: Dann könnte ich mich ja immer noch entscheiden, ob ich mich tatsächlich der wilden Natur stelle oder doch lieber weiterhin im Freibad Chloraugen bekomme.

Leider ist das völliger Quatsch. Sie entscheiden gar nichts. Es trifft Sie wie ein Hammerschlag.

Nach den Begegnungen mit den außerirdischen Besatzern aus der »Handwerker«-Galaxie ähnelt das, was Sie bis dahin für Schwierigkeiten gehalten haben, einem Kaffeekränzchen mit Hello Kitty und dem Dalai Lama.

Ich gebe zu, dass ich wohl besonders großes Pech mit der Auswahl meiner Mitstreiter hatte. Sicherlich wird es zahlreiche Fälle geben, in denen es deutlich besser lief und die Kompetenz der Fachkräfte hervorragend war. Aber seien wir doch froh, dass ich mit der Zeit einen so weiten Erfahrungshorizont gewonnen habe, dass man ihn schon nicht mehr sehen kann. Somit ist sicher für jeden etwas dabei. Und wenn weniger passiert wäre, worüber hätte ich denn dann schreiben sollen?

Kleiner Vorgeschmack gefällig? Sehr gern.

Über den gesamten Umbauprozess hinweg unterbrachen mich beim Schreiben unter anderem auch dieses Buches immer wieder Klopfgeräusche. Die kamen nicht etwa aus einem eingestürzten Braunkohlestollen unter der Küche, sondern mal aus dem Abstellraum nebenan, aus der Zwischendecke über mir oder auch bisweilen von der noch nicht vorhandenen Tür zu meinem Arbeitszimmer ...

»Entschuldigen Sie, Herr Schmitz, 'ne kuchze Frare. Soll der Softversiegelungsantitropfauslass jetzt montiert werden, oder wollen Se den doch nisch haben?«

»Kommen Sie doch rein ... Moment, Sie sind doch heute nur deswegen gekommen, oder werfe ich da was durcheinander?«

»Nä, nä. Datt schtimmt. Isch wollt nur sischerheitshalber noch mal fraren.«

Kurzes, ohnmächtiges Schweigen meinerseits. Dann entgegnete ich: »Äh, ich schlage mal was Verrücktes vor: Wie wäre es denn, wenn Sie heute das machen, wofür Sie hergekommen sind!?«
»Alles klar, Herr Schmitz. Mache mer so.«
»Wunderbar.«
»Noch kuchz ...«
»Ja ...?«
»Wenn mer fechtisch sind ...?«
»Ja?«
»Solle mer dann aufhören?«

Falls Sie während meines kleinen Beispiels gerade schon ein paar Mal zwanghaft nicken mussten und dazu immer wieder »Genau ... genau ...« gehaucht haben, dann werden alle folgenden Seiten Balsam für Ihre geschundene Seele sein. Brechen Sie ruhig in erlösende Tränen aus!

Alle anderen verstehen dieses Buch bitte als intensiven Hinweis, amüsieren sich sehr gerne auf Kosten der anderen und machen es bei ihrer Renovierung irgendwann besser.

Ob Sie nun schon in der Hölle drinstecken oder sie noch vor sich haben, hier ein wertvoller Ratschlag:

Laufen Sie!

Falls Sie das Ruder noch herumreißen können: Bauen Sie nicht um! Erneuern Sie nichts! Stoppen Sie die Arbeiten!

Ziehen Sie doch in eine Plattenbausiedlung, in eine Bretterhütte im Wald oder zur Oma. Verrammeln Sie die Türen, lassen Sie niemanden herein. Auch wenn die Wandfarbe Sie erblinden lässt, der Geruch aus dem Duschabfluss Dauerbrechen provoziert, das durchmodernde Regenwasser an der Decke über dem Bett neue Kulturen züchtet, machen Sie nicht auf! Lassen Sie alles so. Und leben Sie! Die Alternative ist grausamer.

Wenn jemand als Fliesenleger von der Firma Wolf vor der Tür steht, seine Stimme eine Oktave nach oben verstellt und Sie mit den Worten »Wir sind auch gleich wieder weg« locken will, DANN IST DAS EINE FALLE!

Falls es für all das schon zu spät ist und Sie trotzdem umbauen wollen, na ja, auch kein Problem ... Sie haben ja jetzt dieses Buch! Sie werden im Verlauf der nächsten Kapitel und Seiten vermutlich kreischen, heulen, schreien, grölen, wimmern, brüllen, glücklich seufzen, lachen und knurrend die Auslegeware zerbeißen.

Und sollte Ihnen das Lachen auf Ihrer persönlichen Baustelle mal im Halse stecken bleiben, können Sie das Buch auch gerne als Schlaginstrument gebrauchen. Diese Verwendung ist in digital beherrschten Zeiten von Anfang an das wichtigste Argument für die gedruckte Version gewesen.

Und jetzt fragen Sie sich sicher: Warum zieht der Schmitz da ein, wenn doch offensichtlich noch nicht alles glanzpoliert darauf wartet, bewohnt zu werden? Und RECHT haben Sie! Auch ich habe mich jedes Mal gewundert, warum die Verrückten in den Vorabendsendungen monatelang, ach was sag ich, jahrelang in schlimmsten Baustellen hausen. Das kann man doch alles besser organisieren. Ja, das KANN man.

Wenn Ihnen aber die Handwerker hoch und heilig versprechen, mit Meisterbrief und Siegel drauf und beim Leben ihrer Mutter und Schrauben, dass die Arbeiten auf jeden Fall und hundertprozentig bis zum 1. August abgeschlossen sind, und Sie vor allem Ihre alte Wohnung zum 1. November gekündigt haben – also mit DURCHAUS ausreichendem Zeitpuffer –, DANN sitzen Sie vielleicht auch bald auf einem Umzugskarton und haben ausreichend Zeit, um ein Buch zu schreiben.

So, jetzt wird es aber Zeit, Sie endlich an dem teilhaben zu lassen, was ich in den letzten Monaten an lustigen, haarsträubenden, schrägen, teilweise unglaublichen und sogar herzallerliebsten Geschichten erlebt habe.

Sollten Sie ein zartes Gemüt besitzen, dann muss ich Sie allerdings warnen. Hören Sie jetzt besser auf zu lesen! Bringen Sie das Buch zurück, verschenken Sie es an Menschen mit Umbau-Fetisch oder zünden Sie damit Ihren Ofen an. Falls er funktioniert. Sie Feigling!

Doch bevor Sie das Feuer schüren, überlegen Sie noch mal: Falls Sie sich rüsten oder Ihr Leid teilen wollen … Falls auch bei Ihnen der Warmwasserboiler schon fünf Mal neu bestellt werden musste und die Handwerker schließlich ins Gästezimmer eingezogen sind … Falls Sie darüber lachen wollen, wenn der Ehemann oder die Ehefrau baumarktsüchtig werden oder man im Bürgeramt, bei Frau Jankowski, Abschnitt C, Schreibtisch 2 wimmernd dem Genehmigungswahnsinn erliegt … Falls Sie also für zukünftige eigene Begegnungen gewappnet sein wollen, dann holen Sie das Buch gefälligst zurück aus dem Ofen und lesen jetzt weiter!

Jetzt geht's doch erst richtig los!

Wer nicht wagt, der gewinnt – oder so

Seit Monaten hatte sich diese kleine fixe Idee in meinem Kopf bequem gemacht, hatte ich mich mit dem verrückten Gedanken herumgeschlagen, eine Wohnung oder ein kleines Häuschen eventuell, vielleicht, unter bestimmten Umständen käuflich zu erwerben.

Warum? Tja, irgendwann bekam ich so ein drängendes Gefühl zur Veränderung. Das geht uns doch allen hin und wieder so, oder? Okay, vielleicht müssen wir uns eingestehen, dass wir eben vollends der Konsumwelt erlegen sind – außer Tiernahrung –, und dass man sich irgendwann satt gelebt hat, an den immer gleichen lahmen Lampen, eingesessenen Sesseln, fiesen Fliesen und nahen Nachbarn ... Selbst die Küche steht ja immer noch an derselben Stelle. Mann, wie langweilig. Vielleicht spüren wir aber auch in solchen Momenten, dass ein neuer Lebensabschnitt beginnt und dass dazu ein anderes Zuhause gehören soll.

Ich hatte dafür sogar ein bisschen gespart. Iiiiih ... Ja, ich weiß, so spießig wollte ich eigentlich niemals werden. Deswegen habe ich auch niemandem von meinen Überlegungen erzählt. Aber die Argumente, DIE ARGUMENTE, die einem die anderen immer um die Ohren hauen ... Na, Sie wissen schon: Man kann in den eigenen vier Wänden machen, was man will, die Musik so weit aufdrehen, bis das Trommelfell platzt, Erspartes vor der Inflation retten, für später vorsorgen, und so weiter und so weiter ...

Alles Quatsch! Den Lautstärkeregler drehe ich höchstens einmal im Jahr bis an die Schmerzgrenze, meine Nachbarn gehen oft nach mir schlafen, und das Ersparte, nun ja, so viel zu retten gibt es da nicht. Ähem. Das alles habe ich bei meinen Überlegungen damals aber irgendwie nicht berücksichtigt. Vielleicht war ich ja auch einfach nur neugierig und wollte in diese andere Welt der Groß- und Kleingrundbesitzer hineinblinzeln.

Wie dem auch sei. Ich machte mich also auf die Suche.

Als Erstes drückte ich mir die Nase an der digitalen Auslage platt und sah mir auf Immopfadfinder√576.de und ähnlichen Seiten all die schönen, irre teuren Sachen an. Na, leck mich am beheizten Pool ... Da gibt es vielleicht Paläste! Wer braucht denn so was? Wenn ich auf dem Weg zum Klo drei Mal umsteigen muss, komme ich doch immer zu spät. Und wie soll man bitteschön in vier Schlafzimmern übernachten? Muss man sich da den Wecker stellen und alle zwei Stunden Decke und Kissen raffen und ins nächste weiterziehen? Und muss man die goldenen Wasserhähne nachts abschrauben und in den Safe packen?

Schnell habe ich aber gemerkt, dass eben nicht alles Gold ist, was glänzt, und dass die Leute einem schon mal gern eine Garage für eine Villa vormachen. Hier wird geschönt, geschummelt und geschniegelt, was innen drin zusammenfällt.

Da wird dank Photoshop die an allen Ecken und Enden leckende Bruchbude mal eben schnell zum Taj Mahal. Da steht der saftig grüne Ficus vom Bobi-Baumarkt plötzlich vor der gesprungenen Glasterrassentür von Zahnarzt Winkler. Und die Mona Lisa ist von Frau Krämer kurzerhand aus dem Pariser Louvre geborgt worden, um ganz unschuldig den Schimmelfleck über der Essecke zu kaschieren.

Manchmal aber, wenn die müffelnde Ranzigkeit eines Objekts zu offensichtlich wird, nützt selbst die beste Schönfummelei nichts mehr. Und dann benebelt den Leser eine dermaßen aberwitzige, schwülstige, gehirnwaschende Objektbeschreibung, dass ich mich fragen musste, ob die Immobilienfuzzis und -fuzzines ihren eigenen Text überhaupt gelesen oder aus Versehen die Fotos vertauscht haben:

»Leben und arbeiten im Grünen. Stilvoll und gesund.

Beeindruckendes Designobjekt in traumhafter Waldrandlage mit unverbaubarem Weitblick, individueller Architektur, schlappe 156 Fahrminuten bis zur Zivilisation. Exponierte Nordost- bzw. Südwestschieflage, klare Blickachsen nach überall. Herrliche, extrem lichtdurchflutete Räume, teils abgestufte Deckenhöhen.

Über die offene Terrasse direkter Zugang zum riesigen Garten.

Der ländlich typische Baustil wurde natürlich erhalten.
Absolut und überhaupt kein Schnickschnack. Ganz wirklich.

Die Beletage auf der Rückseite des Gebäudes kann mittels einer rustikalen, leiterähnlichen Konstruktion problemlos erreicht werden.

Auf fließendes Wasser und Stromanbindung wurde mit Rücksicht auf die Erhaltung des ländlich-gediegenen Charakters natürlich verzichtet.

Ökologisch wertvoll, liefert das Haus für jeden Raum eine eigene Regenwassersammelstation, mitten im Zimmer.

Öffentliche Verkehrsmittel vorhanden (in ca. 20 Jahren).

Kindergärten und Schulen sind mittels Flugzeug schnell erreichbar.

Das Gebäude steht unter Denkmalschutz.«

Oder hier ein kleiner Auszug aus einem anderen Inserat:

»... verfügt über topmoderne Ausstattung und bodentiefe Fenster ...«

Noch ein Fundstück? Sehr gern. Bitte schön:

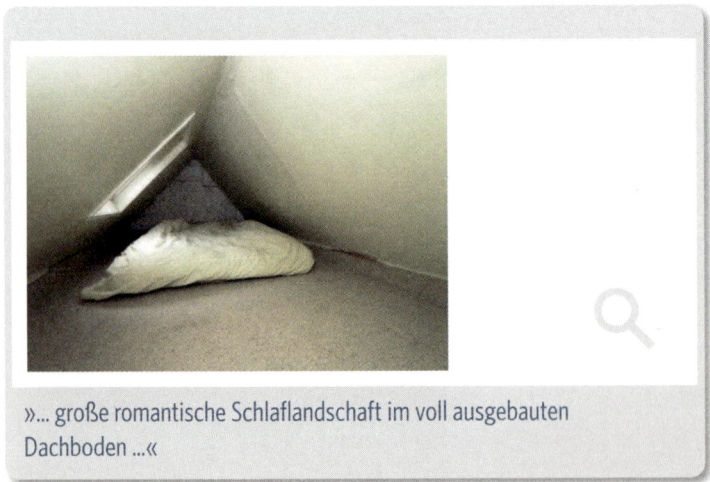

»... große romantische Schlaflandschaft im voll ausgebauten Dachboden ...«

Eins noch:

»... im Preis inbegriffen ist natürlich auch die Einbauküche Ihrer Träume.«

Doch noch eins:

»... alles, was Ihr Herz begehrt. Hier werden keine Wünsche offengelassen.«

Und weil es so schön ist:

»Verkehrsgünstige Lage ... Schnellstraße in der Nähe ...«

Wenn man einmal angefangen hat ... hier, schauen Sie mal:

»Appartement mit modern integriertem Bad ...«

(Mit kleinem Suchbild: Finde die Toilette!)

Scheint in Mode zu kommen:

»Hier kriegt der Begriff ›Wohnküche‹ eine völlig neue Bedeutung ...«

So, danach ist aber wirklich Schluss:

»... Sie müssen bis an Ihr Lebensende nie wieder umziehen. Versprochen!«

Aber jetzt:

»Das ideale Anwesen für Raucher ...«

All diese tollen Angebote waren natürlich ganz offensichtlich unglaublich verlockend. Aber auch wenn Sie mir das jetzt nicht glauben wollen, irgendwie schien es trotzdem schwierig, das Richtige herauszupicken. Ich verstehe natürlich, dass Sie mein Zögern bei den ganzen Sensationsofferten nicht ganz nachvollziehen können, dennoch muss man leider sagen, dass nur eine Handvoll Sahnestückchen übrig blieb.

Einmal ins Wunderland und zurück bitte

Nachdem es anscheinend gar nicht so leicht war, das eigene Traumhäuschen zu finden, durchstöberten meine Freundin, die bereits richtig Feuer gefangen hatte, und ich immer sonntags, wenn sie bei mir war, das Internet und die Zeitungsinserate. Eigentlich hatte ich ja gar nicht richtig vor umzuziehen, aber wie die Frauen eben so sind (kleine Klischeekeule!), ließ sie nicht locker und trieb mich an. Sie wollte mit aussuchen, mitreden, vorschlagen, angucken, entscheiden, aber erst mal nicht mit einziehen. Aha! Ihre süße, alte, eigene Mädchen-Eigentumswohnung musste erst noch ein bisschen abgewohnt und genossen werden. Richtig so. Eigenständig, emanzipiert und entspannt wie wir waren, ließen wir den Dingen ihren natürlichen Lauf.

Ich muss zugeben, dass wir eine Zeit lang sehr großen Spaß daran hatten, all die Anzeigen zu durchforsten. Wie eine kleine Schatzsuche fühlte sich das an. Und träumen wird ja wohl erlaubt sein!

Nachdem eines Tages Langweiliges von Spannendem getrennt war, mussten die kostbaren und teilweise irren Fundstücke natürlich schnell besichtigt werden. Meine Immobilienberaterfreundin und ich stopften also alle Besichtigungstermine in einen Tag, packten Proviant ein und freuten uns tierisch auf unsere kleine Schnitzeljagd und Schatzsuche, auf unsere vielleicht sogar gefährliche Safari durch fremde Büsche, Steppen und Vorgärten mit all den wilden bis bedrohlichen Eigenheimbesitzern, Fabelwesen und Hobbits. Es wurde ein toller Ausflug in die Vorort- und Großstadtgalaxien, die nie ein Mensch zuvor gesehen hatte.

Die eiserne Lady

Bei der ersten Wohnung öffnete uns eine unglaublich lieb aussehende ältere Dame. Kaum hatten wir den Flur betreten, bot sie uns auch schon selbstgebackene Plätzchen an. Das war ein wenig früh, aber sehr freundlich. Und weil wir beim ersten Kennenlernen noch nicht einschätzen konnten, ob wir uns vielleicht später in dieses potenzielle Traumheim verlieben würden, nahmen wir die nette Einladung natürlich an. Im Hinterkopf rechnete ich die nächste Wegstrecke noch einmal nach und biss in den ersten Keks.

Diesen täuschend echt wirkenden Brocken Spritzgebäck hatte die süße Oma ganz sicher aus Epoxidharz gebacken. Er war steinhart, knochentrocken und mindestens so alt wie die Besitzerin selbst. Es war vollkommen unmöglich, diesen Steinklumpen in die Knie zu lutschen, geschweige denn zu zerbeißen. Dagegen wäre es absolut möglich gewesen, das Plätzchen als Puck beim Eishockey einzusetzen. Dennoch gab ich mein Bestes, weil ich die ältere Dame natürlich nicht vor den Kopf stoßen wollte.

Als wir nach unserem kurzen »Schlimmbiss« dann unseren Besichtigungs-Rundgang starteten, verschlug uns der Zustand der Wohnung geradewegs den Atem. Wir mussten, als wir die Wohnung betreten hatten, irgendwie versehentlich durch eine Zeitmaschine geflutscht sein. Nicht nur, dass Küche und Möbel schon seit über hundert Jahren nicht mehr hergestellt wurden – meine Freundin fand das auch noch toll –, nein: Die Fenster waren einfach verglast. Die Heizung rappelte oder war, wie in der »guten Stube«, überhaupt nicht vorhanden. Diverse große Rohre lagen über Putz, aus dem Klo roch es nach totem Wellensittich. Und Steckdosen gab es in jedem Raum absolut ausreichend. Nämlich eine. Da kam man dann wenigstens nicht durcheinander. Im Bad war ausnahmsweise eine weitere vorhanden, direkt über der Kupfer-Badewanne. Das hatte auch Vorteile. So war man für einen eventuellen Suizid per Fön bereits bestens vorbereitet.

Meine Freundin und ich vermuteten, dass die alte Dame ganz genau wusste, dass sie nicht gerade ein Schmuckstück zum Verkauf anbot, und sich einen kleinen Spaß daraus machte, uns bei unserem höflichkeitsverkrampften Dauerlächeln zu beobachten.

»Möchten Sie eine Tasse Kaffee?«, fragte sie.

Durch die Backwerkattacke vorbelastet, wollte ich natürlich reflexartig ablehnen. Allerdings hielt mich meine Freundin zurück. Den Zweikomponenten-Keks waren wir beide ja immer noch nicht losgeworden. Unauffällig schob ich den Klumpen von einer Wange in die andere. Ihn zu zerbeißen wollte ich nicht noch einmal riskieren. Für meine Dritten war es echt noch zu früh.

Das Ding musste also irgendwie anderweitig entsorgt werden. Sich auf die Toilette zu empfehlen schied aus, weil man sich bei dem Geruch aus der Schüssel zwar praktischerweise übergeben, die Geräuschkulisse uns aber verraten hätte. Verstecken konnte man den Mehldiamanten auch nirgends, die nette Rentnerin hätte ihn ja irgendwann gefunden. Und das wollten wir ihr natürlich nicht antun. Schlussendlich blieb uns also nichts anderes übrig, als die Tasse Kaffee dankend anzunehmen, um die Blockade hinunterzuspülen.

Der Kaffee war dann entgegen unseren Befürchtungen ... noch hundert Mal schrecklicher. Kalt und dünn wäre okay gewesen: Schwarzes Wasser als Transporthilfe für die Gipskugeln zu verwenden, darin bestand ja unser Plan. Das Zeug in der Tasse aber war so brennend heiß, dass die Oma mit einem Bunsenbrenner hantiert haben musste. Außerdem konnte man das pechschwarze Gesöff gar nicht mehr als Kaffee bezeichnen. Trocken-Mokka wäre zutreffender gewesen. Wir nippten also nur kurz, nachdem die Temperatur unter den Siedepunkt von Blei gefallen war, und drückten damit unsere Keks-Melonen durch ein sich ganz sicher bald entzündendes Nadelöhr.

Verzweifelt suchten wir nach einer glaubhaften Ausrede, schnell wieder gehen zu können. Noch einen Keks würde unser Verdauungssystem sicher nicht mehr schaffen.

»Möchten Sie ein Stückchen Schokolade?« Wir entkamen der Steinzeitbude nicht so schnell, wie wir gehofft hatten. Die alte Dame ließ uns einfach nicht. Sie hatte offensichtlich den Entschluss gefasst, den netten Besuch noch ein wenig länger dazubehalten, wobei sie ganz klar auf unser schlechtes Gewissen spekulierte und darauf, dass wir eine einsame, unschuldige Oma nicht einfach so sitzen lassen würden. Sie hatte Erfolg. Ein perfider und brillanter Schachzug.

»Der Preis für die Wohnung liegt übrigens bei ...«

Uns blieb die Spucke weg. Welche wir eh nicht mehr hatten, weil der Kalksandsteinkeks uns ausgesaugt hatte. Und während die Sprungfedern der Biedermeier-Couch langsam Abdrücke in unsere Hintern tätowierten, staunten wir über eine Zahl, die nicht nur sehr viel mehr Ziffern hatte als vermutet, sondern mit der gleichen Selbstverständlichkeit vorgetragen worden war, mit der Judas Jesus versicherte, dass er ihn nur noch einmal küssen wolle. Ein starkes Stück. Und damit war diesmal nicht der Keks gemeint.

»Ein Gläschen Amaretto?«

Bloß nicht. Stockbesoffen von Omma-Likör den Kaufvertrag für eine Ruine unterschreiben? Das fehlte uns noch. Unser schlechtes Gewissen hatte schlagartig ein paar Risse bekommen. Wir versuchten uns aus der Affäre zu ziehen, indem wir anführten, dass der Preis unsere Möglichkeiten vielleicht doch ein wenig überfordern würde.

»Noch ein Plätzchen?«

Wir mussten dringend da raus.

Wir verhaspelten uns in Ausflüchten, dass das Ganze ja erst mal sacken müsse, standen umständlich auf – unsere Beine waren komplett eingeschlafen, weil die Sprungfedern die Blutzufuhr abgeklemmt hatten – und arbeiteten uns Schritt für Schritt zurück zur Eingangstür.

Nach diversen sehr geschickten Versuchen der geschäftstüchtigen Lady, uns mit weiteren Wackersteinkeksen bewegungsunfähig zu füttern, mit jahrzehntelangen Verbindungen zur hiesigen Sparkasse für ein niedriges Darlehen zu ködern und am Verlassen der Wohnung zu hindern, indem sie den Schlüssel für die Tür urplötzlich nicht mehr finden konnte, standen wir schließlich völlig k.o. mitten auf der Straße irgendwo in Köln-Nippes. Und wissen Sie, was wir dachten?

Ein Königreich für einen Amaretto.

Die Kelly Family

Bei der nächsten Adresse mussten wir ans andere Ende der Stadt. Vier Zimmer, Küche, Diele, Flur und ein Fenster im Badezimmer, also *Tageslicht*. Jahaaa, TAGESLICHT! Das *aller*wichtigste Kriterium für eine Frau. Im Grunde schauten wir uns diese Wohnung nur an, weil meine Freundin alles ankreuzte, wo man sich bei Sonnenaufgang die Lippen nachziehen konnte.

Als wir klingelten, knarzte kurz die Gegensprechanlage, und eine Kinderstimme fragte:

»Wer seid ihr?«

»Wir sind die Leute, die sich eure Wohnung ansehen möchten.«

»Warum?«

»Weil wir gerne umziehen wollen.«

»Warum?«

»Äh, weil unsere alte Wohnung zu klein geworden ist.«

»Habt ihr einen Bruder bekommen?«

»Nicht direkt ...«

»Ich habe einen Bruder bekommen. Leon. Der hat Mama gerade angepink...«

Mitten in dieser informativen Unterhaltung wurde dem kleinen Mann – Zurückhaltung bitte! – der Hörer aus der Hand genommen.

»Ja bitte, wer ist da?«, fragte anscheinend seine Mutter. Im Hintergrund lautes Babyschreien.

»Schmitz. Wir sind hier wegen der Wohnung.«

»Ach so, ja ... schon? Dritter Stock, die Wohnung auf der linken Seite. Maja, nimmst du bitte die Finger ...«

Laute Rappelgeräusche, weil die Frau wohl versuchte, den Hörer zurückzuhängen, ohne dabei hinzusehen. Da der Kontakt jeweils nur unzureichend oder zu kurz erwischt wurde, hörte man abwechselnd Stimmen und Knacken ...

Krtzzzzztschhhhhh »... endlich die Fing...« rrrrrztthhhh-schschsch »...us dem Mun...«

»...ose an. Was ...« sssszztztztztztztz »...enn die Leu...« rtschztztsch » ...eiße. Aufmachen muss m...« rtzkrtzschhhhh.

Der Türöffner summte. Wir fanden schon jetzt: Es war ein lustiger Tag.

Als wir aus dem Aufzug um die Ecke in den Gang zur Wohnung bogen, erblickten wir einen süßen kleinen Jungen, der bereits ungeduldig vor der Türe auf uns wartete. Aus der Wohnung drang Geschrei von mindestens drei Dutzend Kindern nach draußen. Zumindest hörte es sich so an. Da war der Teufel los. Der niedliche Fratz vor der Tür hatte eine dunkelgrüne Strumpfhose an, trug keine Schuhe oder andere lästige Kleidungsstücke, war aber mit einem Stoff-SpongeBob bewaffnet, der doppelt so groß war wie er selbst.

Eifrige Leserinnen und Leser meiner vorherigen Bücher werden nun aufhorchen und wissen, dass ich dem Thema »Strumpfhose in Kindertagen« nicht ganz vorurteilsfrei gegenüberstehe. Ein diesbezügliches Trauma musste von mir bereits sowohl in den Büchern als auch auf der Bühne verarbeitet werden. Diese Mutter war mir somit, schon bevor ich sie kennenlernte, äußerst unsympathisch.

»Habt ihr einen Bruder?«

»Nein, leider immer noch nicht.« Ich musste grinsen.

»Ich schon! Leon. Der hat Mama gerade angepinkelt. Aber das dürfen wir den Leuten für die Wohnung nicht sagen, weil die uns dann doof finden.«

»Wann kommen die denn?«

»Herrgott, woher soll ich das denn wissen.«

Da hatte wohl jemand die Reaktion von Mama aufgeschnappt und gab sie in Tonfall und Theatralik formvollendet wieder. Ich fand den Knirps toll!

»Luis, was machst du denn hier auf dem Flur?«

Seine Mutter, die uns anscheinend nach dem Öffnen der

Tür gleich wieder ausgeblendet hatte, stürmte auf den Hausflur.

»Oh, Sie sind schon da. Das Chaos tut mir leid. Die Kinder ...«

»Überhaupt kein Problem«, unterbrach meine Freundin sie lächelnd, »so ein Kindergeburtstag ist immer ein großes Durcheinander. So muss es doch auch sein.«

»Welcher Kindergeburtstag?«

Hups! So nett es auch gemeint gewesen war: Der Schuss ging nach hinten los.

»Aber ... die ...«

»Das ist kein Kindergeburtstag. Das sind alles meine Kinder. Zwei sind noch in der Schule.«

Mit meiner Freundin von damals bin ich übrigens nicht mehr zusammen.

Das war ein Scherz!

Dem Gesichtsausdruck meiner Freundin nach zu urteilen hoffte sie auf ein selbstbewusstes »Macht nichts, das denken viele zuerst« oder ein verständnisvolles »Tja, ist schon ungewöhnlich in unserer Zeit«. Aber nichts geschah. Es war einfach nur still. Inmitten des ganzen Kindergeschreis war es unglaublich still.

Ich hatte großen Spaß.

Als wir dann endlich in die Wohnung gebeten wurden, erklärte sich der allgegenwärtige Lärm noch eindrucksvoller, als wir ihn uns vorher ausgemalt hatten. Wie viele Kinder es genau waren, kann ich nicht mehr sagen. Wir haben sie damals nicht gezählt. Aber es müssen, grob geschätzt, zwischen sechs und acht gewesen sein. Oder zehn? Plus die zwei in der Schule natürlich.

Ich versuchte es auflockernd mit: »Eine Großfamilie. Toll! Jetzt weiß ich auch, warum Sie die Wohnung verkaufen wollen. Sie ziehen wieder auf Ihr Hausboot. Ha ha ha ...«

Meine Freundin von damals ist übrigens nicht mehr mit mir zusammen.

Wieder ein Scherz!

Meine Anspielung auf die Kelly Family wurde irgendwie überhaupt nicht honoriert.

Und da ich nicht nur beruflich versuche, den Menschen ein Lächeln ins Gesicht zu zaubern, wollte ich auch hier meinen kleinen Fauxpas sofort wieder ungeschehen machen und mein Ziel doch noch erreichen: »Das war nur ein Spaß. Wann kommen denn die ganzen Väter nach Hause?«

Ein entsetzter ruckartiger Blick meiner Begleitung in meine Richtung. Zugegeben, auch ich fand meinen Scherz so mittel. Und jetzt war für Frau Kelly wohl auch endgültig Schluss. In einem Affenzahn wurden wir durch die Räume geschubst. Bei jedem Blinzeln standen wir quasi schon in einem neuen Zimmer. Ich bin davon überzeugt, dass unsere Besichtigung seitdem als die kürzeste aller Zeiten im Guinness-Buch steht.

Als wir nach sechs Wimpernschlägen und völlig außer Atem alles gesehen und im Abstellräumchen angekommen waren, wirkte Mama Kelly langsam wieder kooperativer. Wahrscheinlich hatte sie sich erinnert, dass sie die Wohnung ja loswerden wollte. Und wenn es denn unbedingt sein musste, dann auch an diesen seltsamen Komiker.

Aus dem Wohnzimmer bot die Sechziger-Jahre-Wohnung einen herrlichen Blick auf eine bezaubernde, grautriste Hinterhofmauer, die Fensterrahmen waren gelb überstrichen, und die Toilettenspülung hing an einer Kette. Aber ansonsten war die Wohnung auch nicht schön. Und wohl doch zu groß.

»Warum wollen Sie denn die Wohnung verkaufen?«

»Na, sieht man das nicht? Was sollen wir denn mit so viel Platz?«

Wir stutzten. Ironie oder nicht? Ich verkniff mir die ohnehin fragwürdige Pointe, dass man zwei, drei Zimmer ja noch locker untervermieten könnte.

»Quatsch. Wir platzen aus allen Nähten.«

Das Kreischen aus einem der Zimmer stieg abrupt in für Menschen nicht mehr hörbare Frequenzen. Supermama musste kurz weg.

»Macht ihr gerne Kinder?«

Dieses ungefähr vier Jahre alte Mädchen zu unseren Füßen kannten wir noch nicht. Offensichtlich war das die Zwillingsschwester von Luis. Daran gab es aufgrund der ähnlich direkten Fragetechnik keinen Zweifel.

»Oh, sehr gerne sogar, aber wir haben noch keine«, konnte ich mich nicht beherrschen und bekam einen Ellbogen in meine Seite gerammt.

»Mama und Papa auch.«

»Was du nicht sagst.«

Zweiter Ellbogenstoß.

»Warum habt ihr keine Kinder?«

Jetzt wurde es schlagartig brenzlig. Ich musste mich gar nicht zur Seite drehen, um zu wissen, dass meine Freundin mich *sehr* konzentriert ansah. Durch meinen Hinterkopf bohrte sich ihr Blick, begleitet von diesem süffisanten »Na, jetzt bin ich mal gespannt«-Lächeln, bis zu meiner Netzhaut auf der Vorderseite. Angesichts des in dieser Wohnung reichhaltig gedeckten Kinderbuffets war es ja nur eine Frage der Zeit gewesen, bis das Thema aufkam. Und trotzdem hatte ich es nicht kommen sehen. Männer sind manchmal wirklich doof.

»Wollt ihr denn mal Kinder haben?«

Wer ließ dieses Kind eigentlich frei herumlaufen?

Doch bevor ich antworten musste, kam Frau Kelly zurück. Ich liebte diese Frau. Schon von Anfang an. Doch!

»Wie sieht es aus? Gefällt Ihnen die Wohnung?«

»Außerordentlich! Und so viel Platz!« Dritter Ellbogenstoß. »Wie das aber immer so ist, schauen wir uns heute ziemlich viele Wohnungen und auch Häuser an. Deswegen können wir Ihnen wahrscheinlich erst morgen sagen, wofür unser Herz schlägt.

Das verstehen Sie sicher. Trotzdem vielen Dank, dass Sie sich die Zeit genommen haben. Wir melden uns.«

Gleich am nächsten Tag riefen wir bei den Waltons an, um die Wohnung abzusagen.

»Habt ihr einen Bruder bekommen?«

Da wär noch was

Die nächste Hütte, die wir uns in einem schicken Vorort von Köln anschauten, war hollywoodreif. Laut Anzeige gab es eine sensationelle Vorfahrt, endlos viele Zimmer, ein riesiges Entree, einen großen Garten, alles in toller Lage – und all das war spottbillig. WAS war hier faul? Musste man mit der hundertjährigen Besitzerin schlafen? Hatte sich in dem Haus jemand umgebracht? Stand es auf einer Erdbebenspalte? Nicht zuletzt von ausgeprägter Neugier getrieben hatten wir den Buckingham Palace mit auf unsere Liste geschrieben.

Ein steinalter, brummeliger, zusammengeschrumpelter Mann, der mich übrigens frappierend an Mister Burns von den Simpsons erinnerte, öffnete uns eine imposante doppelflügelige Pforte. Wir hatten vermutet, dass die Fotos aus der Anzeige brachial geschönt waren und uns vor Ort ein Schuhkarton mit Aussicht erwarten würde. Aber nichts dergleichen. Ganz im Gegenteil. Live wirkte alles noch viel größer, pompöser und vor allem schweineteuer. Die Eindrücke auf den Fotos waren nicht über-, eher untertrieben gewesen. Wie konnte das denn sein? War das ein soziologisches Experiment und wir die Kaninchen?

Der wortkarge Eigentümer stellte sich als überaus flinker kleiner Gnom auf splitterdünnen Beinchen heraus. Bei der Führung durch den Palast flitzte er immer ein paar Schritte voraus. Eher widerwillig zeigte er uns eine prunkvoll ausgestattete Hütte, vollgestopft mit Möbeln, die er Wladimir Putin abgekauft haben musste. Oder Ludwig XIV. Alt genug war er ja.

Er war so wieselschnell, dass wir ihn einmal sogar verloren. Ein wenig verängstigt riefen wir nach ihm und ärgerten uns, dass wir uns den Weg zum Eingang nicht gemerkt hatten. Aber wer denkt an so einem Tag schon an Brotkrumen. Dann erschraken wir, und meine Freundin schrie sogar kurz auf, als wir entdeckten, dass wir bereits eine ganze Weile neben einer krachend hässlichen Akt-Skulptur warteten, die den nackten Diktator Kim Jong-un auf Pumps zeigen sollte. Jaaa! Wirklich. Ich bleibe dabei! Und während wir uns darüber kaputtlachten, warteten wir geduldig auf die Rückkehr unseres »geliebten Führers«.

Als dieser uns ziemlich genervt wiedergefunden hatte und wir schließlich alles gesehen hatten, standen wir im letzten Zimmer in der obersten Etage, mit einem herrlichen Blick in den Garten. Bislang kein Haken, keine Falltür, keine Sexattacke weit und breit in Sicht.

»So, und das hier wird dann mein Zimmer sein.«

Ja, liebe Leserin, lieber Leser, Sie haben richtig gelesen. SEIN Zimmer. Mister Burns wollte dort wohnen bleiben. Betreutes Wohnen de luxe. Nirgendwo war diese nicht ganz unwesentliche Kleinigkeit vorher aufgetaucht oder erwähnt worden. Dann wär ja auch keiner gekommen.

»Ich stehe morgens immer um 7.15 Uhr auf, nehme zwei Scheiben Toast mit gesalzener Butter und Orangensaft. Ich bin der Erste im Bad und wünsche, nach sechs Uhr abends nicht mehr gestört zu werden.«

»Verzeihen Sie, wenn wir kurz nachfragen, aber ... äh ... was meinen Sie damit?«

Wir konnten es nicht glauben. Sie doch gerade auch nicht, oder?

»Wie? Ist doch wohl klar! Sie ziehen hier ein und pflegen mich, bis ich tot bin. Danach gehört das Haus Ihnen.«

Ich muss zu unserer Schande gestehen, dass wir über das Angebot von Runzelstilzchen sogar kurz nachgedacht haben ... eine halbe Sekunde lang. Aber NATÜRLICH sind wir dann sofort zu der einstimmigen Meinung gelangt, dass wir den Pakt mit dem Teufelchen nicht eingehen wollten. Mal von den prunkvollen Punkten auf der Habenseite abgesehen, wussten wir doch gar nicht – mit Verlaub –, wie lange Mister Burns noch durchhielt! Was wäre, wenn es uns dereinst so erginge wie Simone mit Jopie? Was wäre, wenn auch unser Opi – wie im besten Witz, den ich dazu kenne – eines Tages die schwere Tür unseres Fünf-Sterne-Pflegeheims öffnen würde, der leibhaftige Tod draußen stünde und er uns zurief: »Ist für euch!«

Nee, nee, nicht mit uns. Außerdem entpuppte er sich ja bereits jetzt als unberechenbarer Diktator Nordkölns. Wir widerstanden also Beelzebubs Verlockungen und lehnten ab. Logisch.

Und ich könnte schwören, dass ich, als wir schon wieder im Auto saßen, von drinnen hörte, wie jemand sang: »Ach wie gut, dass niemand weiß, dass ich Rrrrrrum...«

Kickstart und weg.

Nun, im weiteren Verlauf unseres Besichtigungstages reihte sich eine aberwitzige Begegnung nahtlos an die nächste. »Normale« Menschen gibt es eigentlich gar nicht, wie ich wieder einmal gelernt hatte. Und genau das fand ich herrlich. Denn dass eben doch nicht alles in Stereotypen abläuft, sondern die Welt bunt ist, ist doch wunderbar. Wenn mich diese ach so weise Einsicht auch keinen Schritt näher an eine schöne Wohnung oder ein nettes Häuschen brachte.

Wir besichtigten noch eine Businessbude, die so kalt und krampfhaft modern eingerichtet war, dass man unweigerlich fragen wollte, wann denn der Umzugswagen die Möbel bringt. Außerdem eine »Finca« mitten in Köln, mit einer Besitzerin, die so lilabraun getoastet war, dass sie vor den Terrakotta-Fliesen verschwand.

Und schließlich und wahrhaftig trafen wir doch noch ein entspanntes Pärchen, das zu total fairen Konditionen einfach nur seine wirklich traumschöne Wohnung verkaufen wollte.

Wie langweilig. Haben wir nicht genommen.

Wussten Sie eigentlich …
dass eine 75-jährige Frau in Kürten ihr Haus abreißen lassen muss, weil das Kölner Verwaltungsgericht festgestellt hat, dass für das 1939 gebaute Haus keine Baugenehmigung vorliegt?

Haus to go

Nachdem meine Freundin und ich uns an einem einzigen Tag 333 Objekte, Projekte und Subjekte angesehen hatten, bekamen wir beide plötzlich ziemlichen Hunger. Und was lag da näher, als beim größten Schnellimbiss-Imperium mit den goldenen Bögen vorbeizufahren.

Wir standen gerade in der Warteschlange. Und da, plötzlich, fiel mir aus heiterem Himmel ein, wie man sich die ganze nervenaufreibende Sucherei nach dem idealen, dem perfekten trauten Heim ersparen könnte. Eine Idee, mit der man sich den Maklerquatsch, die Rumrennerei, das Verhandeln, Sorgen und Bedenken, eben einfach alles, schenken könnte. Natürlich habe ich meine fantastische Eingebung bereits patentieren lassen und werde damit sicher stinkreich.

Wie sie aussieht, diese geniale Idee?

Nun haben Sie doch mal ein wenig Geduld! Kommt ja schon.

In unserer konsumverwöhnten Ecke der Welt ist es normal geworden, dass wir alles immer gleich und sofort bekommen, nicht wahr? Wenn wir Lust auf Schokoladeneis mit Kirschen haben, dann gehen wir los und holen uns welches – ob vom Italiener um die Ecke oder aus der Supermarktgefriertruhe nebenan. Oder wir überfallen kurzerhand eine Tankstelle. Jedenfalls steht außer Frage, dass wir so oder so unseren Wunsch in kürzester Zeit erfüllt bekommen.

Wenn wir eine Lampe, eine Couch, ja sogar eine ganze Küche haben wollen, so müssen wir uns nicht mehr gedulden. Wir setzen uns ins Auto, fahren zu einem schwedischen Hersteller, überladen unseren Fiat 500, und abends können wir auf unserem neuen »Frooonk« ein paar Spiegeleier in die extrem günstige »Pfäääne« hauen.

Mit einem Haus geht das natürlich nicht. NOCH nicht! Ich bin mir aber sicher, dass meine Idee der nächste große Schritt sein wird. Die Art, an ein Häuschen zu kommen, wird sich radikal ändern und dem allgemeinen Konsumtrend sehr bald folgen.

Stellen wir uns doch einmal vor, wie das wäre, wenn meine Freundin und ich gar keinen Hunger bekommen hätten, sondern ein Haus hätten kaufen wollen.

Nichts leichter als das ...

»Willkommen bei McHaus. Ihre Bestellung bitte!«
»Kleinen Moment. Wir suchen noch aus. Was willst du denn, Schatz?«
»Hm, ich möchte auf jeden Fall was Grünes. Und Süßes. Alles andere ist mir egal. Und du, denk dran Schatz, reiß dich zusammen, wir haben heute Mittag bei McUrlaub schon ziemlich zugeschlagen.«
»Ja, hast ja recht. Ich will aber trotzdem was Großes. Da hab ich jetzt richtig Bock drauf. – Hören Sie? Wir wären dann so weit.«
»Alles klar. Schießen Sie los!«

»Alsoooo, wir hätten gerne … ein BigHaus-Menü mit fünf Zimmern und Pool in der Maxi-Version …«

»Muss das sein, honey?«

»Lass mich mal machen.«

»Große Version … Okay. Wir haben allerdings gerade französische Wochen. Wollen Sie vielleicht lieber ein Château?«

»Nee, nee, der französische Schnickschnack ist nicht so mein Ding.«

»Oh, dann wollen Sie vielleicht unser Spar-Menü? Sie lassen einfach den Keller oder das Badezimmer weg, dann gibt's den Rest zum halben Preis.«

»Och nee, wenn schon, denn schon. Nein danke! Vielleicht beim nächsten Mal.«

»Kein Problem. Also bleibt es beim BigHaus-Menü, maxi … Rollläden dazu?«

»Ja, gern.«

»Für mich nicht, bitte.«

»Okay, meine Freundin möchte keine Rollläden. Lassen Sie die also bei der Küche und dem Schlafzimmer weg.«

»Du alter Chauvi!«

»Kein Problem, lassen wir weg. Garage, Kamin, elektrisches Tor?«

»Warum nicht … Beim Pool übrigens bitte die echte Version mit Chlor! Kein Sauerstoffzeug oder so, das riecht nach gar nichts.«

»Eismaschine dazu?«

»Heute nicht.«

»Kein … Eis …«

»Meine Freundin möchte noch einen Garten – die Mädchen immer mit ihrem grünen Gesundheitsfimmel.«

»Thousand-Island-, French- oder Naturdünger?«

»Was willst du, Schatz?«

»Natur bitte.«

»Natur.«

»Sag mal, Schatz, sollen wir deiner Mutter und meinem Bruder nicht auch was mitnehmen? Die wollten doch vielleicht mal vorbeikommen.«

»Hast recht. Hören Sie?«

»Ja, bitte?«

»Wir nehmen noch zwei Happy Zimmer. Das wär's dann aber, denke ich.«

»Noch einen heißen Apfelbaum in der Schutztasche?«

»Oh ja, gern, Schatz.«

»Ja bitte, meine Freundin nimmt einen.«

»Okay. Fahren Sie dann bitte vor ans erste Fenster.«

»Oh Mann, jetzt wird's aber auch langsam Zeit. Wie lange soll das denn noch dauern?«

»Ich hoffe, dass wir bei den ganzen Sonderwünschen nicht noch länger warten müssen als normal.«

»So, das wären dann 126 721 Euro und 99 Cent.«

»Mist, so viel Bargeld habe ich nicht dabei.«

»Kein Problem. Finanzierung oder EC-Karte?«

»Kann ich auch mit Kreditkarte bezahlen?«

»Natürlich.« Ins Mikro : »Willkommen bei McHaus. Ihre Bestellung bitte ...«

»Dann bitte mit Kreditkarte. Hier, bitteschön ...«

»... Sie bitte vor ans erste Fenster.« Wieder aus dem Fenster: »Gern. So, die Karte schon zurück. Vielen Dank. Hier bitte unterschreiben. Sammeln Sie Treuepunkte?«

»Ich nicht, aber meine Freundin wie verrückt. Ich verstehe allerdings nicht warum. Am Schluss bekommt man doch sowieso für hunderttausend Punkte nur 'nen undichten Wasserball. Aua! Entschuldigen Sie, ich bin gerade gekniffen worden ... Wir nehmen die Treuepunkte.«

»Alles klar. Wie sieht's mit unseren Gutscheinen aus? Wir haben gerade eine Aktion.«

»Bevor ich blaue Flecken kriege, sag ich mal lieber sofort ja. Was kriegt man denn dafür?«

»Hier, sehen Sie! Bei einem Ihrer nächsten Besuche wären viele Sachen ermäßigt. Sie reißen zum Beispiel den Gutschein für eine Doppelgarage aus der Perforation und bekommen dadurch einen Rabatt und den Toröffner gratis.«

»Na, das hört sich doch gut an. Ist da auch ein Ferienhaus drauf?«

»Ja, ganz unten. Finca, Hazienda, alles möglich. Okay, dann hier bitte, Ihre Quittung für heute. Auf keinen Fall verlieren! Fahren Sie bitte vor zum zweiten Fenster und einen schönen Tag!« Wieder ins Mikro: »Willkommen bei McHaus. Ihre ...«

»Süße, du musst gleich unbedingt checken, ob alles da ist. Die vergessen immer die Hälfte. Und später noch mal zurückfahren nervt total.«

»Weiß ich doch. Keine Angst, noch bevor wir hier vom Gelände runter sind, habe ich gecheckt, ob die Dachrinnen dabei sind und die genug Fußmatten reingelegt haben. Und wehe die haben wieder ein Spitzdach anstatt eines Flachdachs gemacht. Dann raste ich aber aus.«

»Hallo! Hier haben Sie schon mal den Apfelbaum. Die restlichen Sachen dauern leider noch ein bisschen. Fahren Sie doch bitte kurz bis zur Parkrampe vor. Wir bringen Ihnen gleich alles mit dem Sattelschlepper raus.«

»Okay, danke ... Och Mann, ey, jetzt müssen wir auch noch warten, nur weil Madame ihre Sachen ohne Rollläden wollte. Immer 'ne Extrawurst.«

»Sei doch froh, Schatz! Dadurch müssen die das alles neu machen und wir bekommen keins, das hier schon lange rumliegt und halb vergammelt ist. Ich finde, es gibt nichts Schlimmeres, als wenn die Dinger so eingefallen sind. Außerdem sind die Zaunlatten dann noch schön knackig. Wenn die eigentlich schon lange

fertig sind und schon labberig herumhängen, frage ich mich immer, warum die die auf den Fotos dann immer so perfekt zeigen. Da hat doch die Realität gar nichts mehr mit dem Versprechen zu tun.«
»Auch wieder wahr. Oh, sie kommen schon.«

»Soooo, danke, dass Sie gewartet haben. Der Sattelschlepper hängt schon hinten dran. Schönen Tag noch!«
»Danke!«
»So, dann fahr ich mal los. Und du, Schatz, schaust durch die Heckscheibe nach, ob alles da ist.«
»Mach ich. Also ... Pool, Garten, Dach, Eingangstür, Rollladen, bei der Küche keine ... Ich glaube, es ist alles ... Halt! Dreh um!«
»Warum denn?«
»Dreh um! Die haben den Naturdünger vergessen. Es ist doch immer das Gleiche.«
»Oh Mann. So eine Kacke. Nächstes Mal fahren wir wieder zu Häuser King ...«

Knusper, knusper, knäuschen

Manchmal kommt alles anders, als man denkt. Und manchmal fällt es schwer, nicht an den großen Masterplan für uns alle zu glauben. Denn genau in dieser Situation, in der ich mich mit dem Gedanken trug, in eine Wohnung oder ein Häuschen zu ziehen, ob nun auf üblichem Weg oder über McHaus, purzelte mir eines in den Schoß. Einfach so. Und zwar das von meiner Tante Helga.

Tante Helga war der Knaller. Im vorigen Buch habe ich von ihr leider nicht auch noch berichten können, weil ich sonst wohl eine ganze Enzyklopädie verfasst hätte. Und wer kann so was in der Handtasche oder im Rucksack schon ständig mit sich herumschleppen. Na sehen Sie. Umso glücklicher bin ich, dass ich Ihnen meine liebenswerte, hübsch durchgeknallte Tante an dieser Stelle nun endlich vorstellen kann. Sie sollten von ihr allerdings nicht unbedingt auf meine ganze Familie schließen. Wir sind beileibe nicht alle so durch den Wind. Irgendwo in Australien lebt ein entfernter Onkel – der ist normal.

Man muss meine obercoole Tante Helga wohl mit Fug und Recht als Lebenskünstlerin bezeichnen. Im positivsten Sinne. Und aufgrund ihrer kompromisslosen Freiheitsliebe in Herz und Kopf habe ich sie als Kind auch über alles geliebt. Wenn ich mal bei ihr schlafen durfte, wollte ich meistens gar nicht mehr weg, weil wir zusammen so viel Blödsinn angestellt haben. Klingelmännchen bei spießigen Nachbarn, Telefonnummer-Bingo und Tischtennis auf dem Küchentisch. Sie hatte selber keine Kinder, lebte allein und hatte das Herz am rechten Fleck. Was die anderen dachten, war ihr vollkommen egal, sie machte, was immer sie wollte, trank mit großer Vorliebe Weinbrand-Cola, glaubte felsenfest an Aliens unter uns und summte, wenn sie guter Dinge war, »Ich wollt' ich wär ein Huhn« von den Comedian Harmonists.

Tante Helga vereinte die wildesten Gegensätze in ihrem Leben und in sich selbst. Zum einen war sie eine bildende Künstlerin. Sie modellierte, hämmerte, sägte, schweißte und klebte aus allen Materialien, die sie finden konnte, unglaublich ... nun, interessante Gebilde zusammen, die sie mitunter in der ganzen Verwandtschaft verschenkte. Meistens an die Flitzpiepen, die sie nicht leiden konnte, weil sie wusste, dass außer mir keiner die Dinger mochte, und weil sie den verzweifelten Gesichtsausdruck der anderen beim Auspacken liebte. Verkauft hat sie Zeit ihres Lebens nur ein einziges Exemplar. Als Klettergerüst an den städtischen Kindergarten. Leider hat ihr kein Kunstsammler die Dinger zu exorbitanten Preisen aus den Händen gerissen. Nicht mal zu exorbitant kleinen Preisen. Aber all das machte ihr nichts aus. Wichtig war ihr nur der Schaffensprozess.

Gelebt und vor allem überlebt hat Tante Helga wohl dank ihrer anderen Leidenschaft. Sie war mit Leib und Seele Fleischereifachverkäuferin. Erwischt! Sie haben mindestens eine Veganerin in Kaftan und Blümchenmuster erwartet, nicht wahr? Und gegen diesen Lebensstil ist ja auch nicht im Geringsten etwas einzuwenden. Nur für meine fleischfressende Tante war das eben nichts. Sie hatte ihr Hobby zum Beruf gemacht, wie sie es ketzerisch immer in den Raum warf, und stets Wiener Würstchen, Mortadella und ein halbes Kilo Mett im Kühlschrank – halb und halb. Für einen kleinen Jungen wie mich war all das zusammen der Jackpot.

Bedauerlicherweise muss ich Ihnen an dieser Stelle eröffnen, dass meine lebenslustige Lieblingstante Helga nicht mehr unter uns weilt – zumindest nicht physisch. Als sie eines Tages plötzlich fort war, hat mich das natürlich unsagbar traurig gemacht. Sie war nicht nur die beste Tante der Welt, sondern eben auch ein Freund und toller Kerl. Ob die Aliens ihren Astralkörper mitgenommen haben, das weiß ich nicht. Aber ich wünsche es ihr von ganzem Herzen.

Unsere besondere Verbindung war unzerstörbar und mit den Jahren nur noch tiefer geworden. Dass sie mir nun auch noch ihr Haus vermacht hatte, haute mich um. Nicht ihrem Bruder oder ihrer Schwester – die wollten es eh nicht –, mir ganz allein gehörte plötzlich ihr süßes, kleines Häuschen mit dem Apfelbäumchen, das nicht größer werden wollte. (Ähnlichkeiten mit real existierenden Personen sind rein zufällig.)

Obwohl der Baum so winzig war, wollte ich als kleiner Junge aber unbedingt eine Schaukel daran aufhängen, was mir nach ein paar Tagen Fummelei auch gelungen ist. Ich konnte zwar nur ein bisschen hin und her wackeln, und die Füße schubberten dabei über die Wiese, aber ich war glücklich. Und meine Tante auch.

Einige Tage nachdem ich von der plötzlichen Erbschaft erfahren hatte, war es dann so weit. Ich packte meine halbe Familie ins Auto und machte mich auf den Weg zu meinem neuen Heim. Ein Lärmpegel wie beim Betriebsausflug.

Mit dabei war natürlich meine Freundin – mindestens so aufgeregt wie ich. Auf der Rückbank saß ihr vermutlich sauerstoffunterversorgter Bruder Holger, mein Luftpumpen-Schwager in spe, wie ich immer zu sagen pflegte. Und bevor Sie jetzt einwenden, dass das ganz schön gemein von mir ist, ihn so zu nennen, möchte ich zu Bedenken geben, dass der erwachsene Holger sich mal im Legoland verlaufen hat und ausgerufen wurde. Dieser breitschultrige, hünenhafte Kerl war wirklich zu nichts zu gebrauchen und nutzte entweder freiwillig oder auch unfreiwillig nur 2,5 Prozent seines Gehirns. Ich bin mir nicht sicher, ob das Ganze bloß eine Masche zur Arbeitsvermeidung war oder ob er wirklich manchmal vergaß, wie ein Brotmesser funktioniert. Ich hatte ihn auch mal im Verdacht, sich dauerbreit ständig die Rübe wegzukiffen. Allerdings würde er die Dinger wohl gar nicht gedreht bekommen.

Meine lustige, von mir über alles geliebte, durchgeknallte kleine Mama war ebenfalls mit von der Partie. Die meisten von Ihnen kennen Sie ja schon aus meinem vorigen Buch. Und zu guter Letzt saßen da noch meine entsetzlich neugierige Schwester und ihr Hund auf der Rückbank. Warum auch immer. Ich meine den Hund.

Je näher wir dem Ziel kamen, desto weniger bekam ich von den Unterhaltungen um mich herum etwas mit. Plötzlich war ich wieder ein kleiner Junge und rutschte wie vor vielen Jahren nervös auf dem Sitz hin und her. Meine Hände am Lenkrad zitterten. Ich war so aufgeregt wie an meinem ersten Schultag. Nur ohne Schultüte! Dafür mit Führerschein. Wow!

In Erinnerung an Tante Helga sangen wir alle ganz laut: »Ich wollt' ich wär ein Huhn!« Die Leute auf der Straße blieben stehen, weil sie nicht glauben konnten, dass die Comedian Harmonists wieder auf Tour waren.

Da wir alle schon länger nicht mehr bei Tante Helga gewesen waren, fühlte sich die Autofahrt ein bisschen so an, als würde man ein Überraschungsei schütteln. Man ist bis zum Zerreißen gespannt, dann freut man sich auf die Schokolade, aber am wichtigsten ist natürlich die Überraschung! Hat man einen der coolen Schlümpfe erwischt oder nur so ein Katapult zum selber Zusammenbauen?

Es war zum Wahnsinnigwerden. Gleich ... gleich würden wir es sehen, das alte neue Häuschen, die Villa Schmitz. Nur noch ein paar Mal abbiegen. Hatte sich viel verändert? Gab es noch die Stachelbeersträucher neben der Tür? Hatte sie es streichen lassen, oder war es immer noch hellgrün? Gab es mittlerweile Kabelfernsehen? Knarzte das tolle alte Parkett noch so schön? Oh Mann, ich war kurz vorm Herzinfarkt. Meine Freundin bereits ohnmächtig. Fast.

Wir bogen mit meinem Wagen um die letzte Ecke, die Damen zählten die Hausnummern mit kreischenden Stimmen ab UUUUUUND ...

Es war ein Katapult.

Quatsch!!! Natürlich nicht!!! Für andere wäre es das vielleicht gewesen. Doch für mich war dieses kleine Häuschen die Erfüllung eines Traums – von dem ich bis vor ein paar Wochen allerdings noch nicht wusste, dass er tief in mir schlummerte. Auch wenn ich es ein wenig anders in Erinnerung hatte, für mich WAR dieses Haus der coole Schlumpf. Ach, was sag ich, es war Papa Schlumpf!

Und Schlumpfine war ja auch schon da. Auch sie fand mein neues Heim äußerst entzückend, als wir davorstanden und erst mal alles auf uns wirken ließen. Zwei Etagen, quietschgelbe Markise, so etwas wie eine kleine Terrasse, Spitzdach, Mini-Vorgarten und endlos viele Windspiele hinter dem Haus, die wir noch nicht sehen, aber schon von weitem hören konnten. Unzählige Erinnerungsattacken fluteten mein Hirn ... und mein Herz. Die Stachelbeersträucher waren noch da. Yes! Schon länger nicht mehr gestutzt, man kam kaum an ihnen vorbei ... aber wurscht. Und die Fassade war noch hellgrün gestrichen! Äh ... yeah! Okay, der Putz war ein bisschen bröckelig, aber was soll's? Das hatte seinen Charme, und die paar kleinen Schönheitsfehler konnten wir ja auch in Eigenregie beheben.

Das war doch toll! Und es war eine Riesenchance, jetzt alles so herzurichten, zu verändern und umzubauen, wie ich es mir wünschte. Aus diesem wunderbaren Geschenk des Himmels (oder von Tante Helga, die mittlerweile wohl dieselbe Adresse hatte) konnte ich mein eigenes kleines Traumhaus machen. Oder auch *unseres*. Meine Freundin hatte sich nämlich, ohne dass ich das in der Euphorie bewusst wahrgenommen hätte, bei Konzeption und Ausstattung mit eingeplant. Tse! Nicht, dass ich was dagegen gehabt hätte. Wie vorher schon mal erwähnt, würden wir auch jetzt nicht gleich zusammenziehen, waren wir eben moderne Stadtmenschen mit meinem Häuschen und ihrer Eigentumswohnung. Aber wenn es so lief wie bisher, mal ehrlich, dann wären wir eh die meiste Zeit bei mir.

Ihr Plan ... äh, unser Plan sah so aus: Im Haus alles so einrichten, wie es uns beiden gefällt – wie hätte ich mich auch wehren können. Ihre eigene kleine Wohnung aber erst einmal behalten. Eile mit Weile, wie es so schön heißt. Und wenn es später bei den *kleineren* Renovierungsmaßnahmen einmal laut werden würde, dann könnte sie sich ja auch mal dorthin zurückziehen, dachten wir uns. Sehr praktisch also. Wie recht wir behalten sollten.

Doch zunächst sahen wir noch alles durch die rosarote Schutzbrille: Das Unkraut zwischen den Steinplatten auf dem Weg und im Vorgarten wäre ruckzuck weggezupft, die wackelnden Dachrinnen könnten wir schnell wieder befestigen, die Fenster putzen. Die Eingangstür müssten wir allerdings rituell verbrennen. So was Hässliches aus grünem Holz, Milchglasscheiben und felsenfest aufgeklebtem Salzteignamensschild habe ich seitdem nie wieder gesehen.

Ansonsten stand vor uns ein mit Erinnerungen vollgestopftes Schatzkästchen. Ein Diamant, den ich sofort wieder in mein Herz schloss, und der nur ein kleines bisschen aufpoliert werden müsste. Okay, okay, ein großes bisschen aufpoliert werden müsste. Aber GENAU DAS würde ich machen. Diesem Stück

Familiengeschichte würde ich wieder zu altem Glanz verhelfen. Und wenn es das Letzte wäre, was ich tat. Als Mensch gewordener Enthusiasmus stand ich vor meiner eigenen Haustür und schloss auf. WAS für ein Gefühl!

Als wir eintraten, herrschte zum Zerreißen gespannte Stille. Keiner sagte ein Wort. Und mitten in diese andächtige Ehrfurcht hinein meinte meine Mutter: »Da hätte Helga aber wirklich noch mal aufräumen können.«

Man möge ihr diese Pietätlosigkeit verzeihen. Sie trägt, wie Sie vermutlich schon wissen, das Herz auf der Zunge und spricht oft aus, was andere nur denken. Nun verlangte natürlich niemand von meiner toten Tante, dass sie ihr eigenes Ableben voraussahnen und dann vorher noch mal feucht durchwischen sollte. Was meine Mutter so unnachahmlich auf den Punkt brachte und eigentlich sagen wollte, war, dass wohl nicht nur außen kleinere Schönheitsreparaturen nötig sein würden. Na und? Umso besser! Und hey … ICH HATTE EIN HAUS GEERBT!

Die bunte Raufasertapete konnte man schnell überstreichen. Sicherheitshalber gleich mehrfach. Ebenso die Zimmerdecken, obwohl hier längere Vorarbeiten nötig sein würden. Da meine Tante zu ihrer Weinbrand-Cola immer gerne eine quarzte, sahen die so aus, als wäre Altbundeskanzler Helmut Schmidt ein paar Monate zu Besuch gewesen. Das alte Parkett war noch da und knarzte genauso toll wie früher, musste aber abgeschliffen werden. Denn die Laufspuren von Tante Helga hatten sich tief ins Holz gegraben, wie das Wasser in den Grand Canyon. Zu einigen Zimmern fehlten zwar die Türen, aber Privatsphäre wird eh überschätzt. Wände waren an Stellen eingezogen, die nicht den geringsten Sinn ergaben. Aber all das machte mir nichts aus, denn als wir schließlich in die Küche kamen, stand dort zu meiner großen Freude noch der alte Ofen mit Brikettfeuerung. Ich war komplett aus dem Häuschen. Meine Freundin auch … irgendwie … nicht so sehr.

Ich versuchte ihr in überschwänglichsten Schilderungen klarzumachen, dass ein Apfelkuchen aus eigenen Äpfeln und mit diesem Ofen gebacken der leckerste und beste der Welt sei und dass er zu meinen allerschönsten Kindheitserinnerungen zähle. Sie schlug lächelnd vor, dass wir einen solchen Erinnerungskuchen sehr gerne backen könnten. Am besten kurz bevor die neue Küche komme. Wie gemein.

Allerdings konnte ich ihr nicht mehr sagen, wie fies ich ihren Vorschlag fand. Denn einer plötzlichen Eingebung folgend rannte ich ans Fenster, um in den Garten zu schauen. Und tatsächlich: Da stand immer noch mein Kindheitsbonsaibäumchen. Erst auf den zweiten Blick sah ich, dass sogar meine Schaukel dort immer noch baumelte. Tante Helga hatte sie also niemals abgenommen. Wie wunderbar. Ich war wieder zu Hause!

Auf unserer weiteren Besichtigungstour fanden wir die obligatorischen fünfhundert Gramm Mett im Kühlschrank (halb und halb) und dann unzählige Skulpturen meiner Tante im ganzen Haus. Große, kleine, dicke, dünne. In Regalen, auf Schränken, hinter den wenigen noch vorhandenen Türen, auf dem Speicher, im Keller, im Garten, in der Garage, ja eine sogar ebenfalls im Kühlschrank, direkt neben dem Hack. Überall im Haus hatte sie ihre Werke aufgestellt. Na ja, wo sollte sie auch damit hin, wenn sie keiner haben wollte. Ein paar davon fand ich eigentlich ganz hübsch, wenn sich auch nicht mal ansatzweise erahnen ließ, was sie eigentlich darstellen sollten. Meine Mutter stand lange vor einem besonders merkwürdigen Gebilde im Flur.

»Na, Mama. Was soll das wohl sein? Ein Liebespaar?«

»Das ist ein Atompilz.«

Ein anderes Werk war ganz offensichtlich aus Cervelatwurst und Frikadellen entstanden. Der Hund spielte jedenfalls völlig verrückt und hatte die Füße oder Antriebsdüsen oder was auch immer schon aufgefressen. Alle mussten lachen. Dann strömten wir wieder aus, um das Innere der Villa Kunterbunt auf eigene Faust nach all den Jahren neu zu entdecken.

Auf einmal bekam meine Freundin irgendwo im Haus einen hysterischen Kreischanfall. Oh Gott! Was war passiert? War das Dach eingebrochen? Hatte sie eine Leiche gefunden? Ich rannte wie von der Tarantel gestochen los ... Oder hatte sie Ratten oder Kakerlaken entdeckt? Oh bitte nicht, Tante Helga! Ich fand meine Freundin im Badezimmer. Kreidebleich und mit zitterndem Finger zeigte sie in eine Ecke. Tränen liefen ihr die Wangen herunter, und ich musste mich überwinden, mit halb geschlossenen Lidern, in die gewiesene Richtung zu blicken ... Aber da war nichts. Gar nichts! Keine Ratte, nicht mal eine haarige Spinne. Da war einfach nichts Grauenerregendes zu erkennen.

»Die Badewanne!«, flüsterte sie.

Die junge Dame des Hauses in spe hatte sich nicht im Geringsten vor etwas geekelt, sondern war fast eines plötzlichen Herztodes gestorben, als sie die alte Gussbadewanne erblickt hatte. Sie fand sie exorbitant wunderhübsch fantastisch. Nach so etwas habe sie immer gesucht. Genau solch eine Badewanne habe sie sich immer gewünscht. Hach ja ... Mädchen. Ekel und unaussprechliches Glück liegen bei Frauen anscheinend recht dicht beisammen.

»Mit Löwenfüßchen. Mit Löwenfüßchen ...«, hauchte sie immer wieder. Was wohl etwas unglaublich Besonderes sein muss. Wäre auch sie nicht schon längst Feuer und Flamme für unser Projekt Traumhäuschen gewesen, spätestens mit dieser Wanne hätte ich sie im Sack gehabt. Ich musste ihr hoch und heilig versprechen, bei meinem eigenen Leben, dass dieses Stück pure Romantik das Haus NIEMALS verlassen würde. Da ich befürchten musste, dass sie das mit meinem Leben ernst meinte, legte ich dieses heilige Gelübde ab. Wenn auch alles andere den Weg des Irdischen gehen würde, dieser Zuber würde bleiben und die Zeit überdauern.

Nach einer Weile trafen wir uns alle wieder in der Küche. Mama hatte alte Fotos eingesammelt, auf denen sie uns unbedingt sehr weit entfernte, seit Dekaden verstorbene Verwandte zeigen wollte. Hurra! Meine Schwester hatte die Badewanne fotografiert, meine Freundin strahlend drin gesessen. Der Hund fraß noch ein paar Skulpturen, und Luftpumpen-Holger hatte nur drei Schritte in den Flur und zurück geschafft.

Alle zusammen saßen wir nun um den alten Küchentisch herum und begannen Pläne zu machen und das romantische Heim in Gedanken ein wenig zu modernisieren.

Das grüne Badezimmer sei »ja geil retro«, wie Holger fand. Meine Freundin und ich dafür aber nicht hip genug, wie wir fanden.

Die Küche stammte nicht nur aus dem Ersten Weltkrieg, sondern war auch deutlich zu klein. Vielleicht würden wir hier eine Wand einreißen? He he ... Ich freute mich schon drauf!

Die Lichtschalter funktionierten nur, wenn sie Bock hatten. Da musste der Elektriker vielleicht mal kurz nachsehen. Und bei der Gelegenheit könnte man auch ein paar supermoderne Hightech-Verbindungen einrichten. Nochmals he he! Wo sich doch heutzutage jeder Toaster mit dem Handy unterhalten kann.

Was die Möbel anging: Vom gekachelten Wohnzimmertisch, der Bommel-Stehlampe und dem Plattenschrank samt Elvis-Sammlung würden wir uns wohl schweren Herzens trennen müssen. Nur zur Sicherheit: Das war ironisch gemeint. Sicher gab es dafür in meiner Familie aber diverse Abnehmer, die sich darum reißen würden. Meine Mutter bekam bei den Elvis-Platten bereits feuchte Augen. Auch die mintgrüne Ledercouch, die fast echte Biedermeier-Kommode und den handgeflochtenen Wäschekorb aus Äthiopien (made in China) würden wir in der Verwandtschaft verteilen oder schmerzlich ebay anvertrauen.

Das Einzige, was ich unbedingt behalten wollte, war der alte Ohrensessel meiner Tante. In dem hässlichen Ding ist sie abends oft eingeschlafen. Und bis morgens sitzen geblieben. Nachdem meine Freundin ihre Glückswanne bekommen hatte, ich aber den Zauberofen abschreiben musste, war das ja wohl nur gerecht. Der Sessel blieb!

Verdammt! Ich wollte den eigentlich gar nicht. Ich Trottel hatte ohne nachzudenken nur darauf bestanden, weil ich mich auch mit irgendetwas durchsetzen wollte. Und jetzt würde dieses müffelnde Flohparadies doch tatsächlich nur deswegen bleiben. Na, Gott sei Dank hatte ich nicht auf der Pistaziencouch bestanden.

Nach einer Weile siedelten wir ins Wohnzimmer um und stießen mit Weinbrand-Cola auf das neue Häuschen an.

Leicht angetüdelt lag die Zukunft rosarosig vor uns. Das meiste der Arbeiten konnten wir sicher selber erledigen. Hier und da würden wir ein paar Handwerker für die wirklich schwierigen und professionellen Sachen dazunehmen. Aber so viel war es ja nicht. Ein Klacks. Ha! Wir schworen uns, so richtig Gas zu geben. Schon in ein paar Wochen würden wir mit einem Glas Wein in der Hand am Fenster sitzen und zufrieden in den kleinen Garten mit dem Bonsai-Apfelbäumchen blicken. Hicks. Es war zum Heulen schön.

Nun ja, Sie vermuten richtig, liebe Leserin, lieber Leser. Es kam dann doch noch die eine oder andere Überraschung dazu. Und vor allem entwickelte sich vieles anders, als wir es uns in unseren kühnsten Träumen hätten vorstellen können. GANZ anders! Aber all das werden Sie noch erfahren. In allen Einzelheiten. Ganz sicher. Denn eines können Sie sich schon jetzt als ewiges Gesetz bei Umbauten oder Renovierungsarbeiten merken. Wenn Sie einmal die Handwerker reingelassen haben:

Es hört niemals wieder auf.

Passierschein A38

Brauchten Sie auch schon mal einen Passierschein A38? Die Besorgung eines solchen Scheins in *Asterix erobert Rom* bringt den oftmals seelenzermürbenden, willkürlich wahnsinnig machenden Bürokratismus am allerbesten auf den Punkt. Besagte Zertifikanz ist absolut sinnfrei, wird aber von den Stempelfetischisten unnachgiebig eingefordert. Es ist also ganz genau so, wie wir es bei jedem nicht zu vermeidenden Besuch in den geschlossenen Amtstalten tagtäglich selbst erleben.

Bevor die Sanierung meines neuen Heims überhaupt starten konnte, musste auch ich immer wieder ins »Haus, das Verrückte macht«, wie es bei *Asterix & Obelix* so treffend heißt. Es galt, scheinbar überlebenswichtige Dokumente wie eine Auflassungsvormerkung, Baulastverzeichnisauszüge, Grundbucheinträge sowie andere unzählige Bewilligungen und Bescheinigungen zu beantragen. Man müsste eine Kilometerpauschale für Behördenrennerei von den Gebühren absetzen können. Dann hätte ich an dem Tag, den ich Ihnen gleich schildern werde, sicher noch was rausbekommen.

Auch hier möchte ich kurz erwähnen, dass es äußerst kompetente und eben nicht nur amtsschimmeldurchtränkte Mitarbeiter in den verschiedenen Behörden gab und gibt. Ganz unkomplizierte, freundliche, sogar über das übliche Maß hinaus hilfsbereite Menschen haben mich diverse Male betreut. Leider gibt es aber eben, wie immer, auch die andere Seite der Medaille – die Rückseite des Formulars. In der folgenden Geschichte war ich den Verrückten, die Verrückte machen, hilflos ausgeliefert. Aber lesen Sie selbst:

06:30

Ich hatte meinen Wecker auf halb sieben gestellt. Das ist für einen Künstler, der oft bis weit nach Mitternacht noch beruflich unterwegs ist, nicht gerade seine natürlich aktive Zeit. Aber ich wollte an diesem besonderen Tag ganz vorne in der Schlange stehen und einen der ersten Nummernbons ziehen, um möglichst schnell dran zu sein.

Also: Zähne geputzt, aufgestanden, angezogen, geduscht – natürlich erfolgt das sonst alles in anderer Reihenfolge, aber durch das Hochrappeln mitten in der Nacht gerät da schon mal was durcheinander –, schnell noch eine Banane in die Hosentasche gesteckt – frühstücken ging um die Zeit noch nicht –, und schon sauste ich ... wie eine Schnecke zur Bauaufsichtsbehörde.

Warum ich dahin musste? Tja, Tante Helga hatte zwar um ihr Häuschen nur ein sehr kleines Grundstück, dafür war es aber auch noch in viel kleinere Parzellen zerschnitten. Dieser Umstand resultierte aus uralten Grundstücksverläufen, die offiziell nie zusammengefasst worden waren. Das musste aber nun dringend nachgeholt werden, wie mir der Notar erklärte. Ansonsten würde ich später mit schwerwiegenden Konsequenzen ... aber ich will Sie nicht mit den Details langweilen. Ganz kapiert hab ich die Brisanz, ehrlich gesagt, nämlich auch nicht. Um aber keinen finanziellen Schwelbrand zu provozieren, wollte ich diese Formalität schnell aus der Welt schaffen. Doch wie war das noch mit den schlafenden Hunden? Nun, die waren plötzlich putzmunter. Besten Dank auch an die PROFIS!

07:59

Ich kam eine Minute vor acht am Rathaus an, in dem alle Ämter der Stadt untergebracht waren. Überpünktlich. Ich war stolz auf mich. Bis ich auf dem Schild mit den Öffnungszeiten lesen durfte, dass die schon eine halbe Stunde früher aufgemacht hatten. Einfach so. Na danke! Jetzt hatte ich mich schon so früh aus dem Bett gequält, um der Erste zu sein, und sofort so ein Rückschlag. Egal, so viele Leute können das in der popeligen halben Stunde ja nicht geworden sein, dachte ich. Und wissen Sie was? Ich hatte recht! Der Wartebereich rund um den Bonausgabekastenautomat war zwar nicht leer, aber auch nicht überlaufen. Ich würde nicht der Erste sein, aber auch nicht ewig rumsitzen. Klasse!

Selbstbewusst schritt ich zum Gott über die Reihenfolge der Anwärter, drückte auf seinen einzigen roten Knopf, und meine Nummer wurde ausgespuckt. Mit dem Zettelchen in der Hand und einem breiten Grinsen in meinem müden Gesicht blickte ich auf die Anzeigentafel, um festzustellen, dass ACHTZEHN Menschen vor mir dran waren. **ACHTZEHN???** Das war ein Fehler. Das konnte doch nicht sein! Hatte ein blödes Kind aus Langeweile pausenlos auf den doofen Knopf gehauen? Ich schaute mich um – kein Kind weit und breit. Mist. ACHTZEHN!? Ich schrie. Innerlich.

Als ich den Wartebereich hysterisch – ich hatte ja noch nichts gegessen – noch einmal scannte, aber nicht mehr als vier Leute zählen konnte, blieb mein Blick an einer Glasscheibe zum Innenhof hängen. Dahinter standen ziemlich viele Menschen – ich schätze mal so um die VIERZEHN –, die quatschten und vor allem qualmten, nicht vor Ärger, sondern Zigaretten. Nun finde ich Rauchen ja sowieso schon überaus überflüssig, aber was sollte das denn hier? Die Rache des Qualmperiums? Hatten die sich vor mir versteckt und taten jetzt ganz unbeteiligt? Und wie schlecht die ihre Rollen spielten ... Erbärmlich!

Hoppla, jetzt übernahm der Unterzucker aber die Führung.

Ich nahm mein Schicksal offensichtlich wie ein Mann, setzte mich mit dem vorwurfsvollsten Gesicht, das ich drauf hatte, MITTEN in den Wartebereich, zückte mein Handy und spielte »Tristesse«, nee ... »Tetris«. MIT TON! So!

08:47

Das Klötzchen-Sortieren auf meinem Handy machte mich wahnsinnig, weil ich zum Verrecken nicht schnell genug war. Irgendwann musste ich es mit vor Wut verkrampften Fingern ausmachen. Sonst hätte ich das Ding eine halbe Sekunde später quer durch die Wartehalle geschmissen. Um den ein oder anderen Raucher, den es vielleicht erschlagen hätte, wäre es NICHT SCHADE GEWESEN, aber ein bisschen peinlich wäre es schon geworden. Handy-Weitwurf fiel also vorerst aus.

Spätestens jetzt dämmerte mir aber, dass eine Mischung aus Müdigkeit und Unterzucker aus mir mittlerweile so etwas wie Rumpelstilzchen auf Speed machte. Wie hieß es in dieser Werbung doch so richtig: »Du bist nicht du, wenn du hungrig bist.« Also: Bananenpause!

Wo war die noch gleich? Wo hatte ich die denn hingepackt, verdammt noch mal!? Oh nein. Die Erinnerung traf mich ohne Deckung. Die doofe Banane war immer noch in meiner Hosentasche ... Ich hatte sie völlig vergessen, und jetzt, als es mir wieder einfiel, war da auf einmal so ein warmweiches Gefühl an meinem Oberschenkel. Ich spürte das natürlich nicht erst jetzt. Dieses Gefühl war die ganze Zeit schon da gewesen. Ich hatte es nur einfach nicht zur Kenntnis genommen. Aber nun!

Eigentlich wollte ich ja lieber nicht in meine Tasche fassen – mein Bein fühlte sich an, als hätte sich ein Hund in meiner Hose erleichtert. Aber ich musste herausfinden, ob noch was zu retten war. Waren noch ein paar Stückchen übrig, oder war ich in die Babybreiproduktion eingestiegen? Ein schneller, hysterischer Blick in den Schritt ... nichts zu sehen. Na, Gott sei Dank. Wenigstens diese Peinlichkeit blieb mir erspart.

Als ich dann auf der Toilette meine Hosentasche mutig auf links drehte, war das wirklich kein besonders schöner Anblick.

Es roch zwar lecker, aber essen konnte man den braunen Alete-Matsch definitiv nicht mehr. Das Zeug sah nämlich so aus, als hätte das schon jemand anderes erledigt!

Noch dazu sind Jeansfusel, Kleingeld und ein altes Parkticket nicht gerade meine Lieblings-Würzmischung.

09:18

Auf dem Rückweg zum Wartebereich fühlte sich meine Hosentasche von innen so an, als hätte der Hund es doch geschafft, nur in der etwas festeren Alternativvariante. Außerdem krakeelte mein Bauch für alle hörbar nach Essbarem. Durch einen schüchternen Blick auf die Anzeigetafel stellte ich fest, dass es jetzt immerhin schon acht Menschen weniger waren, die vor mir an die Opfertische der Inquisition gerufen wurden.

Eingehüllt in eine Duftwolke meines neuen Parfums von »bruno banani«, saß ich mich dann nur noch völlig unwesentliche NEUNUNDACHTZIG Minuten auf meinem Plastikstühlchen wund, bis ich endlich an der Reihe war. Nachdem ich das Rattern der Anzeigetafel bei jedem Mal als Erlösung durch den Heiland empfand, machte es schließlich zum letzten Mal PING!, und meine Zahl wurde an Altar 5 gebeten.

10:47

Erlöst von meinem Martyrium, wähnte ich mich am Ziel. Ich legte meine Klarsichthülle mit allen erforderlichen Unterlagen, die ich per Telefonat Tage vorher erfragt hatte, stolz vor mir auf den Tisch und begrüßte einen freundlichen jüngeren Mitarbeiter, der laut Namensschild Jochen Schröder hieß.

»Guten Tag, Herr Schröder. Ich komme wegen einer Formsache. Die Flurstücke des Grundstücks, das ich gerade geerbt habe ...«

»Sie wollen zum Bauaufsichtsamt?«

»Ja, stimmt. Steht ja draußen mit dran.«

»Schon, aber da sind Sie bei mir falsch.«

»Wie? Falsch? Das Bauaufsichtsamt ist doch hier in dieses Gemeinschaftsbüro integriert, oder nicht?«

»Das ist richtig. Die Märkchen, die man draußen zieht, sind aber farblich unterschiedlich sortiert. Für Termine mit dem Bauamt müssen Sie B drücken und erhalten dann ein hellblaues Märkchen. Hier sind Sie bei Kfz, Einwohnermelde- und Kreiswehrersatzamt. Lila Märkchen. Bei mir können Sie Ihr Autokennzeichen ändern lassen oder den Dienst an der Waffe verweigern. Aber das wollen Sie nicht, oder?«

Nein, das wollte ich nicht. Und verweigern wollte ich den Dienst an der Waffe langsam immer weniger …

»Die Kollegen, zu denen Sie möchten, sitzen gleich gegenüber. Da, die Frau Jankowski zum Beispiel.«

»Na wunderbar. Die ist ja frei, dann geh ich gleich rüber.«

»Nee, das können wir so nicht machen. Sie müssen leider noch mal kurz raus und ein hellblaues Märkchen ziehen. Da warten aber nie viele. Sie kommen dann sicher gleich dran.«

»Moment, ich muss jetzt noch mal in die Wartehalle, drücke auf den Knopf, erhalte eine Nummer, und Frau Jankowski von gegenüber ruft mich dann sofort wieder auf?«

»Eine HELLBLAUE Nummer. Genau.«

»Ist das Ihr Ernst?«

»Kann man nix machen.«

»Vielen Dank, Herr Schröder.«

Widerwillig verließ ich den hart erkämpften Platz und tat, wie mir geheißen. Ich latschte zurück, drückte mit angelecktem Zeigefinger, es machte PING, und drei Sekunden später wurde ich an den Schreibtisch von Frau Jankowski beordert.

Auf dem Weg zu ihr habe ich mit dem Gedanken gespielt, zu bellen und ein Stöckchen zu apportieren. Habe mich dann aber dagegen entschieden.

10:59

»Guten Tag, Frau Jankowski. Hier ist mein hellblaues Ticket zum Glück, und das sind alle meine Unterlagen. Ich möchte gerne die Flurstücke meines neuen Grundstücks zusammenlegen lassen, damit es da in Zukunft keine Schwierigkeiten geben wird. Bin ich da bei Ihnen richtig?«

»Nein.«

»Schön. Ich ... Wie ›nein‹?«

»Bei mir sind Sie beim Bauamt.«

»Ja, da will ich ja auch hin.«

»Nein, da wollen Sie nicht hin.«

»Will ich nicht?«

»Nein. Sie wollen zum Bauaufsichtsamt.«

»Ja, genau. Ist das nicht dasselbe?«

»Nein.«

»Hurra.«

»Für das Bauaufsichtsamt müssen Sie überhaupt keine Märkchen ziehen. Die sitzen in der Etage über uns. Da machen Sie, wenn Sie die Unterlagen unbedingt persönlich vorbeibringen wollen, telefonisch einen Termin aus und kommen direkt dran.«

»Und warum sagt mir dann Herr Schröder, dass ich zu Ihnen muss? Warum habe ich dann den hellblauen Bon gezogen?«

»Keine Ahnung. Aber bei mir sind Sie falsch.«

Wo war die Schrotflinte, wenn man sie mal brauchte? Hatte ich die etwa schon wieder zu Hause liegen lassen?

»Kann man denn da gar nichts machen? Muss ich jetzt erst wieder nach Hause, oder kann man da oben mal anrufen und fragen, ob ZUFÄLLIG gerade wer frei ist?«

»Da gehen Sie am besten an die Information am Eingang und fragen mal nach. Die können Ihnen vielleicht weiterhelfen.«

»Mensch, Frau Jankowski. Das ist ja mal ein Riesentipp. Besten Dank.«

Also zurück zum Eingang. An der Information saß ein Drache mit Brille und Strickjacke, der wohl schon seit Jahrzehnten zum Inventar gehörte, den Empfang als zu verteidigendes Terrain betrachtete und die Informationssuchenden nie im Unklaren darüber ließ, dass jede Frage per se unglaublich DÄMLICH sein MUSS. Ich schluckte die Bemerkung herunter, dass, wenn keiner mehr fragen würde, ihr Job obsolet würde. Darüber hatte sie wohl noch nie nachgedacht. Macht ja nix.

11:11

»Guten Tag. Ich bin hier wegen einer Zusammenlegung von vielen kleinen Flurstücken und habe mich versehentlich gleich zwei Mal im Großraumbüro angemeldet. Nun habe ich erfahren, dass ich dafür eine Etage höher und vorher einen Termin vereinbaren muss. Da ich ja jetzt schon mal alle Unterlagen bei mir habe und seit drei Stunden hier bin – meinen Sie, wir könnten da mal nachfragen?«

»Ob WIR da nachfragen können, weiß ich nicht, junger Mann. ICH kann das leider nicht.«

»Und warum nicht?«

»Weil ich die Nummer gar nicht habe.«

»Äh... Sie sitzen hier unten an der Information und haben die Nummer vom Amt über Ihnen nicht?«

»Wenn ich für alle Menschen, die hier ankommen, weil sie irgendetwas vergessen haben, die Sekretärin geben würde, dann käme ich ja zu sonst nichts mehr.«

»Ich stehe doch alleine hier. Ich nehme keinem sein Anrecht auf Information, und als ich zu Ihnen kam, war auch noch keiner da. Kann ich denn selbst einfach mal hochgehen und freundlich klopfen?«

»Da kommen Sie nicht hin, weil ich Sie durch die Tür dahinten lassen müsste. Das darf ich aber nur, wenn Sie einen Termin haben. Haben Sie einen Termin?«

»Frau ...«

»Balzoweit.«

»Frau Balzoweit. Wenn Sie keine Zwillingsschwester haben, die vor fünf Sekunden in Lichtgeschwindigkeit den Platz mit Ihnen getauscht hat, dann müssten Sie sich doch daran erinnern, dass ich Sie soeben um die Vermittlung eines Termins mit der Bauaufsichtsbehörde gebeten habe.«

»Sie hätten ja auch noch woanders hin wollen können.«

»Wohin denn?«

»Das Standesamt ist auch da oben.«

»Frau Balzoweit. So gut kennen wir uns doch noch gar nicht.«

Der Anflug eines Lächelns in ihrem Gesicht. Oder war das Parkinson?

»Na gut. Herr ...«

»Schmitz.«

»... ich frage mal nach. Moment.«

Liebe Leserin, lieber Leser, Sie werden sich noch bei vielen Schilderungen in diesem Buch an den Kopf fassen – so wie ich – und nicht für möglich halten, was Sie lesen – so wie ich. Und wenn Sie sich in den Situationen wiedererkennen, dann werden Sie sich abermals an den Kopf fassen – so wie ich –, weil Sie es wieder nicht glauben können – so wie ich –, aber froh sind, dass Sie sich nicht mehr alleine fühlen.

So wie ich.

»Herr Schmitz?«

»Ja? Frau Balzoweit, ist es bald so weit?«

Den konnte ich mir einfach nicht verkneifen. Ihr angestrengter Seufzer und trainierter Augenverdreher verrieten mir jedoch zweierlei: Zum einen hatte sie diesen Gag vermutlich nicht das erste Mal gehört – und mochte ihn schon lange nicht mehr. Und zum anderen bereute sie jetzt schon, dass sie mir den Termin mit dem Bauaufsichtsamt doch noch verschafft hatte.

»Erste Etage, Zimmer neun.«

»Frau Balzoweit. Ich danke Ihnen. Falls alles glattgeht, komme ich gleich noch mal runter, und wir gehen zusammen in die andere Abteilung der ersten Etage.«

»Na, hab ich ein Glück.«

Ich flitzte zur Glastür, fasste den Griff, rüttelte, aber die Tür war noch verschlossen. Ich schaute Frau B über die Distanz hinweg auffordernd lächelnd an. Sie würdigte mich keines Blickes, doch die Glastür summte. Leider nur den Bruchteil einer Sekunde lang, so dass sie gar nicht aufging, ich durch meinen Schwung aber auch nicht mehr bremsen konnte und so ein vollständiges Negativ meines erschrockenen Gesichts auf der Scheibe hinterließ. Absicht. Garantiert.

Ich lächelte noch einmal gequält. Bloß nicht die Nerven verlieren! Frau B regte sich wieder nicht, trotzdem summte die Glastür erneut. Ich drückte blitzschnell, dafür diesmal ohne jeden Schwung. Sie sprang auf. Yes!

11:59

Ich nahm den Aufzug in den ersten Stock, fand sofort Zimmer neun, welches im Haus, das Verrückte macht, logischerweise gleich neben Zimmer eins lag, klopfte und ... nichts.

Ich klopfte noch einmal, drückte aber gleichzeitig vorsichtig die Klinke herunter. Die Tür war nicht abgeschlossen, und meine gute Erziehung unterlag bereits dem aufsteigenden Wahnsinn. In Zeitlupe betrat ich Zimmer neun und entschuldigte mich gleichzeitig für mein Eindringen, bis ich bemerkte, dass überhaupt niemand da war. Aktenberge, laufende Rechner, eine eingetrocknete Kaffeetasse mit der Aufschrift »Wir lassen uns nicht hetzen. Wir sind hier auf der Arbeit, nicht auf der Flucht.«

Ich musste lachen. Im ersten Moment hätte man denken können, dass es ein locker-befreites Auflachen gewesen sei. Aber Freunde von mir, Menschen, die mich besser kennen, hätten angefangen zu zittern. Es war ein verzweifeltes Lachen. Es war ein böses Lachen. Und es war so schnell verschwunden, wie es gekommen war.

»Hallo???«

Nichts. Kein Laut. Keine Antwort. Kein »Was machen Sie denn hier?«

Ich trat wieder auf den Flur hinaus und rief laut: »Hallo???«

Nichts. Keine Schritte. Kein Schlurfen. Keine Antwort.

Ich wartete circa fünfzehn Minuten und gefühlte dreihundert weitere »Hallos«.

Nichts.

12:27

»Hallo Frau Balzoweit.«

»Was machen Sie denn schon wieder hier?«

»Da oben ist keiner.«

»Da oben ist keiner? Ich habe doch eben mit denen telefoniert.«

Ihr Tonfall versuchte gar nicht erst zu verheimlichen, dass Frau Balzoweit mich für rappeldämlich hielt und am liebsten für unmündig erklärt hätte.

»Ich habe gerufen. Ich habe gewartet. Ich habe wieder gerufen. Da ist keiner in Zimmer neun. Vielleicht heiraten die sich gerade alle gegenseitig, aber in Zimmer neun auf der ersten Etage ist niemand zu finden.«

»Ganz ruhig. Das ist merkwürdig. Wenn Sie die Treppe raufkommen, ist das gleich der erste Gang links. Woanders können Sie gar nicht gelandet sein. Wie haben Sie das denn geschafft?«

»Ich habe den Aufzug genommen, aber sonst stimmt alles. Erster Gang links, dann kein Mensch mehr weit und breit.«

»Sie sind mit dem Aufzug gefahren? In Ihrem Alter?«

»Jetzt hören Sie mal, Frau Balzoweit, ich wollte einfach mal kurz ...«

»Na, dann sind Sie wahrscheinlich in der 1½. beziehungsweise in der 2. Etage gelandet, als Sie auf die 1 gedrückt haben.«

Das musste ja nun wirklich jedem einleuchten!

»Das waren ursprünglich mal zwei Gebäude, als ich hier angefangen habe.«

Gab's da schon Telefon?

»Und da die gleichen Stockwerke auf unterschiedlichen Ebenen liegen, wird die erste Etage drüben zu so was wie einem Zwischengeschoss, welches Sie über den Aufzug gar nicht erreichen können. Wenn Sie aber für eine halbe Etage unbedingt den Lift brauchen: Den Behindertenaufzug finden Sie auf der Rückseite, einmal ums Gebäude rum.«

Ich hasste sie. Es war so weit, für Frau Balzoweit: In Tagen, vielleicht Wochen oder auch niemals würde man ihren entstellten Körper im Fluss finden.

Dieser kurze Erholungsurlaub in meiner Fantasie wurde leider sofort wieder von meinem nächsten Gedanken unterbrochen: Diesen Krieg konnte ich nicht gewinnen. Mit Humor einigermaßen überstehen – und danach eine schöne Tasse heißen grünen Tee über ihren Kopf ... Verzeihung, kleiner Rückfall ... grünen Tee trinken, das wäre vielleicht möglich. Immerhin. Aber siegreich aus dieser Schlacht hervorgehen? Keine Chance. Gebrochen schlurfte ich zurück zur Glastür, auf der immer noch mein Konterfei zu erkennen war. Der erste Summer war wieder zu kurz, rumms, der zweite funktionierte. Ich stieg ein paar Stufen hoch und fand Zimmer 9 in Stockwerk 9¾. Wo hatte ich nur meine Eule verloren?

Ich klopfte und hätte mich nicht gewundert, wenn auch hier

niemand gewesen wäre. Aber es ertönten die erlösenden magischen Worte:

»Herein!?«

12:43

»Na, da sind Sie ja endlich. Ich warte schon auf Sie ...«

»Einen wunderschönen Guten Tag. Vielen Dank, dass das mit dem Termin doch noch so kurzfristig geklappt hat.«

Gott, ich hätte auf meiner eigenen Schleimspur ausrutschen können, aber man will es sich mit der Göttin der Flurstücke ja auch nicht verscherzen.

»Es gab da ein kleines Missverständnis zwischen Frau Balzoweit von der Information und mir. Ich wollte zu Ihnen, sie wollte mich heiraten. Ha ha ha ...«

Man hätte eine Büroklammer fallen hören können.

Viel zu spät fiel mein Blick auf das Namensschildchen neben der Hummelfigur auf dem Schreibtisch: »Chantal Balzoweit«. Das konnte doch nicht sein! Das Leben konnte mir doch nicht so übel mitspielen. Wann wachte ich denn endlich aus diesem Albtraum auf?

»Ach tatsächlich? Sie ist meine Schwiegermutter.«

NEEEEEEEEEEEEEEEEEEEEEEEEEEEEE-EEIIIIIIIIIIIIIIIIIIIIIIIIIIIIIIIINNNN!!!!!!!!!!

Ich schöpfte ganz kurz Hoffnung und spekulierte auf das Darwin'sche Naturgesetz, nach dem die unterschiedlichen Spezies Schwiegertochter und Schwiegermutter sich generell verfeindet und in Konkurrenz gegenüberstehen.

»Na, dann habe ich ja noch mal Glück gehabt, dass mich der Drache am Eingang der Höhle durchgelassen hat.«

Meine Spekulation war falsch. WARUM KONNTE ICH NICHT MEINE VORLAUTE KLAPPE HALTEN?

»Den außerordentlichen Termin hier bei mir verdanken Sie eigentlich nur dem Umstand, dass meine Schwiegermutter – oder der Drachen, wie Sie sie nennen – sich für Sie eingesetzt hat.«

So, nun war mein Schicksal besiegelt. Das war's. Danke schön. Behielte ich eben das Flurstück-Puzzle und versuchte die drohenden Schwierigkeiten in den nächsten Jahren in Fluten von Alkohol zu ertränken. Was sollte schon passieren? Schlimmer als hier im Haus, das Verrückte macht, konnte es doch sowieso nicht mehr werden.

Und da hatte ich mich schon wieder getäuscht.

»Na, dann geben Sie mir mal die Unterlagen, Sie undankbarer Drachenbezwinger.«

Unverhofft kam plötzlich wieder Sauerstoff in meinem Gehirn an. Das war doch gerade ganz klar ein kleiner Scherz gewesen, oder nicht?

Nachdem Frau Balzoweit II. alles durchgesehen hatte, hörte ich wie durch Watte die unglaublichen Worte: »Die sind nicht vollständig.«

Mein Verstand hatte diese Information nur zögerlich zu mir durchdringen lassen, weil er einen Totalausfall befürchtete. Ich hatte meine Gesichtsmuskulatur nicht mehr unter Kontrolle. Nerven und Muskeln spielten in meinem Gesicht Nachlaufen. Meine Fratze muss fürchterlich ausgesehen haben, denn selbst die böse Hexe Baldsoweit II. erschrak und zuckte zusammen. Nichtsdestotrotz machte sie ihrem Namen alle Ehre und verlängerte meine seelischen Qualen immer weiter und weiter und weiter und weiter.

Tatsächlich fehlten NUR ein Stempel der Behörde und eine simple Unterschrift unter dem Passierschein A38. Halleluja! Und jetzt raten Sie mal, wo ich diese beiden letzten Schlüssel auf meiner Reise durch Alices Wunderland bekommen würde! Richtig.

Großraumhalle – Frau Jankowski – hellblaues Märkchen.

Natürlich dachte ich ans Aufgeben. Nicht, weil ich Angst vor den Monstern und Drachen hatte, vielmehr fürchtete ich um meine unschuldige Seele und dass ich mich in einen amoklaufenden Todesschützen verwandeln würde, der erst am nächsten Tag im Knast wieder zur Besinnung käme. Die Wahrscheinlichkeit wuchs sekündlich, und ein solch grausames Schicksal wollte ich selbst den Jankowskis und Balzoweits dieser Welt nicht antun. Obwohl, jetzt, wo ich so darüber nachdenke ...

»Sie müssen sich beeilen. Die Abteilung macht heute um eins zu.«

12:59

Auch wenn ich gerne noch in Frau Balzoweits Tischplatte gebissen hätte, raffte ich meine Unterlagen zusammen und raste wie ein Besessener erst aus ihrem Büro und dann die Treppe hinunter. »So eine verdammte Sch...« brüllend, riss ich die Glastür zum Foyer der Eingangshalle auf und hetzte zum Märckenkasten.

»Hellblau. Hellblau. Hellblau. Hellblau. Hellblau. Hellblau ...«

Mit letzter Kraft erreichte ich den über mein Schicksal und das aller Mitarbeiter des Bauaufsichtsamtes entscheidenden roten Knopf und haute hysterisch so oft ich konnte drauf, um die drohende Atomexplosion in letzter Sekunde zu verhindern.

Ein kurzes Rattern ...

Geräusche von sich windendem Papier und dann ...

der Dritte Weltkrieg

Ausgelöst durch die Anzeige im Display: »Morgen ab 7.30 Uhr wieder besetzt.«

Doch, genau so ist das abgelaufen! Die Fakten stimmen, liebe Leserin, lieber Leser. Bis auf den Ausbruch des Dritten Weltkriegs. Da habe ich vorgegriffen, der kam später. Ich habe mir zwar eine Armbrust für den Drachen am Eingang gekauft und stand am nächsten Tag um 7.29 Uhr vor der Höhle, aber ich habe es dann doch nicht übers Herz gebracht abzudrücken. Haben Sie Ähnliches erlebt? Dann schreiben Sie mir! Wir müssen doch zusammenhalten.

An dem hier wiedergegebenen Tag war um 13 Uhr nach sage und schreibe fünf Stunden jedenfalls Schluss. Nichts mehr zu machen. Aus die Maus. Ende Gelände. Sogar der Empfangsdrache hatte ein mitfühlendes Lächeln für mich übrig. Zumindest dachte ich das kurz. Tatsächlich zuckten wohl nur seine Mundwinkel ein wenig, nachdem er seine Beute geschluckt hatte.

Niedergeschlagen und kraftlos verließ ich das Haus, das Verrückte macht, leider ohne meinen Passierschein A38. Ich baute mich aber schnell wieder auf, indem ich mir sagte, dass die anderen Termine an diesem Tag mit an Sicherheit grenzender Wahrscheinlichkeit nicht auch so verlaufen konnten. Unmöglich! Nach Regen kommt Sonnenschein. Auf Kälte folgt Wärme. So war es doch immer!

Ich musste zur Post.

Klug geplant ist halb zerronnen

Kurz bevor ich alle Umbauarbeiten mit den Handwerkern final besprochen, die Termine gemacht, die alte Wohnung gekündigt und den Umzug in den Kalender zementiert hatte, war das Schönste das Pläneschmieden. Ich fand es toll, mit den Fantastilliarden Möglich- und Annehmlichkeiten herumzuspinnen, die man sich immer schon erträumt oder von denen man bislang nicht mal zu träumen gewagt hatte. Erst recht, wenn man zu einem Häuschen kam, wie die Jungfrau zum Kind. So wie ich.

Plötzlich schien alles machbar. Es war herrlich, durch das zukünftige Château Schmitz zu schlendern, meiner Fantasie freien Lauf zu lassen und in Gedanken schon alles zu verändern, zu verschönern, umzubauen. Im Kopf hatte ich ganz schnell die Küche vergrößert, das Parkett abgeschliffen, Dachluken ins Haus geschnitten, marode Rohre erneuert, die Eingangstüre ausgetauscht und schicke Lampen aufgehängt. Ich sah das perfekte Ergebnis schon strahlend vor mir.

Dass meine Träume nicht so einfach zu realisieren waren, konnte ich am Anfang nicht ahnen. Denn fatalerweise wurden mir meine kleinen Wünsche bis hin zu den ausladenden Verrücktheiten von den fleißigen Illusionisten, also den Handwerkern, als absolut umsetzbar in Aussicht gestellt. Natürlich VOR der Auftragsvergabe!

Einfacher ausgedrückt: An allen Ecken und Enden hieß es trügerisch: »Datt is überhaupt kein Problem.« Diesen Satz haben wir vor Beginn der Arbeiten von fast allen gehört.

Seltsamerweise scheint Amnesie aber eine sehr verbreitete Krankheit unter Handwerkern zu sein, die fast immer schlagartig mit dem ersten Arbeitstag ausbricht. Aus »Datt is überhaupt kein Problem«

wurde später ziemlich oft »Datt jeht doch janisch« oder »Watt soll datt denn sein?« Solch eine Kehrtwende um 180 Grad kann man doch nur mit einem Totalausfall des Denkapparates erklären, oder? Wir machten uns große Sorgen um die Gesundheit dieser Leute.

Ab Tag eins gingen urplötzlich bestimmte Dinge nicht mehr, weil »der Zulieferer diese Teile ja schon lange nicht mehr hat«, man sich da während der Planung wohl missverstanden habe oder in China ein Sack Reis umgefallen war. Wir blickten plötzlich in an unserem Verstand zweifelnde Handwerkergesichter, als ob wir die erste Marsbesiedelung vorgeschlagen hätten. Wir waren verwirrt.

Bevor jetzt alle aufschreien, die es besser wissen: Ja, man kann das alles schwarz auf weiß vorher aufschreiben. Man kann auch den TÜV jeden Tag Plaketten auf die Maurerdekolletés der Arbeiter kleben lassen. Lustige Idee übrigens! Wenn Sie aber, so wie ich, noch keine Ahnung von diesen Abläufen haben, an verbindliche mündliche Vereinbarungen auf Basis einer gemeinsamen Landessprache glauben und die einzige Unterstützung an Ihrer Seite Holger, Ihr Zeitlupen-Schuss-nicht-gehört-Schnarchnasen-Schwager in spe, ist, dann sind Sie halt unglaublich dämlich und haben keine Chance. So wie ich.

Möchten Sie ein kleines Beispiel für meine Hypothese zum Handwerker-Naturgesetz Nummer eins: »Vorher versprechen ist besser als nachher halten«? Sehr gern! Auch ich muss im Nachhinein und mit heilsamem Abstand immer noch schallend lachen, wenn ich an die Geschichte zurückdenke. Allerdings sollten Sie beim Lesen im Hinterkopf behalten, dass dieses Beispiel nur einen winzig kleinen Krümel aus dem großen Zementsack der Arbeiten darstellt. Lassen Sie im Anschluss an dieses Kapitel einfach Ihrer blühendsten Fantasie freien Lauf. Dann kommen Sie schon mal ein ganzes Stück näher an die tatsächliche Sackgröße heran.

Die Elektrik in unserem Hexenhäuschen war bei Übernahme nicht nur marode – sie war im Grunde tot. Was eigentlich auch ein Vorteil gewesen ist, weil ein Schwelbrand nicht weit gekommen wäre. Als ich bei einer der ersten Begehungen einmal mein Handy aufladen wollte, weil der Akku schon wieder seinen Geist aufgegeben hatte, suchte ich nach einer Steckdose. Davon gab es zwar nicht so viele, aber hinter der schrecklichen Ledercouch wurde ich fündig. Kurzerhand steckte ich das Ladekabel in die nikotingelbe Dose von anno pief – und schon brannten alle Sicherungen durch.

Jetzt erst kam ich auf die Idee, mal den Sicherungskasten im Keller zu inspizieren. Abgesehen davon, dass ich mir den Weg zu ihm mit der Machete freikämpfen musste, hätte ich ihn als solchen zuerst fast nicht erkannt. Das sollte doch wohl ein Scherz sein! Das musste der erste gewesen sein, der jemals gebaut wurde. Vielleicht war's sogar der Prototyp. Und auch die Kabel, die man dort ankommen sah, waren nicht mehr die frischesten. Wie wir später erfuhren, konnten ein paar der alten Dinger im ganzen Haus zumindest teilweise verwendet werden, aber das meiste war von Ur-Ur-Ur-Opa verlegt worden, total hinüber und gehörte dringend ausgetauscht. Gut, mit so etwas hatten wir natürlich gerechnet, so weit, so blauäugig.

In diesem Moment im Keller begriff ich aber, dass die ganzen Modernisierungen und Veränderungen vielleicht doch ein wenig aufwändiger werden würden, als ich gedacht hatte. Die offenliegenden Rohre im Untergeschoss machten nämlich auch nicht gerade den stabilsten Eindruck. Es würde wohl doch die eine oder andere Wand mehr im Haus aufgestemmt werden müssen. Puh. »Ach, was soll's«, dachte ich mir, »das kriegen wir auch noch hin.«

Wieder aus dem Keller zurück, fand ich neben dem alten grünen Telefon mit Wählscheibe die Gelben Seiten. Spitze. Da ich keine Empfehlung hatte, traf mein Zufallsfinger die herrlich rheinische Elektrik-Firma Kurtz. Die boten eine Menge verschiedener Leistungen an und waren gleich um die Ecke. Die sollten es dann wohl sein.

Mit Unterstützung meines Luftpumpen-Holgers trafen wir uns einige Tage später im Haus mit dem Seniorchef. Wir wollten zum einen den maroden Zustand, aber auch voller Vorfreude unsere großartigen Ideen zur Modernisierung besprechen. Meister Kurtz war schätzungsweise Mitte fünfzig, auf den ersten Eindruck hin recht liebenswürdig, solide konservativ und bürgerlich gemütlich eingerostet. Herrlich, authentische Menschen sind hundert Mal sympathischer als die geleckte Schickimicki-Fraktion. Keine Frage. Im folgenden Fall allerdings wäre ein wenig mehr Knowhow aus einer Weltstadt wie zum Beispiel Buxtehude gar nicht so schlecht gewesen. Aber ich will nicht vorgreifen ...

Er überreichte uns weltmännisch seine Visitenkarte mit dem aufgedruckten Slogan: »Kommen Sie zu Kurtz!« Fernab jeder Selbstironie. Wirklich! Und wenn Sie sich gerade kringeln, liebe Leserin, lieber Leser, auch wir hatten immense Schwierigkeiten, uns zusammenzureißen.

»Also, Herr Kurtz« – beherrsch dich, Ralf, beherrsch dich! – »jetzt passen Sie mal auf. Ich habe mich im Vorfeld ein wenig schlaugemacht ...«

»Na, datt sin mir ja die Liebsten«, scherzte Herr Kurtz, und wir alle lachten befreit auf. Aus unterschiedlichen Gründen. Holger und ich, weil wir endlich durften, und er, weil er einen guten Scherz gemacht hatte. Er selber lachte dabei sogar am lautesten! Und damals schon war da was in seinen Augen, was mich hätte ... egal.

»Ich habe mich schlaugemacht und gehört, dass es besser wäre, wenn man zum jetzigen Zeitpunkt gleich ausreichend Netzwerkkabel, sogenannte Cat-Kabel, oder wie die Dinger heißen, in die Wand stecken würde. Wäre das übertrieben?«

»Lieber zwei zu viel als drei zu wenig«, meldete sich Holger plötzlich, wie aus einer Trance für ein paar Sekunden erwacht, das einzige Mal zu Wort. Alles andere bekam er dann wieder kaum mit. Er hat über eine Stunde lang den Wagen in der Einfahrt gewendet, damit wir später auch schnell wegkamen. Ich glaube ja eher, dass seine Arbeitsvermeidungsstrategie bereits extrem ausgefeilt funktionierte. Rückwirkend betrachtet mache ich mir allerdings Vorwürfe, dass ich ihn nicht mal habe untersuchen lassen.

»Ja ... danke, Holger ... Dadurch hat man dann in jedem Zimmer auch gleich Zugang zum Internet oder kann innerhalb des Hauses alles miteinander verbinden, stimmt das?«

»Na klar, datt stimmt absolut. Je mehr, desto besser, ne. Wir können Ihnen datt im Anjebot ja mal auflisten.«

»Oha. Ist das teuer?«

»Och, datt hält sich in Jrenzen. Der Materialwert ist nisch der Rede wert, die Wände sinn eh auf und verleescht werden müssen die normalen Kabel ja auch. Da können wir dann auch gleich diese ... äh ... anderen mit reinpacken. Ist doch kein Akt. Datt is überhaupt kein Problem.«

Meister Kurtz hatte, wie später bekannt wurde, bis zu diesem Augenblick noch nie etwas von Cat-Kabeln gehört und dachte vermutlich, dass es sich hier um einen neuen Rußpartikelfilter für seinen Ford Transit handelte. Das ist ungefähr so, als ob ein Herzchirurg das Wort »Aorta« nachschlagen müsste. Würden Sie sich von dem operieren lassen? Nein. Würden Sie sich von unserem Elektro-Chirurgen die Cat-Aorten durch Ihren Tempel legen lassen? NEIN! Aber um das verhindern zu können, müssen Sie eben vorher mitbekommen haben, dass der Typ mit den Gummihandschuhen und der sterilen Latzhose keine Ahnung von dem hat, was er da machen wird. Aber wie hätte ich das beurteilen können? Mir fehlte doch noch das Fachwissen. Natürlich hatte ich die ganze Zeit »so ein ungutes Gefühl« im Bauch, wusste aber nicht, ob das mein Unterbewusstsein in heller Panik oder die unverdaute Frikadelle vom Mittag war. Und außerdem säuselte er mich ja die ganze Zeit ein, so als ob einem der Narkosearzt unter beruhigenden Worten langsam das Schlafgas auf den Mund drückt.

Der Materialwert der Kabel war später tatsächlich überschaubar. Dagegen hat die Verlegung der Positronen-Leitungen auf Tante Helgas Enterprise durch unseren Steinzeit-Scotty so lange gedauert, dass man von den reinen Arbeitskosten zusätzlich einen ganzen Weltraumhangar hätte bauen können. Hurra!

Zu erwähnen wäre noch, dass wir seltsamerweise oft KEINE Rußpartikel-Kabel dort gefunden haben, wo sie vorgesehen waren oder gebraucht wurden. Oh, ich bin mir sicher: Herr Kurtz HAT sie verlegt – nur nicht in der Wand, sondern im sprichwörtlichen Sinn! Und leider konnte er sich nicht mehr erinnern, wo. Wir machten uns einen Scherz daraus und vermuteten, dass wir vielleicht irgendwann mal unter den Radieschen im Garten, der Fußmatte oder auch beim Nachbarn die verlorenen Kabelenden wiederfinden würden. Dann könnten wir ja dort ein paar Geräte anschließen. Das würde ein Spaß!

»Ist auch eine neue Gegensprechanlage notwendig?«, fragte ich ihn damals bei unserem ersten Treffen.

»Also, wenn Sie misch frachen, dann ist die alte im Verhältnis zu neuen Modellen mit 'ner Kordel zu vergleichen, die man zwischen zwei Dosen jespannt hat.«

»Das habe ich befürchtet. Himmel, was das alles kostet. Aber wenn wir dann schon mal dabei sind und heutzutage eh alles per App auf die Handys gebracht werden kann, können wir dann das Klingeln auf mein Smartphone weiterleiten, so dass es immer da klingelt, wo ich gerade bin? Das wär oberklasse, wenn man zum Beispiel in der Wanne oder im Garten sitzt, oder so.«

»Also Herr Schmitz, isch versischere Ihnen: Datt ist heutzutage überhaupt kein Problem.«

Das war jetzt bereits das zweite Mal in fünf Minuten gewesen, dass das Kundeneinsäuselungs-Mantra wiederholt wurde.

»Datt hammer schon so oft jemacht, datt könne mer im Schlaf.«

»Können wir auch an die Fernseher so eine direkte Verbindung zum Internet anschließen? Die sind doch bald alle netzfähig. Dann könnte man Filme gleich herunterladen.«

»Herr Schmitz, kein Thema. So 'nen Tiiwii hammer vor'n paar Wochen schon mal bei 'nem jungen Pärchen einjebaut. Datt kömmer hier ja jenauso machen.«

Stimmte nicht. Wie ich später erfuhr. Das Pärchen gab es nicht, und solch einen »Tiiwii« hatte der Mann noch nie in seinem Leben gesehen.

»Na, spitze! Und wie sieht es mit der Musik aus? Könnte ich auch meine Musikbibliotheken vom Rechner auf den Fernseher bringen? Das wär der Wahnsinn.« Ich war im Vollrausch. Durch meine Adern floss Strom.

»Wie wollen Sie denn Ihre Büüscher ...?«

»Nein, nein, ich meine nicht meine Bibliothek, sondern meine Musikbibliothek.«

»Ach so, ja, da hatte ich wohl was am Öhrschen. Datt is überhaupt kein Problem.«

Nummer drei!

Von einer Musikbibliothek hatte der freundliche Elektriker Kurtz noch nie etwas gehört. Seine einzige Assoziation zum Thema Bibliothek stammte vermutlich aus einer Zeit, als der Flutschfinger am Kiosk noch 50 Pfennig kostete.

»Dann fehlt natürlich noch das große Thema Netzverknüpfung, also KNX oder EIB. Wir müssen die neuen Kabel ja schließlich sinnvoll miteinander verbinden. Ich habe darüber viel gelesen. Herr Kurtz, kennen Sie sich damit aus?«

»Ja natürlich, Herr Schmitz ... datt bieten wir ja schon lange an, müsse mer ja, machen ja alle jetz ... isch selber hab datt auch zu Hause. Datt is so toll! Wenn Sie datt jetzt nisch machen, machen Se datt nie. Datt is überhaupt kein Problem.«

Nummer vier!

Herr Kurtz hatte von KNX und EIB ungefähr so viel Ahnung

wie ein Fisch von Algebra. Und wenn ich als Otto-Normal-Schmitz schon nicht wusste, wofür die Abkürzungen überhaupt standen, so dachte unser Experte aus dem Jahre 1912 bei KNX sicher an »Kann NiX« und bei EIB an »Einbauen Ist Blödsinn«. Er war während der späteren Arbeiten zwar in der Lage, diverse Kurtzschlüsse zu verursachen, leider aber keinesfalls ein halbwegs taugliches Netzwerk einzurichten.

Aus technikverrückten Luxusanwandlungs-, aber nicht zuletzt auch durchaus größenwahnsinnigen Gründen haben wir dann tatsächlich die hochmoderne Kann-nix-Lösung bei dem netten kleinen Elektrounternehmen Kurtz bestellt. Ja, liebe Leserin, lieber Leser, ich lese ja selbst, was ich gerade schreibe. Und ja, Sie haben recht, das war nicht wirklich bis ins letzte Detail durchdacht. Eher gar nicht.

Ich war halt Feuer und Flamme und konnte es gar nicht erwarten, das neue Spielzeug für Erwachsene auszuprobieren. Schließlich kommt es nicht oft vor, dass man mit einem Quantensprung von einem gebrauchten Mofa auf einen V8-Motor umsteigt. Vorfreude ist die schönste Freude. Vor allem, wenn sie fünf Mal so lange dauert.

Ich möchte an dieser Stelle ein wenig vorgreifen und Ihnen einen Ausblick in den Verlauf der fortgeschrittenen Arbeiten verschaffen. Ich kann Sie ja nach den letzten Schilderungen nicht noch weitere Kapitel im Unklaren darüber lassen, was aus den Verdrahtungen, Verlegungen, Vernetzungen … sagen wir vielleicht eher Verdröselungen der Cat- und anderer Kabel geworden ist. Kurzerhand waren die nicht nur planlos verlegt, sondern auch noch alle falsch miteinander verbunden und programmiert worden.

Zu Beginn, ich war mittlerweile in mein neues Häuschen gezogen, war es noch spaßig. Wenn wir das Licht im Badezimmer einschalten wollten, wurde es in der Küche hell. Okay, kein Problem. Dann holten wir uns eben ein Stück Schokolade und knipsten in der Küche das Licht fürs Zähneputzen im Bad an. So herum war es ja auch viel gesünder.

Dabei blieb es aber nicht. Es wurde immer schlimmer. Jeder Tag brachte neue Überraschungen:

Eines Morgens war ich auf dem Weg ins Bad. Im Dunkeln wollte ich das Licht im Flur einschalten. Doch nichts geschah. Dafür sprang plötzlich die Eingangstür auf. Ich war verdutzt. Aber dann dachte ich: Wie ungemein praktisch. Es konnte ja schließlich jeden Moment Überraschungsbesuch vor der Tür stehen. So gesehen hatte Meister Kurtz hier weise vorausgedacht. Respekt!

Tags zuvor war beim Betätigen desselben Schalters noch die Dachluke aufgegangen, und es hatte in den Flur geregnet. Da war die Haustür schon ein gewaltiger Fortschritt. Als ich unter der Luke patschnass im Flur stand, hatte ich einen Moment lang überlegt, ob ich nicht gleich dort duschen sollte, um mir damit den Gang ins Bad zu ersparen. Aber ich hatte Angst um das Parkett, weshalb ich die höchst effiziente Zusammenlegung verschiedener Morgenrituale wieder verwarf.

Nachdem ich an der Haustür dem noch unbekannten Nachbarn in meiner sexy SpongeBob-Boxer zugewinkt hatte – die ich von meinem Neffen geschenkt bekommen habe und NUR ZUM SCHLAFEN anziehe, wenn alles andere in der Wäsche ist –, schlurfte ich zurück ins Bad. Auf dem Weg dorthin fiel mir wieder ein, dass der Flur ja immer noch stockdunkel war. Wenigstens konnte ich mit dem Küchenschalter das Licht im Bad anknipsen und mich im Schein bis dorthin vorkämpfen. Und dort angekommen, brannte schon das Licht. Ungemein praktisch. Vielleicht war ja auch das, wie alles andere, ein genialer Link im Kurtz'schen Schaltplan gewesen. Intelligente Vorausschau, in der die Gewohnheiten des Kunden bereits in der Planungsphase berücksichtigt wurden. Lassen Sie mich mal kurz darüber nachde ... NEIN! Ganz sicher NICHT!!!

Endlich am Ziel, wollte ich die Heizung ein wenig höher stellen. Ob mein Frösteln vom SpongeBob-Kurzausflug herrührte oder es tatsächlich zu kalt war, weiß ich nicht mehr. Ich hatte nur die wahnwitzige Vermutung, dass die Heizungssteuerung die Heizung tatsächlich steuerte. Mich muss der Teufel geritten haben. Bei der Erfindung der Bezeichnung musste sich aber doch jemand was gedacht haben. Ich erhöhte also die Temperatur. Es wurde nicht wärmer, dafür ging diesmal das Licht im Flur an. Tätää! Ein weiteres Rätsel war gelöst. Was ich allerdings erst mitbekam, als ich später aus dem Bad trat. Na immerhin.

Als ich nach der Morgentoilette in der Küche das Radio einschaltete, fuhren im ganzen Haus krachend die Rollläden hoch. Was wiederum suboptimal war, weil dadurch meine Freundin wach wurde, die um diese Zeit nicht gerade gut aufgelegt war. GANZ IM GEGENTEIL! Dafür stimmte das Radio lautstark und abrupt mit ein, als ich den Kühlschrank öffnete. Dass mir Rammstein zum Frühstücksei »Ein Mensch brennt ...« entgegenbrüllte, war zwar krass, aber die Fehlfunktion an sich schon fast luxuriöses Hightech. Bei der Feinabstimmung konnte man ja noch nachbessern. In diesem Moment erst fiel mir auf, dass es sonst, wenn ich aufstand, eigentlich nicht so stockfinster war. Welche Uhrzeit hatte der Radiosprecher gerade erwähnt? Das durfte doch wohl nicht wahr sein.

NEIN, auch ich stehe sonst nicht um FÜNF! Uhr morgens auf. Mein Radiowecker hatte mich heimtückisch aus dem Schlaf gesäuselt, weil ich den Fernseher ausgemacht hatte. Das verstehen Sie nicht? Dann denken Sie nicht im Kurtz'schen Kosmos, liebe Leserin, lieber Leser. Es ist doch völlig logisch, dass durch das Ausschalten des Fernsehers die Steckdose, an der der Wecker hing, außer Funktion gesetzt wurde. Das blöde Ding hatte auf Batteriebetrieb umgeschaltet und die Zeiteinstellung dadurch komplett durcheinandergebracht. Man kann sich aber auch wirklich nicht ALLES merken.

Ich habe mich dann noch einmal hingelegt, konnte aber nicht mehr einschlafen. Machte auch nichts: Ich habe einfach drei Stunden ferngesehen ... Nein, nicht, weil was Interessantes lief. Ich musste doch mein Handy aufladen.

Da die Firma Kurtz mit der Zeit immer seltener kam, weil sie selbst verzweifelte, freundeten meine Freundin und ich uns eben mit den kurtzgegebenen Verdrahtungen an. Wir fertigten Listen an, auf denen wir eintrugen, was man womit steuern konnte. Die trugen wir natürlich stets mit uns herum, weil wir sonst durchgedreht wären.

Einige Verbindungen hatten wir sehr bald sogar lieb gewonnen. Der Mensch ist letzten Endes eben doch ein Gewohnheitstier. Und als dann nach Monaten die Fehler behoben werden konnten, hatten wir sogar Mühe, uns wieder an normal verbundene Funktionen zu gewöhnen. Dass zum Beispiel der Wasserkocher nicht mehr brodelte, wenn man die Klospülung betätigte, hat mich anfangs ziemlich durcheinandergebracht. Ich fand es nämlich toll, dass das Teewasser schon heiß war, wenn ich von der Toilette kam. Gar nicht vermisste ich allerdings, dass beim Klingeln an der Haustür die Klospülung jetzt nicht mehr ausgelöst wurde! Ich muss an dieser Stelle nicht erwähnen, dass nach der ein oder anderen »Session« das ständige Hin- und Herrennen zwischen Toilette und Haustür ganz schön nerven konnte. Warum ich hin und her rannte? Na, weil ich rechtzeitig, noch während des Spülvorgangs, vor Ort sein musste, um die Bürste benutzen zu können.

Dass ich zum Löschen der Leselampe auf der Bettseite meiner Freundin irgendwann nicht mehr in die Garage brauchte, war auch ganz angenehm.

»Schatz, ich bin müde, kannst du meine Lampe ausmachen?«
»Ganz aus oder nur ein bisschen dimmen, Liebling?«
»Nein, nein, ich muss schlafen.«
»Okay. Lass dich gleich nicht stören, wenn ich wiederkomme. Ich muss auch noch mal nötig klingeln.«

Die nächtliche Portion frische Luft und der melancholisch einsame Weg durch die klirrende Kälte in meiner Schlafboxer fehlten mir allerdings. So dass ich noch einige Zeit später, trotz funktionierendem Lichtschalter, kurz raus bin und romantisch verklärt durch die Nacht zur Garage und zurück schlenderte. Der Nachbar, der mich nur in meiner SpongeBob-Killerunterhose kannte, muss mich spätestens ab diesem Zeitpunkt für einen Exhibitionisten, brandgefährlich und reif für die Balla-Balla-Burg gehalten haben. Morgens um fünf steht da einer halbnackt vor dem Haus und winkt, und jede Nacht geht der Typ grundlos in Shorts mit sich selber spazieren. Bei dem müssen einfach ein paar Sicherungen durchgebrannt sein. Wenn die Firma Kurtz sie eingebaut hat, ganz sicher.

Der Vorteil war allerdings, dass ich mit besagtem Nachbarn später nie Schwierigkeiten bekommen habe. Bei allen Kompromissen, die zwischen Anwohnern manchmal notwendig werden, hat er immer sofort überfreundlich eingelenkt und zugestimmt, ohne auch nur ein einziges Gegenargument. Und wenn er dann doch mal kurz zuckte, weil das Laub von meinem kleinen Vorgarten wieder vor seine Tür geweht war, dann winkte ich dem Frühaufsteher morgens einfach mal wieder in einer neuen Unterhose.

Laubpuster gespart.

Wussten Sie eigentlich ...

dass das längste Stromkabel der Welt zwischen den Niederlanden und Norwegen verlegt und 580 Kilometer lang ist?

Liebes Tagebuch

Tag 0
Liebes Tagebuch! Ich bin ziemlich aufgeregt, weil das hier mein erster Eintrag in meinen Umbau-Begleiter wird. Ein sehr guter Freund hat mir dazu geraten und gemeint, dass das später ein aufschlussreiches Zeugnis eines wichtigen Teils meines Lebens sein wird. Der trägt immer ganz schön dick auf. Also, was ist der Stand der Dinge? Die Formalitäten sind endlich alle erledigt, Passierschein A38 wurde erobert, die Pläne sind gemacht. Morgen kommen die Handwerker! Uiuiui ... Jetzt geht's los! Es wird toll.

Tag 1
Viertel nach acht, noch ist keiner da. Sicher Stau. Ein letztes Mal schaue ich mir das alte Haus mit all den Kindheitserinnerungen an, weil es sich sicher unglaublich schnell verändern wird. Spannend!

Nachtrag Tag 1
So nach und nach sind jetzt um neun die Handwerker eingetrudelt. Alle sind guter Dinge. Der eine oder andere hat was vergessen, aber am ersten Tag ist das sicher normal. Man muss sich ja auch erstmal eingrooven. Das Abbruch-Unternehmen wird heute zwei Wände einreißen, für die große Küche. Wow! Der Installateur ist frohen Mutes, checkt die alten Rohre und hat immer einen Scherz auf den Lippen. Nachher gibt es Kaffee und Leckeres vom Bäcker für alle.

Locheisen?

Tag 2

Schon irre, wie schnell so unglaublich viel Dreck entstehen kann. Gott sei Dank ziehe ich erst in knapp drei Monaten ein. Der Rohbauer hat schon eine Wand eingerissen.
Der Installateur hat 'ne Menge alter Rohre gefunden und ist sicher, dass die alle getauscht werden müssen, weil die uns sonst in ein paar Jahren um die Ohren fliegen. Oha! Aber wir haben ja mit so etwas gerechnet, der Puffer ist einkalkuliert.

Tag 3

Der Maler fängt heute mit der Fassade an, nachdem er ja gestern die falsche Farbe dabeihatte. Außen wird's also ab heute schon langsam schön.
Mama ist auch mal kurz vorbeigekommen und hat Frikadellen mitgebracht. Schwarze Brikettdellen, müsste man eher dazu sagen. Es sind einige übrig geblieben. Eigentlich alle. Ein paar habe ich später angebissen in den Hecken gefunden.

Tag 5

Liebes Tagebuch! Der Rohbauer hat die zweite Wand vollständig abgerissen, leider die falsche. Mir ist ein wenig schleierhaft, wie man sich da vertun kann, aber es ist tatsächlich passiert. Sehr lustig.
So hätte man freie Sicht vom Klo auf den Fernseher im Wohnzimmer. Gar keine schlechte Idee eigentlich.
Es tut ihm nicht so wirklich leid, weil man das ja schnell beheben kann. Hört, hört. Wird schon.
Der Installateur hat schon ein paar der Rohre getauscht, der ist richtig fix. Toll.

Tag 8
Ein paar der Fassadenwände sind schon weit fortgeschritten. Als ich fragte, ob das Hellgelbe die Grundierung sei, hat der Maler gezuckt. Zuerst wollte er nicht glauben, dass ich nie Gelb haben wollte. Die Farbe muss erst trocknen, dann fängt er noch mal an.

Tag 10
Heute ist was Lustiges passiert. Als ich den Rohbauer fragte, warum denn oben bei der neuen Mauer dieser Schlitz zur Decke zu sehen sei, hat er gemeckert: »Datt muss so. Datt hammer schon immer so jemacht.« UNMITTELBAR danach ist die Wand in einem Stück umgefallen.

Tag 11
Der Maler hat die gelben Wände mit Weiß überstrichen und trocknen lassen. Er ist zufrieden. Ich nicht. Das Gelb scheint deutlich durch. Merkwürdigerweise kann er das irgendwie nicht nachvollziehen und ist davon überzeugt, dass das nur die Reflexion des Sonnenlichts sein kann.

Tag 22
Ich glaube, Rohbauer und Installateur sind verwandt. An drei Heizungen gab es heute eine mittlere Katastrophe. Jemand hat vergessen, den Haupthahn abzudrehen, und Wasserfontänen sprudelten aufs gerade abgeschliffene Parkett. An Springbrunnen zur Deko haben wir bislang zwar noch nicht gedacht, wollen nach dieser Demonstration aber auch keine haben. Als das Chaos losbrach und alle anfingen zu rennen, drehte sich der Chef-Installateur langsam zu mir und fragte: »Sind Sie eigentlich schon versichert?«
Das mit Kaffee und Plätzchen für alle am Nachmittag fällt heute aus.

Tag 25
Liebes Tagebuch! Die Arbeiten stocken ein wenig, weil so viel neu gemacht werden muss. Reine Anlaufschwierigkeiten, sagen alle.
Unseren eigenen Fall der Mauer kompensieren wir nun doch lieber mit einer Trockenbaufirma, die uns vom Parkettleger empfohlen wurde.

Tag 29
Die Rohre sind alle gegen neue ausgetauscht. Heute kam die Estrich-Firma und hat bereits, obwohl ausdrücklich nur geschaut und besprochen werden sollte, in Flur und Küche den Boden versiegelt. Danach hat Ober-Estrich-General Budde mitgeteilt, dass das jetzt ZWEI WOCHEN durchtrocknen müsse und keiner drüberlaufen dürfe. Der vergessene Elektro-Azubi wird wohl vierzehn Tage im Bad übernachten müssen.
Der Trockenbauer kommt dann in zwei Wochen nochmal wieder.

Tag 46
General Budde war zwischenzeitlich zu Ausbesserungsarbeiten vor Ort. Der Estrich war falsch gemischt. Es sind drei Wochen geworden, in denen alle Arbeiten warten mussten, weil ja keiner auf den Fußboden treten durfte. Der General konnte, laut eigener Aussage, allerdings absolut gar nichts dafür. Den Estrich benutze er noch nicht so lange. Ich habe geantwortet, dass das überhaupt kein Problem sei. Mit dem Bezahlen der Rechnungen später könnte es ja auch ein paar Mal Probleme geben. Mein neu eingerichtetes Umbau-Konto hätte ich nämlich auch noch nicht so oft benutzt.
Der Azubi im Bad hat überlebt. Ausreichende Fettreserven und genügend Trinkwasser haben ihn gerettet. Kleiner Scherz:
Wir hatten ihn aus dem Fenster springen lassen und aufgefangen.
Er kann auch schon wieder ein paar Schritte laufen.

Tag 47
Das Parkett wird ab heute ein weiteres Mal abgeschliffen, weil es die Heizungswasser-Attacke nicht so gut weggesteckt hat. Nun ja.

Tag 50
Der Trockenbauer hat die neue Wand gesetzt, war schon nach einem halben Tag fertig und ist wieder gefahren. Sie ist einen Meter zu kurz.

Tag 53
Der Maler streicht die Fassade noch einmal. Er hatte die neue Grundierung vergessen. Wir dachten schon, er wolle uns mit dem unerwarteten Muster eine Mosaik-Variante schmackhaft machen. Jedenfalls verschwinden nun wenigstens die gelben Reflexionen.

Tag 60
Der Umzugstag rückt näher. Aber wir machen uns keine Sorgen, dass die Küche immer noch nicht da ist und heute die Decke wieder aufgemacht werden musste, weil Elektriker Kurtz ein paar Kabel vergessen hat. Nein, wir bleiben guter Dinge! Putzer und Maler stehen quasi schon bereit, in zwei Wochen sind sie da. Und die Küche sicher auch. Juhuu!

Tag 64
Ich hoffe, dass die neue Haustür bald kommt, die Baustellenblechtür macht nicht gerade einen Vertrauen erweckenden Eindruck.
Das Parkett wurde heute vorimprägniert. Nein, liebes Tagebuch, es ist kein Wildleder-Parkett, aber anscheinend muss das so gemacht werden.

Tag 65
Der Fliesenleger hat im Bad angefangen. Hier läuft es reibungslos. Der ist pfiffig.
PS: Nachdem die Trockenbauwand verlängert wurde, ist sie für den Türrahmen nur noch 1,5 Zentimeter zu kurz. Wir arbeiten uns ran.

Tag 81

Liebes Tagebuch! Wir haben nun eine wunderhübsche hellrosa Fassade – aber nur bis ich den Maler gefunden und ihm seinen Quirl in den Hals gestopft habe.
Und vielleicht sollte ich langsam mal über ein Anti-Aggressionstraining nachdenken.

Tag 82

Das Parkett wurde final behandelt und fast überall ausreichend abgedeckt. Die freien Stellen müssen so verlockend ausgesehen haben, dass die Glaser ihr Material natürlich genau dort abgestellt haben. Sie wollten wahrscheinlich das Abdeckvlies nicht schmutzig machen.

Tag 86

Die Fliesen im Bad sind wunderschön. Und unterschiedlich groß. Was nicht zum Design gehört. Entgegen der Meinung des Fliesenlegers bin ich der Ansicht, dass man es DOCH sieht!
In einem Monat ist der große Tag! Hurra! Selbst wenn bis dahin noch nicht alles fertig ist, den Rest kriegen wir auch noch hin. So lange kann sich das ja nun auch wieder nicht hinziehen.

Tag 88

Es zieht sich ganz schön hin. Der Installateur hat den Spülkasten heute zum vierten Mal falsch herum montiert. Sieht lustig aus, ist aber nach wie vor unpraktisch. Wir erwägen allerdings mittlerweile, praktisch orientiert, ab sofort einfach mit dem Kopf nach unten aufs Klo zu gehen. Wir müssen nur noch Haltegurte kaufen.

Tag 89

Der neue Wasserhahn ist schon wieder weg. Leider ist er bei der Montage stark verkratzt worden. Der kommt neu.

Anderen Installateur Suchen! Dringend...

Tag 92
Heute Morgen bin ich von Elektriker Kurtz senior geweckt worden.
Er stand um halb sieben neben meiner Luftmatratze im Flur und
wollte wissen, ob er mit den Außenleuchten weitermachen soll.
Ich hab ihn eingeladen, sich dazuzulegen.
Die Baustellenblechtür muss wirklich langsam mal ausgetauscht
werden.

Tag 93
Der Dachdecker hat heute die alte undichte
Dachluke ausgebaut und die Öffnung provisorisch
verschlossen. Es soll ja nicht regnen.

Der Dachdecker

Tag 94
Es regnet.

Tag 105
Morgen ist der große Tag. Oh Mann! Morgen ziehe ich in mein neues
Heim. Gut, es sind ein paar Sachen noch nicht fertig ... Eigentlich
ist noch gar nichts fertig. Sogar die Küche hat immer noch Liefer-
schwierigkeiten. Aber der Mensch wächst mit seinen Aufgaben.
Eingepackt ist auch noch nicht alles, den Keller habe ich
unterschätzt. Macht nichts. Wo steht denn, dass man ausgeschlafen
umziehen muss?
Und apropos, liebes Tagebuch! Jetzt bist du fällig. Einer der letzten
Umzugskartons steht vor mir, da passt du noch irgendwie rein.
Mal sehen, wann ich dich wiederfinde ... Tschüüüüsssss!

Operation Wohnsitzwechsel

Einpacken mit Hindernissen

»Nehme ich den singenden Plastikfisch wirklich noch mal mit oder nicht?«

Solche und ähnliche Fragen stellte ich mir in den letzten Tagen vor dem Umzug andauernd, wenn ich mal wieder mitten in dem ganzen überflüssigen Kram im Keller versank und die letzten Umzugskartons vollstopfte.

Eigentlich ein guter Moment, um die Spreu vom Weizen zu trennen und überflüssigen Ballast abzuwerfen.

Doch auch diesmal bestand ich diese kleine Prüfung leider nicht, drückte mich vor einer Entscheidung und warf den nervtötenden hässlichen Horrorfisch für die Wand, den mir meine Mutter geschenkt hatte, schnell in die Umzugskiste. Wahrscheinlich wird dieser Fisch das Letzte sein, was nach einem langen Leben noch übrig bleibt. Und ganz sicher werden diese Dinger nur für die Kisten im Keller hergestellt. Ich kenne zumindest keinen, der Luciano Karpferotti länger als eine halbe Stunde in der Wohnung haben wollen würde.

Ich hatte diesen täuschend schlechten Fisch damals, gleich nachdem Mama einen Schritt zur Tür raus war, respektvoll, aber sehr zügig in den Keller getragen und mit der notwendigen Spur schlechten Gewissens in der hintersten Ecke versteckt.

Gucken Sie nicht so! Dagegen ist im Grunde überhaupt nichts einzuwenden. Mama freut sich, weil sie mir mit dem »lustigen« Fisch ein tolles Geschenk gemacht hat. Und ich kann das Ding relativ gefahrlos für die nächsten Jahre parken, glaubhaft behaupten, dass ich es noch habe, und zudem meine Inneneinrichtung frei von Meeresbewohnern mit äußerst bescheidenen Tenorqualitäten halten.

Alle gewinnen. Und wenn Mama beim nächsten Geburtstag fragt, wo denn der Trällerfisch geblieben sei, dann verschwinde ich auf die »Toilette« und zeige ihn ihr später im Gästezimmer. Meistens fragt sie aber gar nicht nach. Sie vergisst ihre alten Geschenke sogar oft und bringt dann beim nächsten Mal einen singenden Hummer mit.

Okay, das Konzept sollte ich noch einmal überdenken.

Worauf ich hinaus will, liegt auf der Hand. Steht der Umzug vor der Tür, nimmt man jedes kleinste Teil in die Hand und entscheidet, ob es mit darf oder nicht. Es ist erstaunlich, was da mit der Zeit so alles zusammenkommt. Oft kann man sich noch nicht mal mehr erklären, warum man die kaputte Billigvase oder die angeschimmelte mobile Fahrrad-Garage überhaupt aufgehoben hat.

Bei jedem neuen Umzug nimmt man sich vor, Dinge, die man eigentlich nicht haben möchte, ab sofort direkt zu entsorgen. Diese Sachen gar nicht erst in den Keller oder in andere Stauräume zu packen, sondern sich gleich der Realität zu stellen und den Umweg zu vermeiden. Weg damit.

Aber es klappt nicht. Es ist verrückt! Bei jedem meiner Umzüge kann ich mir absolut nicht erklären, wo die ganzen Sachen in den paar Jahren hergekommen sein sollen. Ich könnte schwören, dass ich nichts gesammelt habe. Und doch platzen der Keller, der Speicher, der Wandschrank und die unterste Sammelsurium-Schublade im Badezimmerschränkchen jedes Mal aus allen Nähten. Mit rechten Dingen kann das nicht zugehen. Mal ehrlich. Da muss doch eine fremde Macht Besitz von Hirn und Hand ergreifen, uns zwingen, Hässliches und Unbrauchbares in letzte freie Ecken zu stopfen und die Erinnerung daran danach aus unseren Köpfen zu löschen.

Einmal habe ich in einer klitzekleinen Wohnung mitten in Köln gewohnt. Ich bin dort nur mit einer Klappcouch, einer Katze und einem Fernseher eingezogen. Am Ende des Mietverhältnisses, also nach nur einem Jahr, war der Keller nicht mehr betretbar, und der neue hydraulische Bettkasten hob sich von allein. Manchmal mitten in der Nacht. ICH bin das jedenfalls nicht gewesen. Ganz sicher!

Als nun der Umzug in Tante Helgas Häuschen nicht mehr zu verdrängen war, fand ich neben unzähligen geparkten Geschenken von meiner Mama (Plastikfisch, Plastikhummer, Plastikobst, Brummkreisel, Anglerhose, Paravent und vieles mehr) eine Glastür vom Vormieter, die er bis heute noch abholen möchte. Des Weiteren einen zerfetzten SpongeBob, zwei kaputte Luftpumpen, einen Minikühlschrank fürs Auto, ein halbes Billy, hässlichen

Christbaumschmuck, fünf (!) alte Koffer, einen platten Rennradreifen (ich besitze kein Rennrad), eine Porzellanschildkröte (ausnahmsweise kein Geschenk meiner Mutter), schlimme Bilder, einen zerbrochenen Goldrandspiegel, Füllfussel für die Bettdecke (ach, hier waren die), eine einsame, dünne Schrankrückwand, ein paar mehr unausgepackte Umzugskartons vom letzten Mal und eine dunkelbraune mumifizierte Bananenschale.

Bis auf Mamas Geschenke und die Kartons ist mir völlig unerklärlich, wo der ganze Plunder hergekommen sein soll. Und NEIN, es war nicht der falsche Keller. Dann wäre ich mit meinem Schlüssel ja gar nicht reingekommen, werter Klugleser.

Ich hatte natürlich sofort meine Freundin im Verdacht. Wenn wir auch nicht zusammen wohnten, so hätte ich mir gut vorstellen können, dass dieser kleine Messi bei mir einfach da weitergemacht hatte, wo in ihrer Wohnung nichts mehr ging. Es stellte sich zwar schnell heraus, dass ich mich damit vertan hatte, aber ein Messi war sie trotzdem. Zugegeben, nicht im pathologischen, sondern eher im chauvinistisch-klischeehaften Sinn. Frauen sammeln eben mehr als Männer, weil sie den Dingen so viele Gefühle ankleben. Okay, auch das ist ein Vorurteil, aber hier traf es voll ins Schwarze. Wohlgemerkt gilt das nur für ihre eigenen Sachen. Meine alten Hemden oder die Star-Wars-Lieblingstasse suche ich bis heute vergebens. Und: Ja, ich bin sicher, dass ich sie nicht verlegt habe.

Es war ihr schlichtweg nicht möglich, auch nur die unwichtigsten Sachen wegzuschmeißen. Sie können sich nicht vorstellen, welche Kämpfe wir im Keller, auf dem Speicher und in der Garage ausgefochten haben, nur weil sie zum Beispiel ein altes Kaugummi-Papier nicht entsorgen wollte. Nein, das gehe nicht, weil sie das an ihr Abitur erinnere. Damals habe sie genau das Kaugummi aus dieser und keiner anderen Verpackung mit ihrer besten Freundin geteilt, die sie seitdem nie wieder gesehen habe. Glauben Sie mir, es führt zu nichts, wenn Sie in diesem Moment versuchen zu erklären, dass es doch keinen Sinn macht, ein Stückchen Papier aufzubewahren, das einen daran erinnert, dass man der vermeintlich besten Freundin sofort egal war. Geschweige denn, dass es schlauer, wenn auch ekliger gewesen wäre, das Kaugummi aufzubewahren. Wenn schon, denn schon. Aber nein, es ist besser, man hält den Mund. Die Diskussionen sind absolut irrational und irgendwie auch verständlich persönlich. Schließlich kann jeder jede Erinnerung mit welchem Gegenstand auch immer verbinden. Das bleibt ihm selbst überlassen. Aber ein abgebrochenes Plastikmesser? Weil man damals gemeinsam im Urlaub am Strand gesessen, damit einen Apfel geteilt und sich kurz danach geküsst hat? Wie hat sie das Ding denn durch den Zoll bekommen?

Was ich mich dabei immer frage, ist Folgendes: Wenn diese ganzen Sachen doch so ungemein wichtig sind. Warum liegen die dann im Keller? Da hockt man dann mitten in der Nacht im eiskalten Erinnerungslager, der Umzugswagen steht in fünfeinhalb Stunden vor der Tür, und aufgrund ihrer Nostalgieanwandlungen müssen Sie den ganzen Kram Ihrer Freundin wieder einladen und mit in die nächste Bude schleppen? Ach, was soll's! Irgendwie ja auch lustig. Allerdings hätte ich ihre Taktik mit der von allein verschwindenden Star-Wars-Tasse früher übernehmen können. Beim nächsten Umzug dann, dachte ich mir!

Nachdem alles, wirklich ALLES eingepackt war – und nur ganz selten etwas heruntergefallen ist, seltsamerweise die hässlichsten Sachen –, war ich froh, dass ich für diesen hoffentlich letzten Wohnungswechsel sogar ein Umzugsunternehmen bestellt hatte. Jahaaa! Man wird ja nicht jünger. Und ab einem bestimmten Alter fragt man auch seine Freunde nicht mehr. Erst recht nicht, wenn man so oft umgezogen ist wie ich.

Natürlich wollten mir meine Freundin, mein Luftpumpen-Schwager Holger, Hans, genannt Hänschen, einer meiner besten

Freunde, und meine Mutter trotzdem helfen. Mama hatte es sich zur Aufgabe gemacht, für unser leibliches Wohl zu sorgen, und Nudelsalat und Brikettdellen gemacht. NEEEEEEIIIIN!!! Die meisten habe ich später in den Büschen gefunden. Habe ich das nicht schon einmal geschrieben?

Attacke

Nach einer letzten, unglaublich kurzen Nacht kam endlich der große Tag. Der Keller war verpackt, die Wohnung auch, alles stand bereit. Nur Hänschen und Holger fehlten noch.

Pünktlich um Viertel zu spät klingelte das Umzugsunternehmen. Genauer gesagt klingelte der selbst ernannte Chef der Truppe, Klaudi. Wenn der Name im ersten Moment auch falsche Assoziationen und Befürchtungen bezüglich des eigenen Hab und Guts weckte, so erfuhren wir zum Glück schnell, dass es nur die Abkürzung für Klaus-Dieter war. Der Rest des Teams bestand aus den üblichen Verdächtigen. Da war der große Paul, der Anpacker und Hauptschlepper, wortkarg, dafür aber die liebe Seele des Teams. Dann gab es den Schwätzer, Pit, der irgendwann Klaudis Posten haben wollte. Und schließlich die unzertrennlichen Brüder Dick und Doof. Diese Namen wurden nicht durch mich oder meine Freundin verliehen, sondern von den Herren mit einem Grinsen selbst mitgebracht und vorgestellt. Man kann allerdings unumwunden zugeben, dass beide ihrem jeweiligen Namen alle Ehre machten.

Die ersten Kartons wurden in Windeseile aus den Räumen geschafft. Bis auf zwei, die meine Freundin damals gepackt und bei denen sie es mit dem zulässigen Höchstgewicht wohl um ein paar Tonnen übertrieben hatte. Während Paul sich in Gegenwart einer hübschen jungen Frau beim Schleppen keine Blöße geben wollte und unter gequältem Lächeln plötzlich sehr stark schwitzte, erklärte meine Freundin, wie stolz sie auf ihre Tetris-Fähigkeiten sei. Sie habe alle Bücher und DVDs mit viel Raffinesse in die beiden Kartons bekommen. Ich habe mir den Moment sicher nicht eingebildet, in dem Pauls eben noch beschriebener Stolz kippte und schiere Verzweiflung aus seinen Augen quoll.

Unten vor dem Haus, auf der Laderampe des Umzugswagens, regierte King (Kong) Klaudi. Wild fuchtelnd dirigierte er alles und jeden an den ihm genehmen Platz und demonstrierte dabei überzeugend, dass NIEMAND auf der ganzen Welt einen Laster dermaßen perfekt beladen könne wie er. Außer natürlich meiner Freundin mit ihrem Tetris-Talent.

Nachdem die meisten Kartons kaum durch die Gegend geworfen, nur vier fallen gelassen und schließlich verstaut wurden, machten die Möbel ein wenig mehr Schwierigkeiten. Ich hatte mich nicht lumpen lassen und sogar Demontage am alten und Montage am neuen Ort mit beauftragt. Ob das eine so gute Idee gewesen war, stand noch nicht fest. Während Klaudi und Paul ihre erste Zigarette am Wagen rauchten, schraubten Dick und Doof das Mobiliar auseinander, und Pit erzählte uns seine Lebensgeschichte. Wir erfuhren also parallel, dass man mit einer Ausbildung zum Metzger Möbelpacker werden konnte und dass täuschend ähnliche Schrauben für die unterschiedlichsten Möbelstücke in eine einzige Tüte gehörten. Man lernt nie aus. Wie sagt man? Nur der Dumme hält Ordnung, Dick und Doof beherrschten das Chaos. Oder so ähnlich.

Nachdem alles auseinandergeschraubt, manches auch auseinander*gebrochen* war (was uns aber erst viel später auffiel), entglitt Dick im Hausflur die Rückwand des Kleiderschranks. Sie krachte auf eine Ecke des Geländers und zeigte sofort ein Loch in der Größe eines Medizinballes. Als Doof sie wieder vom Geländer wegziehen wollte, hatte es schon die Dimension eines Hüpfballs.

Weil mich der Verlauf nicht so glücklich machte, fragte ich King Kong nach den Möglichkeiten. Dieser entgegnete, dass die Rückwand ja eh keiner sehen würde. »Ist ja schließlich die Rückwand!« Somit sei das Loch egal. Ich war da anderer Meinung. Nach stringenter Argumentation meinerseits erklärte Klaus-Dieter, dass er im Keller ja noch ein ähnliches Rückenteil gesehen habe und man das doch verwenden könne. Die Idee war nicht schlecht, gab ich zu. Woraufhin der Chef mich in den nächsten Baumarkt schicken wollte, um Schrauben zu kaufen. Da ich mich Dick und Doof nicht als neues Familienmitglied Blöd anschließen wollte, erinnerte ich den Meister höflich daran, dass ich weder ein Mitglied seines Gefolges noch der Verursacher des Problems, sondern die Heimsuchung persönlich sein würde, wenn er bis zum Wiederaufbau keine eigenen Schrauben organisiert habe. Er schloss sich meiner Argumentation schnell an.

Der weitere Auszug verlief glimpflich. Hänschen war mittlerweile zu uns gestoßen und half vorbildlich, indem er jedes zusammengerollte Poster einzeln trug. Holger fehlte noch immer. Dafür erfuhren wir von Pit, wie man Schnitzel richtig panierte, Dick und Doof warfen der Einfachheit halber alle Teppiche aus dem Fenster in die Matschpfütze darunter, Paul trug die Waschmaschine allein und benötigte für zwei Etagen nur fünfundvierzig Minuten, und König Klaus-Dieter war vom Aufpassen so erschöpft, dass er als Erster eine längere Pause brauchte. So weit, so normal. Irgendwann mittags war tatsächlich alles aus- beziehungsweise eingeräumt, so dass die Heckklappe des Transporters zuschnappte und die »Wilde Horde« Richtung neues Heim davonbrauste. Etwas schneller sogar, als ich für angebracht gehalten hätte.

Als sie verschwunden waren und meine Freundin, Hänschen und ich in den Wagen stiegen, um meinen Möbeln zu folgen, als also alles erledigt war, bog Holger um die Ecke. Ein Schelm, wer Böses dabei denkt.

Sie haben Ihr Ziel erreicht

Auf dem Weg zum neuen Zuhause haben wir den Lastwagen nicht gesehen, geschweige denn überholt. Trotzdem kamen wir vor unseren »fünf Freunden« an und warteten dann ziemlich lange auf den Stufen vor der neuen Haustür auf die Ankunft des Imperators nebst Untertanen. Genauer: über eine Stunde lang!

Sie werden es nicht glauben, liebe Leserin, lieber Leser, aber die Jungs haben »Mittag gemacht«. Bei dem Knochenjob ist dagegen natürlich auch überhaupt nichts einzuwenden. Um Himmels willen. Aber sie haben uns vorher nichts davon gesagt, und telefonisch erreichen konnte ich sie auch nicht. Als wir uns bei meiner Wohnung trennten, wollten wir uns eigentlich noch direkt am Haus treffen.

»Ach, was soll's«, dachten wir uns, machten es uns auf den Stufen gemütlich und spielten »Ich sehe was, was du nicht siehst«. Es war immer der Umzugswagen. Die Regeln hatten wir ein wenig abgewandelt.

Nachdem meine Freundin schon befürchtete, dass die Jungs mit all unserem Hab und Gut auf und davon waren, bogen Groucho, Jerry, Louis, Dick und Doof endlich um die Ecke. Und was war das für ein Hallo und fröhliches Wiedersehen! Was soll man machen? Die hatten alle unsere Sachen!

Ein bisschen schwierig beim Einzug war – Sie hören die Untertreibung des Jahrhunderts zwischen den Zeilen sicher heraus –, dass die Baustelle dabei fröhlich weiterrotierte. Das Ausladen ging trotzdem recht schnell vonstatten. Wir hatten die Kartons und überhaupt alles in spießiger Akribie perfekt beschriftet, damit wir hinterher nicht stundenlang nach dem Waffeleisen suchen müssten, wenn uns der Heißhunger überfiel. Deshalb machten wir uns also weiter keine Sorgen, holten uns endlich auch einen Snack an der Tankstelle und ließen King Kong und die Bande ihre Arbeit machen. Und genau das war ziemlich dämlich.

Nein, nein, die furiosen Fünf haben jede Angabe absolut richtig abgelesen, selbst die kleinste Kiste korrekt zugeordnet und alles an die richtigen Zielorte verteilt. Nur war aber genau das das Problem. Als wir wiederkamen, stand unsere neue Couch neben offenen Farbeimern, der Kühlschrank auf blankem Estrich, die Matratze lehnte am Zementrüttler, und auf einem der Küchen-Kartons balancierte der Maler, damit er an die Acrylfugen an der Zimmerdecke kam. Meine Freundin bekam einen Schreikrampf. Dachte ich. In Wirklichkeit bin ich es selber gewesen. Die Baustelle stand einen Moment still. Ja, Sie können sich das genau wie im Film vorstellen, wenn alle gucken und das Bild einfriert. Genau so ist es gewesen. Dann dachten alle, ich hätte einen Scherz gemacht – ein Hoch auf meinen Beruf –, und machten einfach weiter. Nur meine Freundin und Hänschen kannten mich besser und machten sich Sorgen. Holger saß noch im Auto, er war eingeschlafen.

Mir ist bis heute völlig unerklärlich, wie man davon ausgehen kann, dass die Möbel und auch der ganze Rest mitten in einen Ameisenhaufen gestellt werden sollen. Ich hatte mit Klaudi doch klipp und klar besprochen, dass alles erst einmal in der Garage und im bereits fertigen Gästezimmer gelagert werden sollte und die Beschriftungen natürlich für uns und später gedacht waren! Hundert Mal hatte ich ihm das eingebläut. Und wissen Sie, was er immer wieder gesagt hat?

»Datt is überhaupt kein Problem!«

Der gesunde Menschenverstand muss einem doch ... Lassen wir das.

Chefstratege Klaus-Dieter hatte alles voll im Griff. Mitten im Trubel stand er mit stolz geschwellter Brust und Zigarette im Mundwinkel und pfiff seine Lakaien durch die Räume. Und nicht mal ansatzweise kam ihm dabei in den Sinn, dass der Wäschekorb mit dem nach oben gerüttelten Negligee meiner Freundin vielleicht nicht in die Reichweite der Trockenbauer gehörte. Oder dass der Fernseher zwar irgendwann mal genau dort neben der

Antennendose stehen sollte, aber noch nicht jetzt, wo die Wand dahinter noch fehlte. Oder dass die gestapelte Mauer aus Umzugskartons mitten im Wohnzimmer für den Parkettleger ein wenig hinderlich sein könnte.

Wieder ein Schreikrampf, als der Fliesenleger mit den rosa Puschen meiner Freundin durch den Flur an uns vorbeirutschte. Diesmal ist sie es aber gewesen. Laut seiner Verteidigung brauchte er dringend ein paar weiche Sohlen, weil die Fliesen frisch verlegt waren, er seine Arbeitsschuhe vergessen hatte und seine Socken Löcher aufwiesen. Schreikrampf Nummer drei. Die Puschen hatte er in einem offenen Karton gesehen, sie für tauglich befunden und in seiner Not schnell angezogen. Sehr gemütlich, wie er fand.

Sein Leben konnte ich gerade noch retten, indem ich meine Freundin ins Badezimmer sperrte.

Ich einigte mich mit den fünf apokalyptischen Möbelpackern darauf, dass sie die Möbel und die Kartons noch einmal umräumten und dass ich dafür darauf verzichtete, meine Freundin aus dem Bad herauszulassen.

Gott sei Dank half Hänschen, nachdem die Handwerker und das Transportfachpersonal weg waren, die restlichen Kartons, deren Inhalt ich inmitten des Chaos leider schon brauchte, ins Bad, Schlaf- und Wohnzimmer zu räumen. Auch beim Abkleben der größten Möbel, die später nicht mehr umgeräumt werden konnten, und beim Aufbauen des Bettes war er die Rettung. Holger war nach seinem Schläfchen nach Hause gefahren.

Ich erinnere mich noch gut, wie Hänschen, meine Freundin und ich abends bei Kerzenlicht – ich hatte bereits den ersten Kurzschluss in allen Leitungen – im Badezimmer saßen, eine Flasche Sekt aufmachten und laut lachten. Ein bisschen wegen der Erschöpfung, ein bisschen wegen der einsetzenden Entspannung und ein bisschen wegen des Sekts.

Und als unser Hänschen endlich gegangen war, konnten meine Freundin und ich es kaum erwarten. Wir schmissen uns auf die Matratze, weil wir das neue Zuhause dringend »einweihen« wollten, und sind dann, nachdem wir uns wild geküsst hatten, sofort eingeschlafen. Die Träume aber waren wild.

Und wenn es wirklich stimmt, dass das, was man in der ersten Nacht zusammenfantasiert, in Erfüllung geht, dann sehe ich einer sexuell sehr ausgeglichenen Zukunft entgegen.

Noch ein kleiner Tipp zum Schluss: Schlagen Sie auf Ihren nächsten Umzugstermin einfach noch ein Jahr drauf. Ist viel entspannter!

Wussten Sie eigentlich ...
dass ein US-Bürger durchschnittlich vierzehn Mal im Leben umzieht? Acht Mal packt ein Engländer die Umzugskartons ein und aus. Drei Mal wechselt der Deutsche im Durchschnitt seinen Wohnort. Bei uns brauchen die Handwerker eben einfach länger.

»Bitte legen Sie nicht auf!«

In den Tagen nach einem Umzug folgen die üblichen Erledigungen. Dazu gehört unter anderem, dass man ein paar Ämter, die Sparkasse, die Bahn und so weiter abtelefoniert, um die Adressänderung durchzugeben, falls man das nicht schon vorher erledigt hat.

Die meisten Anrufe hatte ich schon hinter mich gebracht, aber ein paar fehlten mir eben noch. Die waren jetzt dran, damit ich das aus den Füßen hatte. Schließlich telefonierte ich mit dem Handy und saß dabei auf dem Karton mit unserem Weihnachtsschmuck.

»Herzlich willkommen beim Service Center Ihrer Krankenkasse. Bitte legen Sie nicht auf. Sie werden gleich an einen unserer Mitarbeiter durchgestellt. Rufen Sie wegen unseres neuen Newsletters an, dann sagen oder drücken Sie bitte 1. Rufen Sie wegen einer

Frage bezüglich Ihrer Leistungen an, dann sagen oder drücken Sie bitte 2. Möchten Sie uns ein Problem mit Ihrer Versichertenkarte melden, dann sagen oder drücken Sie bitte 3. Haben Sie eine Frage zu unseren Online-Angeboten, dann sagen oder drücken Sie bitte 4. Brauchen Sie einen Auslands-Krankenschein, dann sagen oder wählen Sie bitte 5. Möchten Sie Ihre Leistungen mit einer privaten Zusatzversicherung ergänzen, so sagen oder wählen Sie bitte 6. Für alle anderen Anliegen sagen oder drücken Sie bitte 0.«

»NULL. Mann, ich war kurz eingenickt.«

»...«

»Hat die mich nicht verstanden?«

»...«

»Dann noch mal. Nu ...«

»Danke. Ich habe Sie leider nicht verstanden. Möchten Sie die Ansage noch einmal hören, sagen oder drücken Sie bitte 1. Wenn nicht, 2.«

»Alles, nur das nicht. ZWEI.«

»Rufen Sie wegen unseres neuen Newsletters an, dann sagen oder drücken Sie bitte 1. Rufen Sie wegen einer Frage bezüglich Ihrer Leistungen an, dann sagen oder drücken Sie bitte ...«

»Och nee ... NULL!«

»... Sie uns ein Problem mit Ihrer Versichertenkarte melden, dann sagen oder drücken Sie bitte 3. Haben Sie eine Frage zu unseren Online-Angeboten, dann sagen oder drücken Sie bitte...«

»NULL NULL NULL NULL NULL!!!«

»... Auslands-Krankenschein, dann sagen oder wählen Sie bitte 5. Möchten Sie Ihre Leistungen mit einer privaten Zusatzversicherung ergänzen, so sagen oder wählen Sie bitte 6. Für alle anderen Anliegen sagen oder drücken Sie bitte 0.«

»**NULL.** Du Null.«

»...«

»...Ich halte jetzt am besten meinen Mund.«

»...«

»Ich dreh durch.«

»Rufen Sie wegen unseres neuen Newsletters an, dann sagen oder drücken...«

»Das kann doch nicht euer Ernst sein. Na warte, dann drücke ich eben so lange auf die 0, bis du keine Luft mehr bekommst.«

»Danke. Sie werden umgehend mit einem freien Mitarbeiter verbunden.«

»Immer muss man erst drohen.«

»Manche Gespräche können zu Trainingszwecken aufgezeichnet oder mitgehört werden. Falls Sie das nicht wünschen, teilen Sie dies unserem Kundenberater bitte mit. In wenigen Augenblicken ist ein Ansprechpartner für Sie bereit. Bitte haben Sie noch etwas Geduld ... DiedeldiedeldiedeldiedeldiedeldiedeldummdieDumdiedeldumdummDiedeldiedeldiedeldiedeldiedeldummdummdummdorumDadadeldieeeedudiedeldummdudiedeldummdadiedeldumdummmmmmDiedeldiedeldiedeldiedeldammdadiedeldammdadiedeldummDammdudeldiedeldudeldiedeldadelschrammdadudelschrumm. Bitte haben Sie noch etwas Geduld. Der nächste freie Mitarbeiter ist für Sie bestimmt. DiedudelschrömmDadiedeldiedeldudeldammdimmdiedelschrummdafiedelpamm.Dafiedelrummsdadiedelschrampfdadudelklirrdidadelschrillrumms.Diedeldiedeldiedelschrummelrummsdadiedel...«

»Oh Mann, diese Warteschleifenmusik macht einen fertig.«

»...dummdiedummdiedeldiedeldiedeldummschrammschrammdummdiedeldiedelfiedeldammdammrumschlawenzeldiedelschrammeldammeldiedeldummdiedeldummdammeldiedeldiedeldiedeldiedeldiedeldiedeldummdiedumdiedeldiedeldummmDiedeldiedeldiedeldiedeldiedeldummdummdummdorumDadadeldieeeedudiedeldummtrööötpröötschrimmschrammschrummdummdiedummdiedeldudeldadeldiddelbadabuumdiedummeldiedel Bitte haben Sie noch etwas Geduld.

Der nächste freie Mitarbeiter ist für Sie bestimmt. DafiedelrummsdadiedelschrampfdadudelklirrdidadelschrillrummsDiedeldiedeldiedelschrummelrummsdadiedel...«

»Guten Tag, Klausen mein Name, herzlich willkommen bei Ihrer Gesundheitskasse. Was kann ich für Sie tun?«

»Schmitz. Schönen guten Tag, Frau Klausen. Ich würde gerne nur meine Adresse nach einem Umzug ändern lassen. Brauchen Sie meine Mitgliedsnummer?«

»Das wäre gut, Herr Schmitz. Haben Sie Post von uns bekommen?«

»Äh, nein, keine Post. Ich möchte nur meine Anschrift ändern lassen.«

»Ich verstehe. Aber haben Sie denn schon Post von uns bekommen, unseren neuen Newsletter?«

»Nein, habe ich nicht bekommen, oder der ist durch den Umzug übersehen worden. Wissen Sie, ich mache immer das Kreuzchen weg, wenn es um Neuerungen oder Infos geht. Ich möchte das alles nicht bekommen. Soll ich Ihnen die neue Adresse durchgeben?«

»Erst einmal bräuchte ich Ihre Mitgliedsnummer.«

»Dachte ich mir. KSZU9-503/809-RS.«

»Dan - ke. Dann rufe ich mal Ihre Daten auf ...«

»...«

»... nu komm schon!«

»Bitte?«

»Nein, nein, ich rede mit dem Computer. Der ist heute mal wieder besonders langsam. Wir haben ein neues System aufgespielt bekommen. Das vorige war schon viel zu alt.«

»Seltsam. Bei meinem letzten Umzug vor einem Jahr hat man mir das Gleiche erzählt. Überholt sich das so schn...«

»Da haben wir ja Ihre Daten. Mit Ihrer Adresse ist alles in Ordnung, Herr Schmidt.«

»Schmitz.«

»Wie bitte?«

»Mein Name ist Schmitz. Ralf Schmitz.«

»Habe ich das nicht gesagt?«

»Nein, Sie sagten Schmidt. Ist im Grunde egal. Ich möchte nur ausschließen, dass Sie da den falschen Kontakt aufgerufen haben.«

»Da kann gar nichts passieren. Ich habe ja schließlich den Zugang über Ihre Mitgliedsnummer bekommen. Das wäre schon sehr ungewöhnlich, wenn da was falsch liefe, Herr Schmidt.«

»Da haben Sie recht, Frau Krause.«

»Klausen.«

»Wie bitte?«

»Mein Name ist Klausen.«

»Oh, entschuldigen Sie. Da habe ich eben wohl nicht richtig zugehört.«

»Kein Problem, Herr Schmidt. Wie gesagt, mit Ihrer Adresse ist alles in Ordnung. Kann ich sonst noch etwas für Sie tun?«

»Liebe Frau Klausen. Ich weiß, dass mit der Adresse alles in Ordnung ist. Das Problem ist nur, dass es die alte ist. Ich möchte Ihnen doch eine neue durchgeben.«

»Kein Problem. Ich gehe dann eeeinfaaaaach in Ihre Adreeesseeeeeeee ... und schon kann's losgehen. Sie hätten das übrigens auch online machen können.«

»Ja, stimmt. Habe ich schon versucht. Da ist aber jedes Mal die Änderung nicht angenommen worden. Das System hat mich immer wieder rausgeschmissen, wenn ich auf »Bestätigen« geklickt habe. Und nach dem vierten oder fünften Mal hatte ich keine Lust mehr und habe Sie angerufen.«

»Das gebe ich mal so an die IT-Abteilung weiter. Das tut mir leid. Kann ich denn sonst noch etwas für Sie tun?«

»Liebe Frau Klausen, wir waren bei der Eingabe meiner neuen Adresse stehen geblieben. Wie eben schon gesagt, die neue Adresse ist ...«

»Moment, Herr Schmidt, da muss ich erst wieder Ihre Kontaktdaten öffnen ...«

»Natürlich.«

»Wie gesagt, an das neue System müssen wir uns hier noch gewöhnen, aber wenn ich jetzt hier ...«

Knacks.

»Frau Klausen?«

»Herzlich willkommen beim Service Center Ihrer Krankenkasse ...«

»**NULL NULL NULL NULL NU-UUUULLLL!**«

Ich erspare Ihnen die weiteren Versuche, weil Sie es sicher ähnlich schon diverse Male selbst erlebt haben und ich Ihre Nerven nicht überstrapazieren möchte. Die Adressänderungen bei den restlichen Institutionen habe ich dann tatsächlich online getätigt. Lieber habe ich eigentlich immer einen Menschen als Ansprechpartner, da bin ich altmodisch. Aber ich wollte auch nicht an Unterernährung sterben, weil ich fünf Wochen nicht vom Telefon weggekommen wäre.

An dieser Stelle habe ich ein paar Tipps für Sie. Falls der aufgestaute Warteschleifenunddanachnichtweiterkommenfrust nirgendwohin kann und Sie stumme Schreie ins tote Telefon satthaben, helfen sie Ihnen, sich von dieser Last zu befreien und einen kleinen Rachefeldzug zu starten. Sie müssen allerdings ein wenig Zeit investieren.

1. Kaufen Sie sich ein Aufnahmegerät, schneiden Sie die Wartemelodie in voller Länge mit und spielen sie komplett ab, wenn der Kundenberater das Gespräch annimmt.

2. Nach dem dritten oder vierten Anruf, wenn Sie die Begrüßung also schon auswendig können, rufen Sie noch einmal an und melden sich schneller und genauso wie der »Kollege«. Behaupten Sie, dass das neue System einfach bescheiden ist und Sie die Software mit ihm in der Leitung überprüfen wollen. Sie können sich mit Ihrem Partner abwechseln. Es gewinnt der, der den »Kollegen« am längsten in der Leitung halten kann.

3. Geben Sie eine komplett falsche Kundennummer an. Bei jeder Nachfrage ändern Sie nur eine einzige Ziffer und behaupten, dass Sie vorher genau das Gleiche angegeben haben. Zählen Sie die Nummernvarianten. Mein Highscore liegt bei 21.

4. Rufen Sie beim Service Center einfach mal an, wenn Sie gar nicht müssen. Und wenn jemand in die Leitung kommt, legen Sie auf. Billige, ungerechte Rache. Aber wahnsinnig befriedigend.

5. Für die Hartgesottenen: Kündigen Sie Ihre Mitgliedschaft und behaupten Sie zehn Minuten später, dass das nicht stimmt. Das machen Sie jeden Tag mit einem anderen Kundenberater. Nehmen Sie sich dafür am besten eine Woche frei.

Wussten Sie eigentlich ...

dass laut »welt.de« ein Australier fünfzehn Stunden in der Warteschleife hing? Er wollte lediglich bei der Airline Qantas seinen Flug bestätigen – und verbrachte dann eine ganze Nacht wartend am Telefon. Danach legte er auf.

Die alte Wohnung

Was man gerne schnell verdrängt, ist, dass man die verlassene, im Grunde schon abgehakte Butze für Nach- und Vermieter wieder schick machen muss. Egal, was im Mietvertrag steht, ob mit oder ohne Streichen, nur besenrein oder mit neuem Marmorboden, nachdem alles rausgeschafft und abgeschraubt wurde, muss man noch mal hin. Und was für Überraschungen da auf einen warten! Unglaublich. Nicht nur, dass man beim Möbelwegrücken alte Münzen aus der Kaiserzeit, den Schlüpfer des einzigen One Night Stands und die aufwändig ersetzte Geburtsurkunde wiederfindet. Nein, nachdem die Räume leer geräumt sind, entdeckt man neben einer Horde Staubmäuse die Fußleiste, die man seit fünf Jahren wieder ankleben wollte. Der Teppich hatte das Brandloch im Boden erfolgreich kaschiert, und die Raufasertapete hätte hinter der Couch eigentlich weiter tapeziert werden müssen. Diese und zahlreiche andere Nachlässigkeiten verlangen danach, allein schon der Ehre wegen, wieder in Ordnung gebracht zu werden. Bei mir stand's im Vertrag.

Da man seine Kohle lieber ins neue Heim steckt, macht man bei der Renovierung der alten Wohnung lieber alles selbst. Ein Klacks. Und wenn hier was schiefläuft, dann tut es auch nicht so weh.

Also sich in die alte Jeans und das für die Damenwelt überraschenderweise uncoole Krümelmonster-Shirt geschmissen, und schon habe ich mit Epoxidharz kurzerhand alles wieder zusammengeklebt, was zusammengehört. Für immer und ewig! Amen. Beim Nachmieter soll ja schließlich nie wieder was auseinanderfallen. Das ginge wieder gegen meine Heimwerker-Ehre.

Als Nächstes habe ich die Löcher zugespachtelt, mit Mörtel, der mit zu viel Wasser angerührt wurde. Ungemein praktisch, wenn man nach der ersten Runde gleich alles noch einmal machen möchte.

Die Löcher waren zu. Jetzt musste ich noch die Raufasertapete teilweise abknibbeln, teilweise wieder neu anbringen, die Verlängerungskabel aus den Leisten fummeln und deswegen einen Tobsuchtsanfall bekommen, alles überstreichen, den Boden wischen und dann ein drittes Mal die Löcher zuspachteln. Und mit Raufasertapete überkleben. Und noch mal streichen. Und mich schwarzärgern.

Das Ganze schaffte ich dann nicht in den veranschlagten vier Stunden, nicht mal in fünf ... oh nein, nach sage und schreibe ZWÖLF Stunden verließ ich einem Heulkrampf nahe die mittlerweile verfluchte alte Mistwohnung.

Kleiner Hinweis am Rande: Wenn Sie in ähnlicher Situation nachts um halb drei mal so laut schreien müssen wie noch nie zuvor in Ihrem Leben, dann müssen Sie sich keine Sorgen machen. Sie wohnen ja eh nicht mehr da. Nie wieder. Aus und vorbei. Nix wie weg.

Am nächsten Tag musste ich noch mal hin. Das Epoxidharz hatte nicht gehalten.

Mit frischer Energie brachte ich die restlichen Arbeiten am nächsten Morgen dann aber schnell hinter mich. Bei Sonnenschein und nach ein paar Stunden Schlaf sieht die Welt ja immer anders aus. Es regnete. Aber auch die letzte Fliese ist irgendwann geschrubbt und das letzte Abklebeband schließlich wieder abgezogen. Ein erhebendes Gefühl, teuer erkauft.

Zuallerletzt habe ich mich dann noch von meinen ehemaligen Nachbarn verabschiedet. Zuerst klingelte ich bei der netten alleinstehenden alten Dame, die auch im hohen Alter immer noch mit einem Moped unterwegs war und damit ständig umfiel. Fahren war kein Problem. Stehen bleiben schon. Sie hat sich aber nie etwas getan.

»Wer ist da?«
»Ihr Nachbar, Frau Rosenstolz. Ich wollte mich verabschieden.«
»Wer?«
»Ihr Nachbar!«
»Na, dann will ich mal aufmachen. Oh, da sind Sie ja. Was haben Sie gesagt?«
»Ich muss mich leider verabschieden. Ich ziehe um. Besser gesagt, bin ich das schon. Haben Sie die Möbelpacker nicht bemerkt?«
»Den Pöbel ...? Das ist aber nicht nett, Herr Schmitz.«
»... die MÖBELpacker, Frau Rosenstolz.«
»Ach so. Ich dachte, die Meiers hätten sich einen neuen Hund gekauft.«
»Nee, nee. Ich bin jedenfalls ab heute weg. Es war sehr nett, neben Ihnen zu wohnen, Frau Rosenstolz. Vielen Dank für Eier, Salz und Backpulver.«
»Gern geschehen. Sie ziehen aber nicht wegen mir weg?«
»Warum sollte ich?«
»Na, weil ich den Fernseher manchmal ein bisschen laut aufdrehe.«

Ein bisschen? Frau Rosenstolz hörte sehr schlecht und kannte nach oben keine Grenze auf der Richterskala. Nein, ich habe mich nicht vertan und eigentlich das Phonometer gemeint, sondern ganz bewusst die Erdbebenmessung angeführt. Die Dezibel-Ausschüttung ihres uralten Fernsehapparats brachte es regelmäßig fertig, dass das Wasser in unseren Gläsern kleine Wellen schlug. Genau wie der Dinosaurier in *Jurassic Park*. Und die Geräuschanmutung war bisweilen durchaus vergleichbar. Am liebsten sah und hörte Frau Rosenstolz nämlich Konzerte. Rock-Konzerte. Kein Witz! Sie war 'ne coole Rock-Oma, bei der meine damalige Freundin und ich uns immer gefragt haben, ob sie ihr vermeintlich schlechtes Gehör nur vortäuschte, um dadurch den Lautstärkeregler bis zum Anschlag ungestraft aufdrehen zu können. Niemand beschwerte sich doch bei einer süßen alten Dame darüber, dass sie schlecht hörte. Dazu kam noch, dass sie unglaublich liebenswert, tiefenentspannt und hilfsbereit war. Was sollte man da machen? Wir hatten sie tief in unser Herz geschlossen und hielten eben hin und wieder beim Essen die Gläser fest. So what. Es gibt schlimmere Nachbarn.

Was mich zu Herrn Dupont kommen lässt. Sein Nachname ist in Frankreich das Äquivalent zu Schmitz, aber viiiiiiiiiel adliger. Dachte zumindest Monsieur Dupont. Auf seiner Fußmatte aufgestickt prangten sogar eine Krone und das Wappen von Ludwig XIV.

Der famose Franzose trug IMMER ein Halstuch, sicher auch nachts, und war felsenfest davon überzeugt, dass seine Familie royaler Abstammung war. Das wäre in etwa so, als würde ich behaupten, dass Schmitz nicht von Schmied abgeleitet wurde, sondern mein Urgroßvater »von und zu Schmitz« geheißen haben müsse. Oder »Seine Durchlaucht Herzog von Schmitz und Zugenäht«. Oder vielleicht »Seine Majestät King Ralph Mary Schmindsor I.«.

Wie auch immer, Monsieur Dupont machte »Tse«. Immer, wenn ihm was nicht passte, wenn die Haustür nur angelehnt war, ein Ball in den Garten flog, man die letzten beiden Stufen der Treppe noch hochging, bevor man ihn dann sofort vorbeiließ, machte er »Tse«. Ganz leise. Aber auf jeden Fall noch so laut, dass der Adressat es unweigerlich mitbekam. Und es war natürlich ein französisches »Tse«, also eher ein »Tsö«. Lustig, aber nervig. Denn Monsieur Dupont passte nichts um ihn herum. Außer diesem

Unzufriedenheitsausdruck mit Akzent sprach er übrigens perfekt Hochdeutsch.

»Hallo, Herr Dupont, schön, dass Sie da sind. Ich möchte mich kurz von Ihnen verabschieden, weil ich ausziehe.«

»Aha. Wann?«

»Schon passiert. Ich mache meine Anstandsrunde.«

»Sind denn alle Instandsetzungsarbeiten bereits erledigt?«

»Na klar. Wieso? Wollen Sie sich die Wohnung mal ansehen?«

»Tsö. Ich wohne doch schon hier.«

»Ja klar, aber meine Wohnung liegt ja ein Stockwerk höher und ist anders geschnitten. Hätte ja sein können. Und der Umzugswagen hätte es nicht weit gehabt. He he ...«

»Aber ich hätte doch gar keinen bestellen müssen.«

»DAS war der Witz. Macht ja nix. Herr Dupont, ich empfehle mich und wünsche Ihnen noch eine schöne Zeit.«

»In diesem Irrenhaus hier? Sie machen es ganz richtig. Sie verbessern sich.«

»Na, sagen wir eher ›verändern‹. Ist doch schön hier. Ich habe die Jahre sehr genossen. Nette Nachbarn, Sie verstehen?«

»Kann ich nicht sagen.«

»Ach Monsie... Herr Dupont, ich meinte doch Sie.«

»Von dieser offensichtlichen Ausnahme mal abgesehen, sind doch alle anderen hier verrückt. Niemand außer mir fegt morgens um sieben den Zuweg, obwohl das in der Hausordnung steht. Die ältere Dame über mir macht jeder Flughafen-Landebahn Konkurrenz und reagiert nicht, wenn man klingelt. Und obwohl Tiere nicht erlaubt sind, haben die Meiers jetzt einen Hund. Also, wenn das angenehme Nachbarn sind, dann geht's mit der Gesellschaft noch schneller bergab, als ich dachte.«

»Ach, dann stimmt das mit dem Hund sogar. Bellt der denn viel?«

»Non.«

»Liegen viele Haare im Flur?«

»Non.«

»Ja, äh ... hat er schon mal vor die Haustür gemacht?«

»Non.«

»Aber Herr Dupont, dann kann man doch mal ein Auge zudrücken. Meinen Sie nicht? Wenn Sie ihn doch gar nicht bemerken, dann können Sie ja abwarten. Im Notfall kann man immer noch reagieren, oder?«

»Na, dass Sie das locker sehen, ist ja klar. Sie wohnen ja nicht mehr hier.«

»Das stimmt. Ich muss leider weiter, Herr Dupont, und noch an ein paar anderen Türen klingeln. Ich wünsche Ihn ... Oh, guten Tag, Frau Meier.«

»Guten Tag, Herr Schmitz. Guten Tag, Herr Dupont. Sie ziehen aus, habe ich gehört.«

»Das stimmt. Wollte mich noch bei allen verabschieden und für die gute Nachbarschaft bedanken. Also Frau Meier, alles Gute für die Zukunft. Auch für Ihren Hund.«

»Vielen Dank, auch Ihnen alles Gute. Bruno, komm!«

»Tschüss, Frau Meier. Sehen Sie, Herr Dupont, ein ruhiger, süßer Hund ...«

»Tsö!«

Als Krönung hatte ich mir Herrn Wilmes aufgespart. Eigentlich eher aus Angst. Er wurde nämlich nie müde, allen ungefragt auf die Nase zu binden, dass er am liebsten splitterfasernackt durch seine Wohnung lief. Sie sollten zur besseren Vorstellung vielleicht noch erfahren, dass Herr Wilmes sich mit seiner Statur im Kreise Buddhas oder der Rubens-Frauen gut aufgehoben fühlen würde. So oft und lange es nur ging, hatte er angeblich absolut rein gar nichts an und genoss den Wind um die Ohren. O-Ton Wilmes! Ich weiß, die Bilder kriegt man nicht mehr aus dem Kopf. Blitzblank und frei, wie Mutter Natur ihn geschaffen hatte, stand er oft und sehr gerne auf seinem Balkon. Dazu müssen Sie auch noch wissen, dass die Wohnung unseres Hobby-Adams auf der ersten Etage lag – zur Straßenseite! Da FKK-Wilmes sich aber der Rechtslage durchaus bewusst war, hatte er das wild wuchernde Efeu an der Brüstung genau auf die richtige Höhe getrimmt, damit man den kleinen Wilmes so gerade nicht mehr sehen konnte. Wirklich! Und oft, wenn im Sommer jemand nach Hause kam, stand der Freikörper-Nachbar auf seinem Balkönchen, grüßte höflich und ließ einen allein mit dem verzweifelten Kampf gegen die eigene Fantasie.

Wenn Sie sich jetzt fragen, warum ich das Risiko überhaupt eingegangen bin und beim Moulin Rouge geklingelt habe, dann lässt sich das ganz einfach damit beantworten, dass sein kleiner Nacktfetisch die einzige mir bekannte Marotte und Herr Wilmes ansonsten sicher einer der intelligentesten, patentesten und freundlichsten Menschen auf diesem Planeten war. Dennoch waren die Sekunden, bis er öffnete, natürlich sehr spannend. Man konnte nie sicher sein, ob er auch diesmal der Verlockung widerstanden hatte, die schnell gegriffene Hose einfach wegzulassen. Geräusche im Flur, die Tür ging auf und ... alles tutti. Stoffhose und weites Shirt. Meine Augen atmeten auf.

»Herr Wilmes. Wie schön, dass Sie zu Hause sind. Ich möchte mich von Ihnen verabschieden.«

»Herr Schmitz! Wie nett von Ihnen. Habe durch das Umzugsunternehmen schon mitbekommen, dass Sie uns verlassen. Wie schade! Möchten Sie kurz reinkommen? Ich wollte mir gerade auf meinem Balkon den Wind um die Nase wehen lassen. Kommen Sie doch dazu, dann machen wir es uns gemütlich.«

»Äh ... das geht leider nicht.«

»Warum denn nicht?«

»Ääähh ... meine Freundin wartet auf mich. Zu Hause. Sie konnte leider nicht mitkommen, weil ... sie eine Erkältung hat und in der Badewanne sitzt.«

»Und da wartet sie jetzt auf Sie? In der Badewanne?«

»... Genau. Hat sie gerade gesimst ...«

»Also, wenn sie nicht krank wäre, dann könnte ich Ihre Eile ja verstehen. Verzeihen Sie mir die Anspielung. Aber so ...?«

»Ja ... hä hä ... sie kann sich nicht mehr bewegen ...«

»Ach du lieber Himmel! Wegen der Gelenkschmerzen oder wie? Das hört sich ja schlimm an.«

»Genau. Gelenkschmerzen. Sie sitzt in der Badewanne und kann das Wasser nicht aufdrehen.«

»Nackt?«

»Nein!!! Niemand ist nackt!«

»Nein?«

»Auf keinen Fall. Das ist ja das Problem. Ich soll ihr aus den Sachen helfen.«

»Wie ist sie denn dann in die Badewanne gekommen?«

»Gute Frage ... wirklich gute Frage ... ich ... habe keine Ahnung. Hat sie nicht geschrieben. Ich muss los.«

»Da haben Sie recht. Die Arme. Wollen Sie so ein Erkältungsbad-Tütchen mitnehmen? Ich müsste noch eins haben. Kommen Sie doch kurz mit ins Bad, dann kann ich Ihnen eins geben.«

»Nein danke, Herr Wilmes, wirklich freundlich. Aber meine Freundin ... ist allergisch.«

»Auf Badezusätze?«

»Jap.«

»Aha.«

»Ja, kann man nichts machen. Ich muss dringend los. Also, machen Sie es gut, Herr Wilmes, und genießen Sie die Sonne auf ... Ihrem Balkon.«

»Danke Ihnen. Sie können jederzeit vorbeikommen, und wir trinken gemeinsam ein Glas Wein. Ich lade Sie ein.«

»Super! Das merke ich mir. Aber Wein trinke ich eigentlich nicht so gern ... Ach du Schreck, so spät schon, ich bin weg ...«

»Keinen Wein? Da verpassen Sie was! Es gibt nichts Jungfräulicheres, als ...«

»Tschööö ...!«
Kaum saß ich wieder im Auto, habe ich meine Freundin angerufen.

»Schatz, wenn du jemals wieder mit Herrn Wilmes sprechen solltest, dann hast du heute mehrere Stunden komplett angezogen in der Badewanne gesessen, konntest dich keinen Zentimeter mehr bewegen und reagierst allergisch auf Badezusätze. Frag nicht. Ich erklär's dir später. Was? Wie, du bist krank?«

»Ich verstehe das nicht«

Der Satz, den ich am häufigsten während der Umbauphase wiederholte, war: »Ich verstehe das nicht.« Ich meinte damit nicht etwa, dass ich eine Sache fachlich nicht nachvollziehen konnte. Mein Satz kam mantraartig immer dann aus meinem Mund, wenn der normale Menschenverstand an seine Grenzen stieß und sich weigerte, das Unfassbare zu begreifen.

Typische Sätze eines Bauherren oder generell eines Menschen, der unter Bau- oder Renovierungs-Hobbits leidet, habe ich für Sie in einer **Top-Ten-Liste** zusammengefasst.

– PLATZ 10 –
Warum haben Sie das denn nicht so gemacht wie besprochen?

◦◦◦

– PLATZ 9 –
Ich habe das doch alles schon mal Ihrem Chef erklärt!

◦◦◦

– PLATZ 8 –
Nein, der Termin war nicht erst nächste Woche.

◦◦◦

- PLATZ 7 -
Wie, nicht im Angebot mit drin?

ooo

- PLATZ 6 -
Können Sie den Boden bitte abdecken!

ooo

- PLATZ 5 -
Doch, das ist schon kaputt.

ooo

- PLATZ 4 -
Wie, ob ich eine Haftpflichtversicherung habe?

ooo

- PLATZ 3 -
Decken Sie bitte JETZT den Boden ab!

ooo

- PLATZ 2 -
NOCH eine Rechnung?

ooo

Und auf

- PLATZ 1 -
Ich dachte, Ihre Mutter ist schon
letzte Woche gestorben!?

Ein Bohrer ist ein Bohrer ist ein Bohrer ... oder?

Da ich viel zu früh mitten auf eine Großbaustelle ziehen durfte, mussten meine Freundin und ich uns mit den kleinen Widrigkeiten arrangieren, die an jeder Ecke lauerten. Jahaa, auch sie! Schließlich war sie die meiste Zeit bei mir. Aber kein Problem, dachten wir. Es könnte ja auch ganz lustig werden, alles aus nächster Nähe zu erleben. Außerdem hätten wir es praktischerweise morgens nicht weit zur Baustelle: Aufstehen ... da! Und so freuten wir uns eigentlich auf das kleine Abenteuer. Habe ich gerade wirklich »KLEINES Abenteuer« geschrieben?

Dass der Maurer, während wir frühstückten, drei Mal hintereinander die falsche Wand verputzte, bis sie doppelt so dick war wie alle anderen, und meiner Freundin dabei ständig Komplimente für ihren gut sitzenden Pyjama machte, nahmen wir noch total gelassen. Auch dass man auf dem Brötchen nicht immer unterscheiden konnte, was Mörtel und was Leberwurst war, machte uns nichts aus. Mit der Zeit gewöhnten wir uns sogar daran. Und tatsächlich vermisse ich noch heute manchmal diese crunchy Note beim Frühstück.

Allerdings wurde unsere Toleranz schon ein wenig mehr auf die Probe gestellt, wenn die Gipstüte mal wieder neben dem Mehl im Regal gestanden hatte und der Kuchen meiner Freundin seltsamerweise nicht aufging. Wobei auch hier der jährliche Christstollen meiner Mutter die Konsistenz dieses Klotzkuchens bei weitem in den Schatten stellte. Wir waren also schon bestens vorbereitet und nahmen den Verlust eines weiteren Schneidezahns als Fortführung einer lieb gewonnenen Familientradition.

Daran, dass die Küchenschublade nach Messer, Gabel, Zange und Zollstock sortiert war und anstatt einer Klorolle Schleifpapier neben der Toilette lag, hatten wir sogar zunehmend Spaß. Denn daraus entwickelte sich eine regelrechte Challenge: Wie konnte man sich mit einem Schraubenzieher ein Honigbrot schmieren? Und wessen Hintern funkelte stärker – nach der Spezialbehandlung mit dem 220er-Toilettenpapier?

Zugegeben. Mit der Zeit wurde es schwieriger. Ich bin ständig in irgendetwas reingetreten: Metallsplitter, Sägeblätter, Frühstücksbox des Trockenbauers. Der morgendliche Weg ins Bad wurde zum Hindernisrennen, das ich jedes Mal verlor. Einmal stand ich plötzlich noch gähnend im Schnelltrockner-Zement, obwohl ich den Startschuss nicht mal gehört hatte. Und kaum im Ziel, steckten später drei Betonnägel in meinem Fuß – ein wirklich unerhörtes Foul.

Im Badezimmer angekommen, sah ich, dass irgendein Spezialist das Ladeelement meiner elektrischen Zahnbürste gegen einen Starkstromgenerator getauscht hatte. Gott sei Dank ist mir das noch rechtzeitig aufgefallen, mit bis dato erst einer wachen Gehirnhälfte. Andererseits hätte ich mir die Zähne wahrscheinlich in Sekunden auf Grundschulniveau runtergeputzt.

Es muss erst schlimmer werden, bevor es besser werden kann, hat mein Großvater immer gesagt. Ich finde mittlerweile, dass Altersweisheit überschätzt wird.

Nagelpistole, Bohrhammer & Co. fluteten die Zimmer und Gänge. Und ich verlor den Überblick. Weil er an derselben Stelle stand, habe ich für die Krümel vom Frühstück beispielsweise nicht unseren normalen, sondern den Industriesauger des Trockenbauers genommen. Heidewitzka! Die Krümel im Wohnzimmer hätte ich damit auch noch aus der Küche erwischt. Kein Fussel, keine

Schraube, nicht mal meine Flipflops oder der hässliche Läufer von Oma waren sicher vor der Saugleistung dieses Monsters. Sogar die Katze vom Nachbarn, die uns hin und wieder besuchte, kam bei ihrer Flucht kaum von der Stelle, als mein neuer bester Freund sie fast erwischt hätte. Aus Versehen natürlich!

Der ganze Dreck, der Krach und die unzähligen Maschinen inmitten meiner Privatsphäre gingen mir bald immer mehr auf die Nerven. Zusammen mit meiner Freundin war ich kurz davor, nach »Bonnie & Clyde« als Gangsterpärchen namens »Black & Decker« in die Geschichte einzugehen. Da ging mir plötzlich ein Baustrahler auf.

Ein Psychotherapeut hätte mir wahrscheinlich galoppierende Schizophrenie oder das Zollstock-Syndrom (früher Stockholm-Syndrom) attestiert. Aber die Versöhnung mit dem Chaos hatten wir, ohne es zu merken, schon längst gefunden! Wie sagt ein altes chinesisches Sprichwort so richtig: »Kannst du deinen Feind nicht besiegen, verbünde dich mit ihm.« Und das hatten wir bereits getan. Überall hatten wir uns daran gewöhnt, die Werkzeuge und Maschinen im Alltag zu benutzen, weil unsere eigenen Sachen verschollen oder noch nicht ausgepackt waren. Wir sind dabei wahnsinnig kreativ geworden, und die Zweckmäßigkeit und Leistungssteigerungen waren auch nicht zu verachten. Eigentlich stellten wir fest, dass dank der ungewöhnlichen Utensilien alles viel besser klappte. Gut, man müsste vielleicht alle zwei Wochen die Nachbarskatze aus dem Flusensieb kratzen, aber wo gehobelt wird ...

Wir machten also aus der Not eine Tugend. Und funktionierten ab sofort alles um, was uns zwischen die Finger kam. Ohne Rücksicht auf Verluste. Falls auch Sie, liebe Leserin, lieber Leser, mal in eine ähnliche Situation geraten sollten, habe ich hier eine Liste mit Tipps und Empfehlungen für Sie zusammengestellt. All das haben wir **wirklich** ausprobiert.

PIMP MY HAUSHALT!!!

Maurerkelle 	Eignet sich bei Kaffee & Kuchen wunderbar als Tortenheber. Meine Oma wollte sie gleich mitnehmen.
Heißluftfön 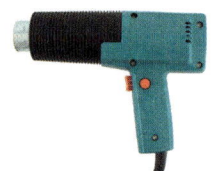	Eine perfekte Alternative, um den Nagellack der Damen schneller trocken zu bekommen. Sie brauchen nur einen Bruchteil der normalen Zeit. Außerdem lösen sich die eigenen Nägel nach wenigen Wochen von allein, und Sie können sich neue kaufen.
Betonquirl 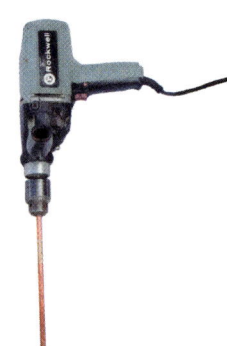	Ein fantastischer Milchaufschäumer für den Herrn in der Küche. Der Mann des Hauses lädt einfach seine Kumpel auf einen Caffè Latte ein, wird dafür natürlich als Mädchen beschimpft, bis den Jungs bei 3 000 Umdrehungen die Amaretti im Halse stecken bleiben. Dass das Ganze nur ab fünf Litern funktioniert und man Schaum für 'ne ganze Woche hat, tut nichts zur Sache. Es gibt auch noch eine andere Verwendung, auf die ich hier nicht näher eingehen möchte und die angeblich nicht zu empfehlen ist. Meine Damen: Finger weg!

Betonmischmaschine 	Geht locker als Universalmaschine in der Küche durch, die wir meiner Mutter als neue Kitchen Aid präsentiert haben. Sie war begeistert. Tatsächlich kann man von dem Ding ganz hervorragend zum Beispiel Plätzchenteig kneten lassen ... für 112 Personen.
Lötkolben 	Meine Freundin hat sich hiermit wunderbare Locken gedreht. Alternativ kann der Romantiker damit Herzchen in den verliebten Frühstückstoast brennen. Macht Eindruck!
Hobel 	Ein perfekter Kartoffelschäler! Der alte liegt auf dem Müll.
Industriesauger 	Durch die ja bereits bekannte Saugleistung eignet sich der Industriesauger auch bestens zur Fellenthaarung. Sie können sich das lästige Kämmen und Bürsten Ihres Bobtails oder der Perserkatze sparen. Allerdings sollten Sie Ihren Liebling gut festbinden und danach die Extremitäten nachzählen! Und was beim Quirl für die Damen galt, gilt hier übrigens für die Herren: Nein!

Baustellenlampe und Luftentfeuchter	Mit dieser Kombination in zum Beispiel Ihrer Abstellkammer basteln Sie sich im Handumdrehen eine absolut taugliche Sauna. Die Dampf-Fans unter Ihnen nehmen anstatt des Luftentfeuchters einfach den Hochdruckreiniger.
Kreuzschlitz-Schraubenzieher	Ein wahrer Allrounder. Sie können damit zum Beispiel neue Löcher in Ihren Gürtel oder die Dosenmilch stanzen, ein Ahornblatt in den Schaum Ihres frisch gequirlten Latte macchiato malen, Fingerfood am Spieß servieren oder Ohrenschmalz herauspopeln.
Zange	Mit einer kleinen Zange lassen sich Splitter recht leicht greifen. Die normale Größe eignet sich zum Grillen. Und mit zwei Rohrzangen wickeln Sie Rouladen, auf die Oma neidisch wäre.
Rohrschellen	Hiermit halten die Rouladen perfekt zusammen. Sie sind etwas groß, aber die Gäste können ja viel Hunger mitbringen.
Seitenschneider	Der beste Nagelknipser, den man sich wünschen kann. Selbst wenn Sie Fußnägel haben wie Reiner Calmund.

Schleifmaschine 	Ihre Hornhaut gehört der Vergangenheit an. Ihr ganzer Fuß allerdings auch, wenn Sie nicht rechtzeitig aufhören oder zu grobes Schleifpapier nehmen. Empfehlung (je gröber, desto niedriger der Wert): Kinder: 1000er Frauen: 220er Ganze Männer: 100er Reiner Calmund: 6 bis 1
Silikonspritze 	Ich habe damit den Geburtstagskuchen meiner Freundin verziert. Zugegeben, es passten nur die Initialen drauf, und die wirkten eher eingestanzt, aber es hat seinen Zweck erfüllt.
Nagelpistole 	Wenn im Büro mal die Heftzwecken fehlen, können Sie hiermit die Blätter bombenfest zusammennageln. Sie sollten allerdings darauf achten, dass Sie den Schreibtisch nicht aus Versehen mit in die Aktentasche packen.
Zollstock 	Hier kommen wir wieder zu einem wahren Tausendsassa unter den Gerätschaften. Je nachdem wie Sie die Glieder anordnen, können Sie den Zollstock als Rückenkratzer, Butterstreicher, Abtropfablage, Frühstücksbrettchen oder im Sommer als Fächer benutzen. Ein wenig mehr Übung erfordert die Handhabung als Spaghetti-Sieb.

Dübel 	22er-Spreizdübel sind hervorragende Lockenwickler. Und falls sich mal einer in den Haaren verknotet, kann man mit einem Bohrer und einer Schraube das Ding schnell wieder herausdrehen.
Spannungsmesser 	Wenn Sie gerade kein Fieber-Thermometer zur Hand haben … Überraschenderweise hilft der Spannungsmesser auch, wenn Ihre Katze statisch aufgeladen ist und Sie beim Streicheln immer eine gewischt kriegen. Einfach anschließen, und Mimi knistert zwar immer noch, aber Sie können feststellen, wie viel Watt sie so draufhat.
Presslufthammer 	Wenn meine Mutter einen Kuchen oder Brikettdellen macht, ist dieses Hilfsmittel noch heute unerlässlich.
Schweißbrenner 	Beim Überbacken macht er eine herrliche Käsekruste.

Schraubenschlüssel 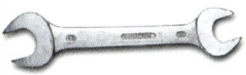	Ein Dosenöffner für Geduldige. Sie müssen sich langsam um die Dose herumarbeiten. Aber alte Ananas-Ringe haben noch nie so gut geschmeckt.
Rüttelstampfer 	Wenn Sie gerne Carpaccio essen, geben Sie das Ding nie wieder her. Ein weiterer Vorteil: Sie bekommen aus einer Scheibe Fleisch genug Portionen für alle Gäste einer Hochzeitsfeier.

Achtung !
Nachmachen auf eigene Gefahr

Wussten Sie eigentlich ...
dass die kleinsten Werkzeuge der Welt ein System von Minirobotern sind, die zum Schmieden von Nanoteilchen genutzt werden?

Warten auf Godot
... oder wie der Mann mit dem Pinsel heißt

Wie ich Ihnen ja bereits berichtet habe, musste ich in mein neues Häuschen ziehen, obwohl die Umbauarbeiten bei weitem noch nicht beendet waren. Im Grunde hatten sie sogar gerade erst begonnen. Was mir damals allerdings glücklicherweise noch nicht aufgefallen war.

Aber warum war das so, werden Sie sich schon ein paar Mal gefragt haben. Wieso hat das alles so unglaublich lange gedauert? Nun, ich will es Ihnen erzählen.

Das viel bemühte Klischee, dass das mit den Terminen bei Handwerkern so eine Sache ist, ist ... leider nicht nur ein Klischee. Mein eigenes Zeitempfinden hat während der Umbauarbeiten immer wieder stark gelitten.

Der berühmte Autor Samuel Beckett hat 1953 ein wunderbares Theaterstück geschrieben, in dem zwei Landstreicher quälend lange auf die Ankunft eines gewissen Godot warten. Es wird schnell klar, dass das verzweifelte Warten eine Metapher für die Suche nach dem Sinn des Lebens oder sogar die Ankunft eines sinnstiftenden Gottes ist. Nun will ich nicht behaupten, dass das Warten auf die Handwerker ähnlich zermürbend ist wie im erwähnten Stück.

Es ist noch tausend Mal schlimmer!

Noch viel weniger möchte ich postulieren, dass Handwerker Götter wären, wenn sie denn dann irgendwann kämen. Allerdings: Wenn beten helfen würde, ich hätte es getan. Wirklich.

Ach, übrigens: Godot kommt nicht.

Am Anfang der Umbauarbeiten habe ich auch bei Handwerkern die üblichen mehr oder weniger international anerkannten Regeln für Terminvereinbarung zu Grunde gelegt. Das war natürlich totaler Quatsch. Aber ich war ja auch noch ein Frischling.

Einmal zum Beispiel war ich mit dem Maler verabredet, der die Wände im ersten Stock streichen sollte. Der Zeitpunkt war für Donnerstag um 8 Uhr morgens ausgemacht. Ich hatte den Kalender freigekämpft, das seit Wochen erflehte Treffen mit der Sachbearbeiterin des Bauaufsichtsamts ein weiteres Mal verschoben und mir den Termin vom Maler noch mal bestätigen lassen. Alles klar. Der Donnerstag kam.

Der Maler nicht.

Ich wartete fünf Minuten. Zehn. Fünfzehn.

Abgesagt hatte er nicht. Jedenfalls nicht bei mir. Ich klingelte meine Freundin an. Nein, auch bei ihr war kein Anruf eingegangen.

Zuerst habe ich verständnisvoll die Verspätung mit der Rushhour oder schlechtem Wetter entschuldigt. Blöd war nur, dass die Sonne schien.

Dann habe ich mal ganz logisch überlegt, ob ich Dussel selbst den Termin falsch aufgeschrieben oder mit einem anderen durcheinandergebracht hatte. Ich war mir ziemlich sicher, dass das nicht der Fall sein konnte. Trotzdem überprüfte ich sicherheitshalber noch mal alle Einträge in meinem Kalender und kratzte in meinem Hirn sämtliche Erinnerungen zusammen. Nix. Alles stimmte, Termin korrekt, er würde dann sicher gleich kommen.

Keiner kam. Nach einer dreiviertel Stunde rief ich auf dem Maler-Handy an. Er ging nicht ran, seine Stimme verwies auf die Mailbox, auf die ich brav sprach, dass ich ja schon länger warte, ihn um Rückruf bitte und hoffe, dass er keinen Unfall gehabt habe.

Kein Rückruf. Eine weitere Stunde dehnte sich wie Fugensilikon. Langsam, aber sicher verwandelte sich mein naives Verständnis in die Erkenntnis, dass ich kackendreist versetzt wurde.

Und wirklich, am selben Tag war der Maler einfach nicht mehr an die Strippe zu bekommen, auch nicht am nächsten, übernächsten, überübernächsten, überüberübernächsten, überüberüberübernächsten ... eigentlich für ganze Wochen nicht mehr.

Ja, wo mochte er denn nur sein? Spielte er Verstecken, hatte aber vergessen, mir zu sagen, dass ich ihn suchen müsse? War er vom Erdboden verschluckt worden, vielleicht in einer Lösungsmitteldrogenhöhle versackt oder auf Bodypainting umgestiegen und lebte bereits mit zwanzig Nacktmodels auf den Seychellen? Oder war er vielleicht von der Mafia entführt worden? Vom Mossat? Von der CIA? Plötzlich hatte ich die Erklärung: Die Aliens hatten einen der ihren wieder nach Hause geholt, und Tante Helga hatte eben doch recht gehabt!

Noch nahm ich die Sache mit Humor. Der unglaubliche Maler Potter mit seinem Zauberpinsel hatte sich spontan unsichtbar gemacht und war verschwunden. Ein toller Trick. Mit der Zeit erkannte ich allerdings, dass nicht nur er diese sensationelle Illusionsnummer beherrschte, sondern dass auch alle anderen Gaukler dieses Kunststück der schwebenden Terminvergabe draufhatten. Glücklicherweise lief es nicht bei allen gleich darauf hinaus, dass sie gar nicht mehr kamen. Die Variationen waren vielfältig wie eine Farbpalette.

Gerne, ja sogar SEHR gerne kamen die Handwerker schlicht zu spät, mal zehn Minuten (kein Problem), mal zwei Stunden (schon schwieriger), mal erst am Nachmittag statt am Vormittag (Horror). Das wirklich Schlimme an dieser Tatsache waren aber gar nicht die Verspätungen, sondern dass es keine Regeln gab. Bei festen Zeitintervallen hätten wir uns ja locker darauf einstellen können. Wir hätten zum vereinbarten Termin einfach ein paar Stunden für den Elektriker oder ein paar Tage für den Maler dazuaddiert und wären vorher noch schnell einkaufen oder zum Frisör gefahren. Aber leider haute das nicht hin. In dem Moment, in dem ich dachte, dass ich den Bogen mit den Burschen jetzt raushatte und einmal morgens unter der Dusche stand, klingelte es plötzlich eine halbe Stunde *vor* dem ausgemachten Zeitpunkt. Eine Ausnahme, so wahrscheinlich wie eine Dampfdiffusionssperre im Altbau. Ich sollte Lotto spielen. Mit klatschnassen Haaren und in einem todschicken, viel zu kleinen Handtuch öffnete ich damals die Haustüre.

»Tach Herr Schmitz, da ist uns ein Termin flöten jejangen, und da dachte mer uns, datt wer dann ja auch gleich zu Ihnen kommen können. Hamm Se doch nix dajejen, oder?«

»Ach iwo! Aber nur mal so nebenbei: Haben Sie schon mal von diesen kleinen Apparaten gehört, mit denen man Worte über große Entfernungen austauschen kann? Wie nennt man die noch? Ach ja: Mobiltelefone. Die haben mittlerweile ganz viele Menschen. Verrückt, oder? Wenn Sie so eines dabei gehabt hätten, dann hätten Sie ja auch vorher anrufen können. Macht ja nix. Und außerdem muss ich zugeben, dass ich die Herren Installateure natürlich am allerliebsten tropfnass und in ein lila Gästehandtuch gehüllt empfange.«

Ein Schulterzucken. Sei's drum.

Und nein, liebe Leserin, lieber Leser, man kann leider nicht einfach weiterduschen und die angreifenden Heinzelmännchen draußen warten lassen. Die fahren dann nämlich wieder. Und das wollen Sie nicht. Auf gar keinen Fall! Es ist armselig, devot und ehrabschneidend, aber wenn Sie seit Monaten darauf gewartet haben, dass sich der bekloppte Maler Leonardo da Kannix aus seinem Wachkoma zurückmeldet und dann tatsächlich den Termin wahrnimmt, nur um die letzte verf***piep*** Wand fertig zu streichen, dann öffnen Sie sogar im Baströckchen und tanzen Aloha, damit der Meister ENDLICH mit seiner Arbeit fertig wird.

Das allergrößte Problem bei dem Ganzen war, dass die Latzhosen-Illusionisten das wussten. Sie WUSSTEN, dass wir mit den Nerven irgendwann runter waren und endlich alleine in der Bude leben wollten, ohne ein »Guten Morgen, Herr Klempner« oder ein »Mahlzeit, Herr Fliesenleger« und vor allem ohne ein »Gute Nacht, Herr Elektriker«. Und genau das haben sie ausgenutzt.

Das, was mich mit Abstand am meisten fertiggemacht, ja sogar tief in meiner Seele verändert hat, war aber nicht das ständige Versetztwerden. Nein, es war der Moment, in dem ich bemerkte, dass ich den Maler SCHON WIEDER knapp verpasst hatte. Ich hatte seit Zeitaltern auf ihn gewartet, das Radio extra nicht angestellt und bei der Klospülung nur das Kurzintervall gedrückt, damit ich um Himmels willen das Läuten nicht überhöre. Und dann, genau in dem Augenblick, in dem ich nur für drei Sekunden in den Keller rannte, als hinge mein Leben davon ab, klingelte er. Und während die Glocke noch nachhallte, und ich an die Tür stürzte, saß Herr Maler schon wieder im Wagen. Neuer Termin in fünf Wochen!

NEEEEEEEEEEEEEEEEEEEEEEEEEEEEEEEEE-EEIIIIIIIIIIIIIIIIIIIIIIIIIIIIIIIIIIIIIIIIIIINNN!

Die riechen das. Die riechen, wann man gerade nicht aufpasst – und ZACK, wieder verpasst ... Oder die haben Kameras installiert ... oder sind sogar Partner der NSA ... Moment, was heißt hier Partner? Sie SIND die NSA! Die Abkürzung bedeutet gar nicht »National Security Agency«, wie geschickt behauptet wird, sondern »Nicht Sichere Ankunft«. So sieht es doch aus. Und selbst wenn ich mit meiner Verdächtigung hier für nicht ganz zurechnungsfähig gehalten werden sollte, bin ich mir trotzdem hundertprozentig sicher, dass das Blaumann-Rudel es irgendwie schafft, immer genau den entscheidenden Moment abzupassen, WEIL ES EINFACH VIEL ZU OFT PASSIERT IST!

Irgendwann wollte ich das nicht mehr. Nie wieder. Man sieht sein ganzes Leben ungenutzt an einem vorbeiziehen, weil man sinnfrei und ohnmächtig auf den Maler wartet, und dann verpasst man ihn!?! Was dann? Auch noch ein zweites Leben opfern!?! Dem Gott der Pinsel auf dem halbfertigen Altar der Langeweile!?! Neee ... nicht mit mir!

Als mir das klarwurde, habe ich mich im Flur direkt vor die Klingel gesetzt und sie fixiert, bis meine Augen austrockneten und mir schwummerig wurde: »Hat's gerade geklingelt? Es hat doch geklingelt!? Nee, doch nicht. Oder doch? Nee ...«

Gegessen habe ich in dieser Zeit kaum etwas, weil die Küche viel zu weit weg vom Türöffner gewesen ist. Die geringen Mengen im Magen waren strategisch aber auch sehr sinnvoll, denn wenn meine Freundin nicht zu Hause war, konnte ich ja nicht auf die Toilette gehen. DARAUF HÄTTEN DIE DOCH NUR GEWARTET! Ich habe eisern immer alles zurückgehalten, diverse Male eine Atomexplosion riskiert, bis die Handwerker schließlich doch aufgaben und läuteten. Dann allerdings gab es wie auf Knopfdruck kein Halten mehr ... heidewitzka! Bis heute leide ich deswegen noch an Verstopfung. Natürlich nur, bis jemand klingelt. Was in der Zeit, als dadurch auch die Spülung einsetzte, nicht unpraktisch war.

Am normalen Tagesgeschehen konnte ich angesichts der Warterei kaum noch teilnehmen, was mir aber egal war. Nachdem Nahrungsaufnahme und -abgabe stark eingeschränkt wurden, musste ich den Maßnahmenkatalog auch auf die Körperhygiene ausdehnen. Denn wie soll man duschen oder sich auf die Reinigung konzentrieren, wenn man in jeder Sekunde damit rechnen MUSS, dass es klingelt und man es vielleicht nicht mehr rechtzeitig an die Tür schafft? Also lässt man logischerweise all diese überflüssigen Dinge weg und lebt nach dem Motto: »Lieber stinken als hinterherwinken«.

Völlig auf der Hand liegt auch, dass ich nach den ersten schlimmen Erfahrungen angefangen habe, direkt neben der Klingel zu schlafen. Die ständige Rennerei, »weil es doch gerade geklingelt hat, oder?«, die ging einfach zunehmend auf die Pumpe. Einen Halbmarathon habe ich in der Zeit locker absolviert. Ach was sag ich, sogar den Iron-Man-Titel habe ich mir gesichert. Mindestens.

Dann war die Klingel eines Morgens plötzlich kaputt. Der SUPER-GAU! Wie sollte ich denn jetzt wissen, wann sich der auf Rückzug trainierte Feind an die Front wagte? Einen Zettel aufhängen, meinen Sie? Amateur! Der kann doch immer »übersehen« werden oder »heruntergefallen« sein. Nee, nee. Die Sinne zu schärfen war die richtige Antwort! Einem Erdmännchen nicht unähnlich, habe ich auf jedes kleinste Geräusch und alles, was sich draußen bewegte, hyperschnell reagiert. Ich bin auf Zehenspitzen durchs Häuschen geschlichen, damit ich das scheue Wild nicht überhören konnte, wenn es sich auf die Lichtung wagte.

Wenn ich nicht alleine war, haben meine Freundin und ich abwechselnd ferngesehen und uns leider einmal tierisch in die Haare gekriegt, weil sie eingenickt war. Und natürlich fanden wir danach zwar die Zwischenrechnung des Dachdeckers im Briefkasten, allerdings mit dem Hinweis auf dem Umschlag, dass er uns leider nicht angetroffen habe und sich für einen neuen Termin wieder melden werde.

NA TOLL!!! Ich hasste sie. Sie allein war schuld. Wenn auch ihre Unaufmerksamkeit nur allzu verständlich gewesen ist, denn geschlafen haben wir in der Zeit so gut wie gar nicht. Nachts haben wir uns stündlich mit der Wache abgelöst. Weiß man denn, ob die nicht auch so weit gehen würden? Ich war mir da ziemlich sicher! »Tut mir leid, wir waren ja da, um halb vier nachts, aber Sie haben wieder mal nicht aufgemacht. Nächster möglicher Termin dann in 2019. Wir rufen Sie an.«

Wir brauchten dringend unwiderlegbare Beweise für solche Fälle. Aber finden Sie mal schlagkräftige Argumente, wenn Sie nicht in den Knast wollen. Äh ... also haben wir Checkpoints mit Abzeichnungslisten im und am Häuschen aufgehängt, die abgelaufen und unterschrieben werden mussten und anhand derer wir lückenlos nachweisen konnten – JAHAAAA! –, dass wir permanent zu Hause gewesen sind. DIESE SCHLACHT JEDENFALLS HÄTTEN WIR DANN GEWONNEN!

Wenn, ja wenn die Gegenseite nicht schlauer gewesen wäre als wir. Das scheue Wild hatte die Fallen gewittert und mied die Lichtung nunmehr gänzlich.

Unter Umständen könnte es sein, dass meine etwas unorthodoxen Maßnahmen zu diesem Umstand beigetragen haben. Aber sollte mir denn wirklich keine Wahl bleiben? Sollte ich denn wirklich dazu gezwungen sein aufzugeben? Ja. Ich sah es ein. Es ging wohl nicht anders. Ich musste hinnehmen, was immer mir auferlegt wurde und mich in demütigem Warten üben.

Und genau in dem Moment, in dem ich dies tat, klopfte es. Sollte es so einfach gewesen sein? Sollte die reine meditative Ruhe der Einsicht die richtigen Signale gesendet haben und es nun weitergehen können? Ich schöpfte wieder Hoffnung. Zuerst ging ich, dann lief ich, und schließlich rannte ich zur Tür, riss sie auf, und TATSÄCHLICH stand da der Maler. Der MALER! Sie erinnern sich? Der vom Anfang! Ich hätte ihn fast nicht wiedererkannt. Nie in meinem Leben bin ich so froh gewesen, einen anderen Menschen zu sehen. Ich wollte ihn heiraten. Tonnen von Endorphinen wurden in meinem ganzen Körper freigesetzt. Aufgrund der geringen Nahrungsaufnahme der letzten Wochen befand er sich allerdings auch bereits in heftiger Unterversorgung und ich im Delirium, was wiederum den Heiligenschein über dem Kopf des Malers erklären könnte.

Jedenfalls betrat er tatsächlich mein Haus. Weihnachten, Geburtstag und Silvester fielen am 11. März zusammen. Ich begleitete ihn zur letzten Wand, die noch zu streichen war, zum letzten Schritt zur Absolution. Ich konnte mein Glück kaum fassen. Er stellte den Farbeimer ab, betrachtete für einen kurzen Moment die vergilbte Oberfläche und verkündete dann: »Ou, isch hab die Grundierung verjessen. Datt is ja doof. Tja, da muss isch noch ma wiederkommen. Der Chef ruft Sie dann an und macht einen neuen Termin.« Und weg war er.

Perfide ist das Spiel dieser Folterer mit der Hoffnung ihrer Opfer. Jedes Mal dachte ich, dass jetzt das Tal erreicht sein müsse, es nur noch besser werden könne. Aber ich irrte. Immer. Es würde einfach nie wieder aufhören. Doch auch an jenem Tag, kurz nachdem der Teufel verschwunden war, keimte schnell wieder neue Hoffnung in mir. Denn es klopfte erneut. Hatte der Maler im Wagen die Grundierung gefunden? Brauchte er am Ende gar keine und hatte sich daran erinnert? Oder hatte er einfach nur Mitleid und schnell einen Eimer Grundierung organisiert? Ich öffnete die Tür mit einem erkämpften Lächeln und dem letzten Rest Überlebenswillen im Herzen. Draußen stand …

… meine Mutter: »Du, ich glaube, deine Klingel ist kaputt.«

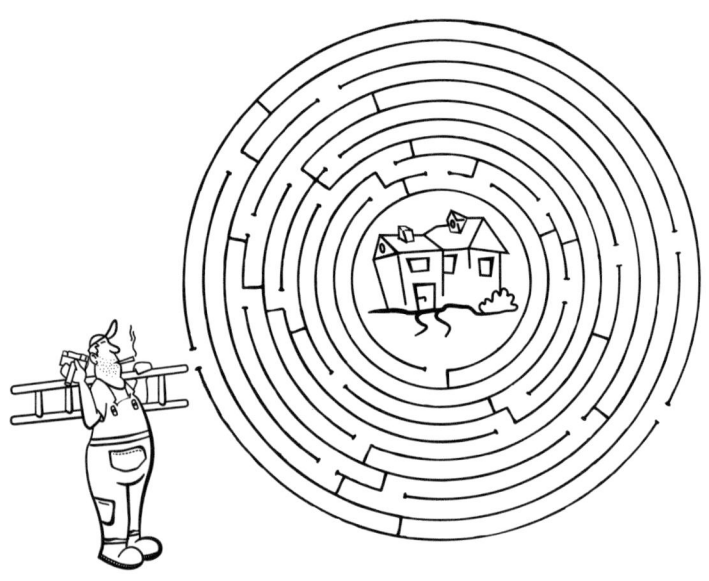

Stillleben

Alle Menschen, die bauen und umbauen, beklagen sich darüber, dass der Fortschritt auf der Baustelle oft zu wünschen übrig lässt. Zu Recht. Es ist eine Katastrophe. Ob die Handwerker nun, wie so oft, einfach gar nicht kommen, zu früh wieder gehen oder andere Baustellen immer wichtiger sind – die Gründe sind vielfältig.

Auch ich litt oft unter sinnlosem, zähem, lethargischem Stillstand. Wahnsinnig wurde ich, weil sich gefühlte Jahrhunderte lang nichts, aber auch gar nichts weiterentwickelte. Überall im Haus gab es Baustellen-Stillleben, die mich schier verzweifeln ließen. Es würde nie wieder aufhören!

Gott sei Dank habe ich während der Umbauarbeiten hin und wieder Fotos gemacht. Von einer Ecke im Wohnzimmer habe ich im Abstand von jeweils mehreren Wochen immer wieder das gleiche Bild geschossen. Und dadurch kann ich Ihnen nun anschaulich demonstrieren, wie zügig teilweise gearbeitet wurde.

Bilder sagen mehr als tausend Worte:

Morgens, zehn Uhr in Deutschland

Abends, zehn Uhr in Deutschland

Am nächsten Tag

Am übernächsten Tag

Ende der Woche

Zweite Woche

Dritte Woche

Fünfte Woche

Ende zweiter Monat, aber: Achtung!

Jetzt gleich tut sich was ...

Mitbekommen?
 Schauen Sie noch mal genau hin! Jetzt kamen die Arbeiten richtig ins Rollen.

Genau: Der Eimer hatte sich bewegt. Unglaublich.

Ich sehe was, was du nicht siehst

Aber nicht nur die Unpünktlichkeit der Handwerker verschleppte den Abschluss der Arbeiten bis in alle Ewigkeit. Nein, auch die Tatsache, dass man bisweilen wohl in verschiedenen Dimensionen zu Hause ist, machte einen zügigen Fortgang extrem schwierig.

Gut, Menschen sind nicht immer der gleichen Meinung. Wär ja auch langweilig. Solange die Fakten noch nicht eindeutig auf dem Tisch liegen, hat jeder das Recht, seinen eigenen Standpunkt nach bestem Wissen und Gewissen zu vertreten.

Wenn es zum Beispiel um die politische Ansicht bezüglich des Ausbaus der Windenergie geht, dann trifft das zu. Wenn es darum geht, ob Schokoladeneis in der Sonne schneller schmilzt als Pistazieneis, dann kann man absolut geteilter Meinung sein. Und wenn jemand Argumente für die Existenz außerirdischen Lebens vorbringt, der andere aber dagegenhält, dann ist auch das legitim und nachvollziehbar. Beweise gibt es nicht, weder für die eine noch die andere Theorie, fertig.

Ob allerdings ein Waschbecken kaputt ist oder nicht ... das ist NICHT demokratisch verhandelbar. Entweder es ist kaputt oder nicht. Dachte ich zumindest. Erst die Argumentation meines Installateurs Herr Sommer hat mich eines Besseren belehrt. Ein Waschbecken kann tatsächlich gleichzeitig kaputt UND intakt sein. Zum selben Zeitpunkt. In derselben Sekunde. Irre, ne!?

»Ja, aber das ist doch kaputt!«

»Nein, das kann nicht sein. Das Waschbecken habe ich ja gerade erst montiert.«

»Da gebe ich Ihnen recht. Das kann und darf eigentlich gar nicht sein. Und ich verstehe es noch viel weniger als Sie, aber schauen Sie doch! Hier. Es ist kaputt!«

»Ich kann da nichts erkennen.«

»Dazu müssen Sie ja auch erst einmal hinsehen.«

»Das brauche ich gar nicht, weil ich es ja gerade erst ausgepackt habe.«

»Aber das hier ist doch ein Riss!«

»Wo?«

»Hier!«

»Nee ...«

»Also ...!

»Das ist wahrscheinlich noch die Schutzfolie.«

»Moment ... da ist doch gar keine drauf, wenn ich das richtig sehe.«

»Doch, doch. Die müssen Sie dann später abziehen.«

»Schauen Sie doch mal! Hier ist keine Folie. Wo soll man denn da anfangen, die abzupiddeln?«

»Die löst sich mit der Zeit.«

»Herr Sommer, in aller Freundschaft, das ist Quatsch. Da ist keine Folie drauf. Fühlen Sie doch mal drüber!«

»Fühlt sich normal an.«

»Sehen Sie.«

»Hätte ich nicht gedacht.«

»Also ist das Becken doch kaputt.«

»Nein.«

»Herr Sommer ... Keine Folie, aber hier dieser Riss. Woher soll der denn kommen? Bilde ich mir den ein oder was?«

»Das ist ein Haar.«

»Was?«

»Das ist nur ein Haar. Da müssen Sie Ihrer Freundin mal sagen, dass sie feucht drüberwischen soll. Dann ist das weg.«

»Erstens könnte ich das auch gleich selber machen, und zweitens kann ich den Riss doch mit meinem Fingernagel fühlen. So fest kann ein Haar doch auch gar nicht sitzen. Und erst recht nicht so gezackt.«

»Dann ist das sicher eingebrannt.«

»Herr Sommer ...«

»Herr Schmitz, bei so einem Becken wird zum Schluss die letzte Schicht aufgebrannt, und dabei ist wahrscheinlich ein Haar reingerutscht.«

»Selbst wenn es so wäre, dann wäre es doch immer noch ein Schaden oder ein fehlerhaftes Produkt, welches ausgetauscht werden müsste.«

»Das stimmt.«

»Na also.«

»Vielleicht ist es doch kein Haar.«

»Meine Rede. Es sieht nicht aus wie ein Haar, von eingebrannten Haaren habe ich noch nie etwas gehört, es ist definitiv kein Haar. Gott sei Dank. Was bleibt also, nachdem wir beide die Existenz eines Haares nun ausgeschlossen haben? Ein dünner Riss.«

»Nein.«

»Sie spielen mit Ihrem Leben, Herr Sommer. Ich meine es gut mit Ihnen.«

»Es kann gar keiner sein, weil ich es doch gerade erst eingebaut habe. Und in der Firma war noch alles in Ordnung.«

»Tja, Herr Sommer, dann ist es eben auf dem Weg hierher oder bei der Montage passiert.«

»Ich arbeite seit 23 Jahren in dem Beruf, und so etwas ist noch nie passiert. Außerdem gehen Waschbecken nicht so schnell kaputt. Die kriegen vielleicht mal irgendwo einen Kratzer, und den poliert man dann wieder raus. Aber gleich brechen oder reißen ... habe ich noch nie gehört.«

»Okay. Es ist ungewöhnlich. Vielleicht sogar sehr selten. Fakt ist aber doch nun mal, dass wir beide leibhaftig vor einem kaputten Waschbecken stehen und ich als Allerletztes etwas dafür kann, dass ausgerechnet mein Extrawurst-Becken aus der Reihe tanzt, oder wie sehen Sie das?«

»Das stimmt natürlich. Sie können gar nichts dafür.«

»Ha! Und für was kann ich nichts? Für den Riss im Waschbecken!«

»Nein. Für das besondere Waschbecken.«

»Herr Sommer! Wodurch wird mein Becken denn besonders, doch durch den ungewöhnlichen schwarzen Streifen quer über dem Beckenboden. Oder? Manche Menschen würden – lassen Sie mich kurz nachdenken – Riss dazu sagen.«

»Jedenfalls ist das Becken nicht kaputt.«

»Und was ist das dann für eine Linie?«

»Jedenfalls kein Riss.«

»Bitte schön. Was dann?«

»Ein Schatten.«

»Ich halte es nicht aus. Das kann doch nicht Ihr Ernst sein! Ein Schatten? Seit wann kann man einen Schatten denn fühlen?«

»Vielleicht bilden Sie sich das nur ein …? Vielleicht ist da gar nix, und Sie WOLLEN es einfach nur fühlen.«

»So wie Sie wollen, dass das Waschbecken auf keinen Fall kaputt ist, meinen Sie? Wo soll der Schatten denn herkommen? Von der Gardinenkante? Oh, wir haben ja gar keine Gardine hier im Bad.«

»Vielleicht vom Oberlicht. Da sind so Schlieren drauf.«

»Es ist zwar lächerlich, aber auch das haben wir ja schnell überprüft. Hier! Wenn ich meine Hand zwischen Oberlichtfenster und Becken halte, dann müsste der ›Schatten‹ ja verschwunden sein. Oh, er bleibt aber. So was. Ihre Theorie ist widerlegt.«

»Was weiß denn ich, welches Licht hier auftrifft und wo das herkommt.«

»Die Lampen sind aus, und es gibt nur ein einziges Fenster im Bad. So richtig viele Möglichkeiten bleiben nicht übrig. Herr Sommer, werden wir doch vernünftig! Lassen Sie uns doch ganz in Ruhe über dieses kleine Missgeschick …«

»Wenn Sie von hier gucken, dann sieht man gar nix.«

»Wie bitte?«

»Herr Schmitz, kommen Sie mal hierher. Stellen Sie sich mal hier neben das Klo und beugen Sie sich ein bisschen zur Seite. So wie ich gerade. Also, von hier aus kann man wirklich überhaupt gar nichts erkennen.«

»Äh ... Alles klar, Herr Sommer. Ich werde mir ab sofort die Hände vom Klo aus waschen, damit ich den Riss nicht mehr sehen muss. Falls ich drankomme. Und wenn wir noch mehr Risse finden, kann ich ja auch vom Bidet aus duschen und von der Badewanne aus aufs Klo gehen.«

»Es geht doch um den Lichteinfall. Sie haben hier im Bad wahrscheinlich ganz böses Streulicht und deswegen ...«

»Herr Sommer! Schluss jetzt! Das Ding ist kaputt und fertig.«

»Nein.«

»Das kann doch wohl nicht wahr sein. Geben Sie denn mittlerweile wenigstens zu, dass da überhaupt etwas ist?«

»Da kann nichts kaputt sein, weil ich das Waschbecken ja gerade erst eingebaut habe.«

»Ja, Himmel, man sieht es doch! Es kann nicht sein, was nicht sein darf, oder was??? Versuchen wir doch mal, uns dem Ziel anders zu nähern: Es ist nicht die Schutzfolie?«

»Richtig.«

»Und auch kein eingebranntes Haar?«

»Korrekt.«

»Und auch kein Schattenspiel?«

»Da bin ich noch nicht restlos überzeugt, ist aber unwahrscheinlich. Stimmt.«

»Gott sei Dank! Was bleibt dann noch? Sehen Sie doch hin! Man kann den Bruch unter den Fingern fühlen. ES – IST – EIN – RISS!«

»Nein.«

»Ich drehe durch. Herr Sommer, mal ehrlich, Sie wollen sich doch nur drücken und aus der Verantwortung ziehen ...«

»Ich mache Ihnen mal einen Vorschlag. Ich lasse das Becken vorerst hier, und Sie schauen mal. Was halten Sie davon?«

»NIX. Was soll sich denn da verändern? Oder wächst so was von alleine raus?«

»Diese Überperfektion heutzutage. Früher war auch nicht alles mit dem Lineal gezogen, aber da war das auch nicht so wichtig. Da wurde ein Waschbecken eingebaut und danach benutzt. Fertig. Diese ganzen Designer-Badezimmer mittlerweile ... Ich möchte nur einmal wieder ein ganz normales Badezimmer machen. Wissen Sie, wie viele verschiedene Toiletten es mittlerweile gibt? Über 3 000 Modelle! Das braucht doch kein Mensch! Und wissen Sie, wie viele es vor zehn Jahren gab? Fünf ... FÜNF! In Weiß, Braun und Grün. Und die Leute waren zufriedener.«

»Spitze. Früher war alles früher. Und jetzt? Was hilft mir das, wenn ich jetzt weiß, dass Sie mein echt total normales Badezimmer für den Buckingham Palast halten und lieber ein Plumpsklo eingebaut hätten?«

»Ich finde, man muss die Kirche auch mal im Dorf lassen. Wenn Sie hier ein paar Mal mit Ata durchgewischt haben, rubbeln sich die Kanten glatt, und die kaum zu erkennende schwarze Linie wird auch immer heller und verschwindet. Ganz sicher.«

»Schluss jetzt.«

»Vielleicht gewöhnen Sie sich ja auch an den kleinen Schönheitsfehler. Was auf der Welt ist schon perfekt? Und vor allem: Denken Sie doch mal an den ganzen Dreck, den ich wieder machen muss, wenn ich noch mal komme ...«

»DA! Schönheitsfehler! Sie haben es zugegeben. Kaputt! Das Scheißding ist kaputt!«

»Nein.«

»Ich kann nicht mehr. Bauen Sie es aus, und stellen Sie von mir aus 'nen Eimer mit Schlauch hin. Ende der Diskussion.«

»Herr Schmitz, wollen Sie nicht noch einmal darüber schlafen ...«

»NEIN!!! Und wenn Sie jetzt nicht sofort damit aufhören, mich überreden zu wollen, dann ...« Vorsicht, Ralf! »... dann reiße ich hier ganz andere Seiten auf. Kleines Wortspiel.«

»Was ist denn genau der Grund? Was haben Sie denn genau an dem Waschbecken auszusetzen? Es funktioniert doch!«

»HAUEN SIE AB!«

»Okay, okay ...«

»HALT! Wo wollen Sie denn hin? Sie sollen das Ding natürlich mitnehmen. Wovon rede ich denn die ganze Zeit?«

»Ach so. Ich dachte ... Oh, schauen Sie mal auf die Uhr, Herr Schmitz. Das schaffe ich heute nicht mehr mit der Demontage. Sonst komme ich in die Überstunden. Wir machen einfach einen neuen Termin, und dann sehen wir weiter. Funktionieren tut ja alles.«

»Wenn Sie nicht in fünf Minuten verschwunden sind, und zwar MIT dem Becken, dann zeige ich Ihnen den Riss aus alleralllernächster Nähe, so dass Sie sich dabei die Haare waschen und mit der Nase den Siphon kontrollieren können. Wollen Sie das?

Oder geben Sie auch so endlich zu, dass das von Ihnen gelieferte Waschbecken

einen Sprung hat?«

»Es kann ja gar k…

Liebe Leserin, lieber Leser!

Leider muss ich an dieser Stelle die Schilderung der damaligen Situation unterbrechen, weil ich ansonsten Gefahr laufe, mich in einem anstehenden Mordprozess selbst zu belasten. Ich hoffe, Sie haben dafür Verständnis. Vielen Dank.

Wussten Sie eigentlich …

dass das Dach der Schulsporthalle in Hiddenhausen undicht war und über ein »feuchtigkeitsbedingtes Schimmelrisiko« so lange diskutiert und mehrere Gutachten eingeholt wurden, bis aus dem Risiko echter Schimmel wurde und die Sporthalle komplett neu gebaut werden musste?

Die 7 Handwerker

Als ich das Treiben auf meiner Baustelle mehrere Wochen beobachtet hatte, fiel mir etwas Faszinierendes auf. Die Handwerkergruppen, die mein Häuschen überfielen, bestanden immer aus den gleichen Mitgliedern. Egal, ob es sich um Installateure, Maler oder Fliesenleger handelte, es rückte immer eine lustige 7-Zwerge-Kolonne an, in der die Verhältnisse klar geregelt waren.

Stets dabei ist das **_Urgestein_**, der Inbegriff des Handwerker-Klischees. Typischerweise ist er schon seit mindestens dreißig Jahren in der Firma, hat den Beruf erfunden und alles, wirklich *alles* schon mal erlebt. Und wenn er mal was falsch macht, dann kann das gar nicht sein. Von ihm werden auch immer noch die uralten Sprüche benutzt wie: »Datt wicht aber nisch billisch!« oder »Datt hammer immer so jemat. Watt soll daran denn jetzt plötzlisch schlecht sein?« Bis man sie das erste Mal hört, hat man sie immer für erfunden gehalten, aber sie sind alle echt.

Das Urgestein kommt immer ein bisschen zu spät und geht dafür etwas früher. Er macht Punkt 12 Uhr Mittagspause und gibt dem Kunden zu jedem Zeitpunkt das Gefühl, eine störende Komponente in seinem Leben und sowieso nicht ganz zurechnungsfähig zu sein. Sprich: Der Kunde ist kein normaler Mensch. Eigentlich sind alle außer Herrn Urgestein keine normalen Menschen. Bis auf den Kioskbesitzer seines Vertrauens, der abends die Bierflaschen verkauft. Vielleicht.

Dann ist immer der **_Professor_** dabei, der nicht nur alles weiß, sondern auch noch besser als alle anderen, was er natürlich ausschweifend und in jeder Situation beweisen muss. Und wenn er mal nichts weiß! Dann weiß er es trotzdem. Am liebsten doziert er vor seinen Kollegen. Das staunende Ziel ist aber immer auch der Kunde. Der Professor arbeitet von allen am wenigsten, steht generell in zweiter Reihe und meckert, wenn die anderen etwas falsch machen. Wenn irgendetwas Unvorhergesehenes oder ein Missgeschick passiert, hat er es natürlich schon lange vorher gewusst. Warum er es dann nicht vorher gesagt hat, wird auf ewig sein Geheimnis bleiben.

Dass Professor Schlaubi von den anderen akzeptiert und nicht auf dem Schulhof verprügelt wird, ist für einen Außenstehenden nur schwerlich nachzuvollziehen. Vielleicht, weil er mit seiner Attitüde, alle väterlich von oben herab zu behandeln, auch vor dem Kunden nicht Halt macht. Wenn Sie mit ihm reden, liebe Leserin, lieber Leser, dann wird er Ihnen stets unmissverständlich klarmachen, dass er nicht verstehen kann, wie Sie durchs Leben kommen. Wo Sie doch nicht mal wissen, dass eine Anti-Dröhn-Matte kein flüsterleiser Fußabtreter ist, sondern unter die Spüle geklebt wird.

Der **Depressive** wiederum quatscht dem Kunden eine Frikadelle ans Ohr. Mit Senf. Auf den ersten Blick scheint das ein Widerspruch zu sein. Aber schnell wird klar, dass er nur seinen Frust ablassen möchte, egal bei wem. Der Depressive arbeitet fast so wenig wie der Professor, weil Sie als Kunde, sobald Sie in seine Nähe kommen, als nichts ahnendes Opfer in Beschlag genommen werden. Er beklagt sich über das Wetter, die Arbeitsstunden, seinen Rücken, die schlechten Arbeitsbedingungen, Ihr schlechtes Haus, die schlimmen Zeiten, seine Frau, seine Hühneraugen und vor allem, dass er noch keine Tasse Kaffee angeboten bekommen hat. Früher, hach ja, früher waren die Kunden aufmerksamer. So ist das eben.

Nachdem er die Tasse Kaffee, die Sie ihm schnell gemacht haben, abgelehnt hat (zu viel Koffein), lamentiert er weiter. Er glaubt nicht, dass die Arbeiten auch nur annähernd in der vorgesehenen

Zeit fertig werden, weil die Zwischendecke nicht halten wird, vermutet in den Wänden einen gigantischen Wasserschaden mit Schimmel- und Schädlingsbefall, fragt immer wieder nach, ob die Arbeiten denn bei dem alten Haus überhaupt noch Sinn machen, sorgt bei Ihnen mit all dem immer wieder für neue Panik- und Fieberattacken, empfiehlt schon mal vorsorglich einen Aufstockungskredit und schließt fast jeden Satz mit der Formulierung: »Aber Sie werden schon wissen, was Sie tun.« Nur um dann wieder von vorne anfangen zu können.

Achtung: Vermeiden Sie unbedingt zu langen Kontakt mit dem Depressiven! Sonst springen Sie irgendwann aus dem noch nicht montierten Fenster.

Kommen wir nun zu einem Mitglied in jeder Handwerkerfamilie, welches mir besonders am Herzen liegt. Der **Schwadlappen**. In anderen Breiten auch Labertasche, Quasselstrippe oder Schwätzer genannt. Er ist das Maskottchen jeder Gruppe, wird von allen geduldet und gemocht, oft aber auch verflucht. Der Schwadlappen mischt sich überall ein, egal, ob es gerade um Dübelgrößen, tragende Wände oder die Ziehzeit Ihres grünen Tees geht. Er hat am wenigsten Ahnung und macht am meisten kaputt, weil er nicht bei der Sache ist. Wenn er etwas vorschlägt, machen die Kollegen generell das Gegenteil, weil die Erfahrung gezeigt hat, dass sie damit immer richtig liegen. Er will stets helfen, ist der Erste, der sich freiwillig meldet, und der Einzige, bei dem die anderen wollen, dass er bloß nichts alleine macht. Und Sie als Kunde wollen das auch nicht!

Dafür bringt er alle zum Lachen, und die Arbeit wird nie langweilig. Es ist ratsam für jeden Auftraggeber, den Schwadlappen hin und wieder von der Gruppe zu trennen und sich mit absurdesten Fragen torpedieren zu lassen, damit die restliche Truppe wenigstens mal ein paar Schritte weiterkommt. Danach, und in der richtigen Dosierung, zurück mit ihm an die Front zur Auflockerung der Truppe.

Ein Tipp: Bieten Sie ihm keine Tasse Kaffee an, wenn Sie an dem Tag noch etwas vorhaben.

Der **Koordinator** hat den Masterplan. Keiner weiß, wer ihn ins Amt gewählt hat, und es ist den Kollegen auch egal, aber er sagt, wo's langgeht. Wohlgemerkt ist der Koordinator keineswegs der Chef oder der Erfahrenste. Es ist einfach der, der in der letzten Zeit am häufigsten recht hatte – als Einäugiger unter den Blinden. Er definiert sich durch Leistung und zieht sein ganzes Selbstbewusstsein aus den respektvollen Blicken seiner Kumpel, wenn er mal wieder als Einziger darauf gekommen ist, dass man für die vergessene Zusatzfunktion doch die zwei freien Adern im Hauptkabel nehmen kann und sich das Problem somit, einem Wunder gleich, in Luft aufgelöst hat. Dass solcherlei Überlegung zum Portfolio jedes halbwegs gut ausgebildeten Kollegen gehören sollte, spielt überhaupt keine Rolle. Wieder mal hat SUPERKOORDINATOR zugeschlagen. Noch dazu hat er immer Zigaretten für alle dabei und sagt, wann Mittagspause gemacht wird.

Mit dem Kunden gibt er sich nicht ab. Das überlässt er dem Gefolge. Er kann sich ja nun wirklich nicht um alles kümmern.

Der heimliche Held, der Schlaueste von allen und dabei der wahre Retter aus gefährlichen Situationen ist aber der **Stille**. Er spricht fast nie, arbeitet solide und fehlerfrei, ist eher schüchtern, sympathisch und hat oft unbemerkt und ohne darauf aufmerksam machen zu müssen, Schwierigkeiten aus dem Weg geräumt, während die anderen den Koordinator feiern.

Nur weil diese Position oft nicht besetzt ist, geht auf Baustellen so viel schief. Wenn nämlich das wahre Knowhow fehlt, die aus dem Geheimen ordnende Macht, dann geht alles drunter und drüber.

Erkennen Sie den Stillen rechtzeitig, und pflegen Sie ihn! Er ist Ihr Schlüssel zum Glück!!!

Schließlich gibt es natürlich noch den **Azubi**. Durch die zahllosen Streiche, die die anderen auf seine Kosten machen, hat der Azubi den Gesichtsausdruck eines aufgeschreckten Rehs angenommen.

Er handelt oft zu übereifrig, weil er allen beweisen will, was er schon draufhat, stolpert, fällt, lässt alles fallen und zerstört dabei die halbe Einrichtung. Sehen Sie's ihm nach und seien Sie nett zu ihm. Er hat es nicht leicht.

Die 7 Glaser-Zwerge

Ich bin, wie gesagt, zu diesen bahnbrechenden Einsichten gekommen, weil ich unzählige Rudel von Handwerkern ständig vor der Nase hatte. Da bleibt auch unfreiwillig einiges hängen. Ganz explizit fällt mir aber die Geschichte von den 7 Glaser-Zwergen hinter den sieben Bergen ein. Ja, sie kamen wirklich und wahrhaftig aus dem Siebengebirge bei Köln. Es ging nur um eine recht simple Brüstung im Flur, die im Boden verankert werden sollte. Sah todschick aus, als es fertig war, und sollte ein einzelnes modernes Element im ansonsten eher klassischen Häuschen darstellen. Tja, ALS es dann irgendwann mal fertig war.

Die doppelte Sicherheitsglasscheibe war seit Wochen bestellt, der Chef der Firma am Telefon wirklich sehr nett und professionell. Wie versprochen wurde zur anvisierten Lieferung und Montage kurzerhand ein Termin vereinbart, und schließlich war der Tag der Lieferung auch schon da. Die sieben Glaser rückten gut gelaunt an, begutachteten den schmalen Weg durch den Flur, deckten alles ab, was zu schützen war, und holten alle zusammen die ziemlich schwere Scheibe.

Wo die Schwierigkeiten bleiben? Nun haben Sie doch etwas Geduld!

Mit viel Stöhnen und zahlreichen gebrüllten Kommandos schleppten alle sieben das Monster zur Haustür herein. Zentimeter für Zentimeter ...

»Jetzt passt doch mal auf, da vorne! En Mü noch, en Mü nach reschts, hallo! Sonst ballern mer doch vor die Klinke«, eröffnete das Urgestein die Spiele. Beleibt, in die Jahre gekommen, gemütlich, ganz schön stark schwitzend, der arme Kerl.

»Wir hätten ja auch über den Balkon reingehen können. Dann hätten wir uns den Weg durch den engen Flur gespart. Ich sag ja nur«, kam ganz offensichtlich vom Professor. Brille, ordentlich, schlank.

Anschaulich sah ich meine Theorie der 7 Zwerge mal wieder bestätigt. Zwei Charaktere hatte ich schon zugeordnet. Und während ich mit Argusaugen und stets zu Rettungsaktionen bereit um die langsam vorwärtsrückende Prozession herumwuselte, war ich gespannt darauf, wie sich die anderen wohl auf die restlichen Positionen verteilen würden.

»Das wäre nicht gegangen, weil wir das schwere Biest gar nicht dort hochbekommen hätten. Das hier ist der einzige mögliche Weg. Jetzt ist es außerdem eh zu spät. Also weiter!« Aha! Der Koordinator war gefunden. Mittleren Alters, dunkle Locken, breites Kreuz auf sehr dünnen Beinchen.

»Ach, Herr Schmitz, wir haben uns ja noch gar nicht die Hand gegeben. Wo wir doch zum ersten Mal da sind. Das tut mir leid. Nicht dass Sie denken, das Klischee vom unhöflichen Handwerker ist wieder mal erfüllt. Ich würde das mit dem Händeschütteln gerne nachholen, aber es ist gerade schlecht, wenn Sie verstehen, was ich meine. Wenn ich jetzt loslasse, nur um Ihnen Guten Tag zu sagen, na dann kriege ich aber was von meinen Kollegen zu hören. Und wenn eine Hand plötzlich fehlt, dann kracht das Ding womöglich noch auf Ihr Parkett. Und dann bräuchten wir wahrscheinlich gar nicht weiter tragen. Ha ha ha ... Also, später gibt's dann das Händchen ...« Na, drei Mal dürfen Sie raten! Der Schwadlappen war noch jung, zerzauste Haare, blitzweiße Zähne, hektische Bewegungen.

»Du hältst jetzt mal schön die Klappe und trägst brav weiter. Wir sind ja gleich da. Gott sei Dank! Das Ding ist so schwer ... Augen auf bei der Berufswahl, sage ich nur. Hätte ich doch damals nur was anderes gelernt. Ein Wunder, dass ich noch keinen Buckel habe. Kann ja nicht mehr lange dauern. Hallo, Herr Schmitz. Warum haben Sie denn so ein Ungetüm bestellt?« Voilà! Der Depressive. Ungepflegt, leider ein wenig müffelnd, gebückte Haltung (auch später, nach dem Abstellen der Brüstung).

»Ihr Chef hat mir gesagt, dass wir dieses Sicherheitsglas nehmen müssen, um allen DIN-Vorschriften zu entsprechen und damit später nichts passieren kann«, erwiderte ich.

»Aha. Also meiner Meinung nach hätten Sie das gar nicht gebraucht, an der Stelle, wo das Ding hin soll. Außerdem würde es dann ja auch nur einen Bruchteil kosten. Aber ich will mich nicht einmischen. Sie wissen schon, was Sie tun.«

Definitiv der Depressive! Quasi der Prototyp! Noch nicht ganz im Haus, und schon hat man alles falsch gemacht.

»Ach wissen Sie, ich denke mal, sicher ist sicher. Das kann ja nicht so verkehrt sein. Oder hat Ihr Chef mich etwa übers Ohr gehauen?«

Damit hatte ich ihn.

»Nein, nein. Wie gesagt, da mische ich mich lieber nicht ein. Wenn der das gesagt hat, dann wird das auch richtig sein. Ich habe die Stelle ja noch nicht richtig gesehen.«

»Hallo, Herr Schmitz. Machen Sie sich keine Gedanken. Das stimmt alles.« Kurz, nett, normal. Der Stille. GOTT SEI DANK! Er war Teil der Truppe. Ich konnte ein bisschen aufatmen.

»Oh, ihr seid ja schon fast da ...« Wie aufs Stichwort rannte plötzlich ein blutjunger Kerl von draußen rein, hatte zwei Eimer mit Fugenkartuschen, Papierrollen und Glasreiniger in den Händen und stolperte über den Fußabtreter. Er fing sich nur ein paar Millimeter vor der Katastrophe und war selber sehr darüber erleichtert. Perfekt. Alle waren anscheinend dabei, auch der Azubi. Frisur wie Justin Bieber, Gesichtsausdruck wie Jake aus *Two and a Half Men*, Arbeitshose cool bis fast auf die Knie runtergezogen. Weshalb er wahrscheinlich keine großen Schritte machen konnte und nicht mal über die Teppichkante kam.

Ich umkreiste den Tross wie ein Satellit die Erde, bis wir am Ort des Geschehens angekommen waren. Alle waren erleichtert, das Biest unbeschadet abstellen zu können. Gummipuffer waren vom Azubi rechtzeitig auf dem Boden verteilt worden, damit keine Rillen eingeprägt wurden. Gut, er war vorgelaufen und hatte alles im Schlafzimmer vorbereitet, aber der Fehler war ja schnell korrigiert. Was meine Freundin und ich dort mit einer Trennscheibe sollten, wusste ich nicht. Eigentlich lief es damals zwischen uns ziemlich gut.

Im Flur wurde dann recht schnell alles vorbereitet. Die 7 Zwerge standen um die Glasbrüstung herum und philosophierten, wie man sie wohl am besten in den Halteschlitz bugsieren sollte. Die philosophischen Abhandlungen erspare ich Ihnen und mache mit meiner Erzählung gleich an der Stelle weiter, an der das Corpus Delicti bereits in der Endposition angekommen war. Alles war gut gegangen, die Fugen ringsum schnell gezogen, das Glas poliert und alle Utensilien wieder eingepackt. Nicht mal eine halbe Stunde hatte die ganze Aktion gedauert, und ich war schwerstens beeindruckt.

Ich setzte bereits an, mich freudestrahlend zu verabschieden, als mein Blick noch einmal auf die Fläche fiel. Waren da noch Schlieren drauf? Der Professor hatte doch gerade alles blankgewischt. Ich fuhr mit meinem Finger darüber, keine Veränderung.

»Entschuldigung, die Herren, es hat ja alles super geklappt, und ich will auch echt nicht pingelig sein, aber sind das hier bloß hartnäckige Schlieren, oder ist das was anderes?«

Der Professor wischte noch einmal alibitechnisch mit seinem Tuch nach und schaute dann zwar in meine Richtung, aber nicht direkt in meine Augen.

»Herr Schmitz. Das ist ganz normal. Das können Sie als Laie natürlich nicht wissen, aber man nennt das Lichtbrechung ...«

»Aha, alles klar. Noch nie davon gehört. Aber mal im Ernst ... stellen Sie sich doch mal alle hier direkt davor. Das sieht doch wie Nebel oder schlecht geputzt aus. Ist das zwischen den beiden zusammengeklebten Scheiben?«

»Datt kann überhaupt nisch sein. Die Dinger verbauen wir ja seit Jahren zu Hunderten. Datt is unser Hauptjeschäft. Da hätte mer doch schon vill früher Reklamationen jehabt. Datt is Dreck«, meinte der Urgestein-Zwerg.

Jeder, wirklich jeder fuhr jetzt testweise mit Finger oder Tuch über die Scheibe und untersuchte aus verschiedenen Winkeln, ob er was erkennen konnte. Es wurde immer stiller. Nur der Schwadlappen nagte an meinem Ohr und klärte mich seit fünf Minuten ungefragt darüber auf, wie Sicherheitsglas überhaupt hergestellt wurde.

Das Geschehen entwickelte sich dann wie folgt:

DER DEPRESSIVE:	»Vielleicht sind das ja auch feine Haarrisse. Also, ich würde das Ding austauschen lassen. Nicht, dass das irgendwann explodiert.«
DER PROFESSOR:	»Jetzt mach aber mal halblang. Solche Reflexionen kann man nie ganz ausschließen.«
DAS URGESTEIN:	»Datt sinn doch keine Reflexionen. Datt is blind. Da hatt der Herr Schmitz doch rescht. Hätt isch nisch jedacht. Sowat hätt et früher nitt jejeben. Watt soll et. Früher anjepackt heißt schneller feeedisch. Also los ...«
DER DEPRESSIVE:	»Stimmt. Früher gab es noch echte Wertarbeit.«

Der Koordinator: »Hilft ja nix. Ich sehe es auch. Dann nehmen wir die Scheibe eben wieder mit. Los, Leute!«

Der Schwadlappen: »Ach, das ist jetzt aber blöd. Herr Schmitz, das tut mir leid. Aber das konnte man vorher wirklich nicht erkennen. Als wir heute Morgen losgefahren sind, da hat es vielleicht geschüttet, und ich habe noch so im Scherz gesagt ...«

Der Koordinator: »Is ja gut. Interessiert ja jetzt keinen. Schnapp dir dein Messer und popel mit uns das Fugenzeug wieder raus.«

Der Stille hatte damit bereits angefangen.

Der Schwadlappen: »Bin ja schon dabei ... Sagen Sie mal, Herr Schmitz, wie sind Sie denn an das nette Häuschen gekommen? So was hätte ich auch gerne. Wissen Sie, meine Frau und ich, wir haben ...«

Der Koordinator: »... hier überhaupt nix mit zu tun. Das interessiert den Kunden nicht. Außerdem haben wir gerade 'ne kaputte Scheibe eingebaut. Da will der sicher nicht hören, welche Pläne du mit deiner Trulla hast.«

Der Schwadlappen: »Hast ja recht. Ich hör schön auf. Nix für ungut, Herr Schmitz. So, wo ist denn jetzt mein Messer? Oh Leute, datt hab ich im Auto liegen lassen. Ich komm gleich wieder.«

Und weg war er.

Der Depressive: »Wer's glaubt, wird selig. Der spielt im Auto doch wieder Doodle Jump, bis wir kommen.«

Das Urgestein:	»Dödel was?«
Der Professor:	»Doodle Jump! Auf dem Handy. So was kennst du nicht. Das ist ein Te – le – fon zum Mitnehmen. Wir machen das heute nicht mehr mit Morsezeichen wie bei dir damals.«

Alle lachten. Ich auch.

Der Depressive:	»Herr Schmitz, wir reißen jetzt die Scheibe wieder aus dem Untergestell und kommen dann in ein paar Wochen wieder. Ob das so gut für Ihren Boden und die weißen Wände ist, weiß ich ja nicht.«
Ich:	»Und was soll ich da machen?«
Der Depressive:	»Ja nix. Ich sach nur.«
Der Professor:	»Jetzt mach es doch nicht auch noch schlimmer! Mach die Sauggriffe wieder dran und hilf lieber beim Hochziehen!«
Der Koordinator:	»Auf drei!«
Das Urgestein:	»Drei!«

Alle zogen wie verrückt. Die Scheibe verkantete sich.

Der Professor:	»Ich hab es doch gewusst. Das war mir von Anfang an klar. Nein, jetzt nicht loslassen …«
Der Depressive:	»Ich kann nicht mehr halten. Das gibt ein Unglück. Das gibt ein Unglück!«
Der Koordinator:	»Ganz langsam Leute. Ihr auf der einen Seite hebt jetzt ein bisschen an, und wir hier lassen kommen … Gut so … Kommen lassen, kommen lassen …«
Der Depressive:	»Ich kann nicht mehr. Ich kann nicht mehr.«

Der Koordinator:	»Kommen lassen … kommen lassen …«
Der Depressive:	»Ich kann nicht mehr. Ich kann nicht mehr.«
Ich:	»Ich pack schnell mit an …«
Der Depressive:	»Sehr nett. Hier bei mir bitte. Oh … Gott sei Dank.«
Ich:	»Kein Problem!«
Das Urgestein:	»Jetz muss der Herr Schmitz uch noch seine eijene kaputte Scheibe trachen, oder watt? Häss du se denn noch alle?«
Der Depressive:	»Schrecklich, weiß ich. Aber ich hätte es nicht mehr länger ausgehalten, und dann wäre das Monster vielleicht runtergefallen. Herr Schmitz, der Boden ist ja sicher empfindlich, so wie der aussieht.«
Ich:	»Ja, der ist relativ neu abgeschliffen und nachbehandelt. Ich glaube, da muss noch irgendeine finale Schicht drauf.«
Der Depressive:	»Ja, das sieht man, dass der noch nicht fertig ist. So kann er ja nicht bleiben. Warum haben Sie sich denn für so einen dunklen Boden entschieden? Da sieht man doch jeden Fleck. Da sind Sie ja nur am Putzen! Also, mir wär das ja zu viel.«
Der Koordinator:	»So, jetzt alle zusammen noch mal auf drei.«
Das Urgestein:	»Drei!«

Und schon war die Scheibe wieder draußen.

Der Koordinator:	»So, jetzt nicht mehr absetzen und direkt durch den Flur zurück. Bist du wieder am Start?«
Der Depressive:	»Ich hab 'nen Krampf. Ich kann noch nicht.«

DAS URGESTEIN:	»Tse.«
ICH:	»Ist doch egal. Aber Moment mal, wo ist eigentlich euer Azubi?«
DER AZUBI:	»Hier. Ich hab mir 'ne Cola geholt. Wollt ihr auch eine?«
DAS URGESTEIN:	»Pack mit an, du Tünnes! Sofort! Un lass den Herrn Schmitz wieder weg.«
DER AZUBI:	»Na kla, na klar … Komme ja schon …«

Der Azubi stolperte wieder – und knallte diesmal gegen den Koordinator. Dieser nahm dadurch Fahrt auf und durch ihn die ganze Gruppe. Einmal die Physik herausgefordert, wurde es schnell unmöglich, sie wieder anzuhalten. Alle blickten sich in die Augen, ein kurzes Bedauern zu mir, dann ab durch den engen Flur.

Wir alle zusammen schafften es bis zur Haustür. Die frisch gestrichenen weißen Wände hatten bislang wenig abbekommen, nur ein paar dunkle Streifen, ein paar Abschürfungen und eine durchgehende, tiefe Zollstock-Markierung auf Taillenhöhe. Als wir an der Haustür ankamen, riss der an uns vorbeisprintende Azubi sie auf und rauschte dabei vollends zu Boden, wir parallel schon an ihm vorbei. Draußen konnten wir dann in Ruhe auslaufen und stabilisieren. Es war gut gegangen. Bis auf die Schäden an der Wand. Schritt für Schritt trugen wir die Milchglasscheibe zum Wagen, hoben sie in die dafür vorgesehene Vorrichtung und atmeten tief aus und wieder ein.

Der Schwadlappen sprang aus dem Führerhaus, steckte sein Handy gerade ein und hielt mit der anderen Hand sein Messer hoch. Just in dem Moment hatte er es gefunden, zwischen den Sitzen.

Aus dem Haus schlurfte ganz langsam der Depressive und meinte: »Herr Schmitz, sind Sie sicher, dass Sie überhaupt eine Brüstung aus Glas haben wollen? Da würde was anderes doch viel besser passen. Ich sach ja nur.«

Die Siebengebirgs-Zwerge packten alles wieder ein, rauschten schnell davon und kamen nach vier Wochen wieder. Alle sieben. Die Begegnung war vergleichbar mit der gerade beschriebenen, herzlich, teils lustig, teils schwierig, auf jeden Fall aber genauso sinnlos. Die zweite Scheibe hatte den gleichen Fehler. Warum sie dann überhaupt erst eingesetzt wurde? Keine Ahnung. Ich kam erst nach Hause, als die Fugenmasse gerade eingespritzt wurde.

Die gleiche Aktion wurde – und das ist die absolute Wahrheit – fünf Mal durchgeführt. Nicht zuletzt deshalb konnte ich meine Theorie der sieben verschiedenen Charaktere eines Handwerkerteams so verfeinern und Ihnen hier präsentieren. Sie lässt sich zweifelsfrei auf alle anderen Gewerke übertragen, wenngleich sie nirgendwo so perfekt durchscheint wie hier, bei den Glaser-Zwergen.

Noch ein kleiner Tipp: Sollten Sie mit dem Gedanken spielen, eine Glasbrüstung bei sich einbauen zu lassen – hören Sie auf den Depri-Zwerg! Nehmen Sie eine aus Metall!

Wussten Sie eigentlich ...

dass es allein im Regierungsbezirk Düsseldorf so viele Handwerker gibt, dass diese, sollten sich alle an den Händen halten, eine Kette von 570 Kilometern bilden würden? Das wäre eine Länge von der holländischen bis zur polnischen Grenze.

Privatsphäre interruptus

Während des ganzen Umbaus ist es nicht immer einfach gewesen, am normalen gesellschaftlichen Leben teilzunehmen. Die Arbeiten nahmen mich so dermaßen in Beschlag, dass ich aufpassen musste, dabei nicht Freunde, Familie und Verstand zu verlieren. Meine Freundin hatte es gut, die besaß ja noch ihre eigene Wohnung, in die sie immer öfter flüchtete.

Aber ich kam wirklich zu gar nichts mehr. Permanent war ich mit dem Korrigieren von Fliesenmustern, dem Einweisen des Containerfahrers und dem Verprügeln des grobmotorischen Azubis beschäftigt. Ein Scherz! Ich musste schlichtweg überall sein, sonst hätte ich gleich einpacken können.

Ich konnte nicht mal ein einziges Telefonat zu Ende führen, weil zum Beispiel dringendst nachgefragt wurde, wo das Kabelloch für die Lampe im Wohnzimmer hin sollte. Obwohl in dem Zimmer gar keine Deckenlampe vorgesehen war! Oder es war nicht klar, dass der Waschspiegel über das Waschbecken sollte. Oder der Einbauschrank passte nicht. Weil er auf der falschen Etage eingebaut wurde …

Flucht war leider keine Option. Die latzhosigen Daueruntermieter spürten mich überall auf, selbst wenn ich mich mucksmäuschenstill auf der Toilette versteckte. Ich hab's probiert.

Ich musste mir darüber klar werden, dass mein normales Leben für die Zeit des UmGAUs Pause hatte. Es wäre hundert Mal besser und viel ratsamer gewesen, mich bei meinen Freunden, Angehörigen und dem Einwohnermeldeamt vor Beginn der Arbeiten abzumelden. Machen Sie das, falls Sie vor ähnlichen Veränderungen stehen. Nach Ihrer wundersamen Wiederkehr wird man Sie vielleicht darauf ansprechen, wie sehr Sie sich verändert haben, weil man Sie ein paar Jahre nicht gesehen hat, aber das kann ja durchaus auch zu Ihrem Vorteil sein. Zum Beispiel, um das Verhältnis zur Schwiegermutter ein wenig zu »entzerren«.

Natürlich gibt es auch noch

Entschuldigung. Gerade ist der Maler reingekommen, um mich zu fragen, ob die Farbe jetzt auch wirklich den richtigen Ton hat. Sie hat. Ausnahmsweise. Hurra.

Wo war ich stehen geblieben? Ach ja ...

Gesellige, ausgelassene Abende im Kreise Ihrer Freunde oder Kinobesuche müssen Sie sich leider erst einmal von der Backe putzen. Stattdessen brüten Sie abends darüber, wie lange sich alles durch die maroden Abflussrohre verzögern wird, bis Sie auf dem fast trockenen Estrich einschlafen.

Aber Sie wissen ja, wofür! Am Schluss wartet Ihr Traumhaus oder Ihre Traumwohnung auf Sie, genauso, wie Sie es sich immer gewünscht haben. Das ist alle Strapazen wert. Hoffe ich. Nie sollte man vergessen, dass sich die ganze Mühsal schließlich auszahlen wird und man

Bin wieder da. Der Dachdecker hat seine Leiter im Lager vergessen. Die braucht er sicher so selten, da kann man die schon mal liegenlassen. Außerdem habe ich gerade zufällig bemerkt, dass der Maler heute dasselbe Zimmer streicht wie gestern. Ich habe ihm erklärt, dass »Doppelt gemoppelt hält besser« hier nicht unbedingt zutrifft. Er hat es eingesehen.

Ich war ziemlich überzeugend.

Wo war ich? Ach ja: Halten Sie durch! Auch wenn Sie zwischenzeitlich das Gefühl haben, dass Ihr privates Leben für immer vorbei ist und Sie es nicht einmal mehr schaffen, mittags um eins, während Sie diese Zeilen schreiben, das erste Butterbrot des Tages an Ihrem Schreibtisch zu Ende zu ess

MOMENT

... so, ich

So, kann weitergehen. Es war wahnsinnig wichtig. Der Dachdecker wollte mir zeigen, dass dringend neue Siphonsiebe für den Ablauf nötig sind. Die momentanen würden zwar noch ein paar Jahre halten, aber DANN ... eventuell ... könnte es sein ... nicht mehr. Gut, dass ich das jetzt weiß. Ist ja nicht so, dass ich eben noch laut und deutlich verkündet hätte, dass ich mich ins Arbeitszimmer zurückziehen muss, um in Ruhe

Soooooooo .... aber jetzt: Machen Sie sich keine Gedanken, liebe Leserin, lieber Leser! Sie brauchen keine Angst zu haben. Um einen wichtigen Teil Ihres alten Lebens auch in die Umbauphase integrieren zu können, müssen Sie bloß ei

KLEINER WASSERSCHADEN! DAS GLAUBT EINEM KEINER. Und SIE sind live dabei!

NOCH MAL von vorn: Um Ihr altes Leben nicht völlig aus den Augen zu verlieren, ist ein kleiner Trick notw

HERRGOTT NOCH MAL

... äh

Hier könnte Ihre Werbung stehen

Oder hier

Wie wäre es in der Zwischenzeit mit einem kleinen Rätsel …

waagrecht: 1 Tortenheber, **2** Tante Jackpot, **3** besuchte mein Badezimmer mehrfach, **4** angeblich Kurtz'scher Beruf, **5** die Ehre der Ehre meines Installateurs, **6** Heimwerkeruniversum, **7** Warten auf … – fragen Sie Samuel Beckett, **8** hoffnungsvolle Vor-Umbau-Farbe, **9** 6 senkrecht um 10.59 Uhr, **10** Platz des Besens, **11** Drehe ich sie auf, ist im Flur Licht.
senkrecht: 1 entlocken meiner Freundin „wunderhübsch fantastisch", **2** Handwerkererscheinung ohne Regel, **3** Ein Haar? Ein Schattenspiel? Nein, das Unaussprechliche, **4** Kartoffelschäler, **5** Karpferottis Vorname, **6** macht für Besucher ungern die Sekretärin, **7** Die 22er sind Lockenwickler. **8** verbindet sich wunderbar mit Weinbrand

Lösung:
waagrecht: 1 Maurerkelle, **2** Helga, **3** Fliesenleger, **4** Elektriker, **5** Siphon, **6** Baumarkt, **7** Godot, **8** gruen, **9** Drache, **10** Ecke, **11** Heizung
senkrecht: 1 Loewenfuessschen, **2** Verspaetung, **3** Riss, **4** Hobel, **5** Luciano, **6** Balzowelt, **7** Duebel, **8** Cola

... gleich

Freuen Sie sich auf die nächste Geschichte.
Diese hier wird wohl nicht mehr fer

> ### Wussten Sie eigentlich ...
> dass die Bezeichnung für Handwerkskunst im alten Griechenland téchnai banausikaí lautete? Logischerweise folgte daraus unser heutiges Wort Banause.

Nach ganz fest kommt ganz lose

Überraschenderweise schien mein Privatleben eines Abends plötzlich und früher als erwartet zurückzukehren. Ich hatte schon gar nicht mehr damit gerechnet. Meine Freundin war bei mir – und kein Handwerker weit und breit. Um die selige Ruhe zwischen Malervlies und Parkettschleifmaschine zu genießen, gingen wir ins Wohnzimmer, machten ein paar Kerzen an (mussten wir auch) und köpften eine tolle Flasche Wein. Entspannt saßen wir auf einer weichen Decke auf dem Boden, lachten und genossen den romantischen Augenblick.

Während wir uns umschauten, versuchten wir uns vorzustellen, wie das Haus mal aussehen würde, wenn es fertig wäre. WENN es irgendwann fertig wäre. Aber in diesem Moment waren wir eigentlich recht zuversichtlich.

Irgendwann fiel mir auf, dass die Wände noch recht kahl aussahen. Und auch wenn es völlig widersinnig erscheint, mitten in einer Baustelle ein Bild aufzuhängen, so wollte ich das jetzt einfach machen. Ich wollte endlich ein bisschen Wärme, ja ein Stück Zuhause in dieses Chaos bringen. Und so beschloss ich – es gibt nichts Gutes, außer man tut es –, mein kleines Stückchen Hoffnung augenblicklich aufzuhängen. Tätäää! Und danach würden wir meinen Einzug noch einmal feiern. So! Meine Freundin fand die Idee großartig und assistierte leicht angetrunken.

Ich flitzte in den Keller und holte Hammer, Nägel, Zollstock und mein Lieblingsbild. Es handelte sich um eine moderne Arbeit, die Mars und Venus auf vierzig mal dreißig Zentimetern zeigt. Hallo! Über Geschmack lässt sich nicht streiten.

Um das Motiv ging es mir in dem Moment sowieso nicht. Die Symbolkraft war viel wichtiger. Ich kam also zurück ins Wohnzimmer und lief schnurstracks zu der Wand zwischen den beiden

Fenstern, die ich schon seit Langem als den perfekten Platz für das Bild ins Auge gefasst hatte. Dann nahm ich noch kurz der Symmetrie wegen Maß und haute den Nagel in die Wand.

Mist.

Ich hatte mich mit den Abmessungen verrechnet. *Hicks!* Der Nagel saß weit außerhalb der Mitte zwischen den beiden Fenstern, wo er eigentlich hin sollte. Selbst wenn man den Blickwinkel auf modern einstellte und versuchte, sich einzureden, dass es abstrakte Absicht gewesen war, das Bild so dezentral aufzuhängen, so klappte das hier überhaupt nicht. An die Stelle, an der der Nagel aus der Wand ragte, gehörte kein Bild. Noch nicht mal 'ne Lampe. Man würde in den nächsten Jahren immer wieder hingucken, sich daran festfressen und mit einem zerknautschten Gesicht »Aah, nee« vor sich hin murmeln.

Okay, kein Problem, das Bild war groß genug. Wenn ich es geschickt anstellte, meinte meine Freundin, dann würde das Loch davon einfach überdeckt. Typisch Frau. Eigentlich war das ja unter meiner Würde, aber der Abend schon spät. Zuspachteln und kurz drüberpinseln konnte ich auch noch am nächsten Tag. Ehre wiederhergestellt, neu ausgemessen, zweiten Nagel eingeschlagen.

Verdammt.

Es muss an dieser sensationellen Flasche Rotwein gelegen haben. Anders war das Verrücken aus der Mitte, diesmal zur anderen Seite, nicht zu erklären, geschweige denn zu entschuldigen. Wieder steckte das Ding genau da, wo es überhaupt nicht hingehörte. Egal, aller guten Dinge waren drei. Und die Wand eh schon perforiert.

Also zum dritten Mal Maß genommen, diesmal mehrfach nachgemessen, die Freundin festhalten lassen und selber aus fünf Schritt Entfernung ein Auge drauf geworfen. Dann, zack, rein mit dem Ding.

Das konnte doch wohl nicht wahr sein!

Nein, die Position stimmte diesmal perfekt. Es war nur keine Wand mehr da. Beziehungsweise kein Putz. Durch den dritten

Einschlag zwischen den beiden ersten Löchern hatte die Wand anscheinend gedacht, dass sie aufgestemmt werden soll, und sich entschlossen, dem Vorhaben nicht weiter im Wege zu stehen. Die oberste Schicht, der Putz, zerbröselte großzügig um die drei Löcher herum und fiel zu Boden. Ein Hoch auf die Substanz alter Häuser.

Ich stand mit meinem Hammer vor der eben noch frisch gestrichenen Wand und traute meinen Augen nicht. Meine Freundin lachte sich kaputt. Besten Dank auch an den »Château Schießmichtot«.

Ich konnte es nicht fassen! Ich wollte doch nur ein Bild aufhängen und musste jetzt mit der Renovierung noch mal von vorne anfangen? Was sollte denn erst werden, wenn ich die Lampen an die Decken schrauben würde?

Aber gut, ich musste zugeben, dass ich selbst schuld war. Drei Löcher in einer alten Wand, das konnte ja nicht gutgehen.

Was konnte ich noch tun? So schnell aufgeben, kam für mich Superhandwerker nämlich überhaupt nicht in Frage. Dieses Bild, dieses Bollwerk gegen das Chaos, dieses zum Inbegriff von Privatsphäre gewordene Stückchen Freiheit würde an diesem Tag noch an seinem endgültigen Platz hängen. So viel war sicher. Das schwor ich mir und meiner gerade eingeschlafenen Freundin.

Dann erinnerte ich mich, dass die Maurer so etwas wie Schnelltrockner-Putz verwendet hatten. Das war sicherlich der falsche Ausdruck dafür. Na und? Mittlerweile war es fast Mitternacht! Ich weckte meine Freundin, die beim Anblick der kaputten Wand noch einmal kurz und heftig loslachte, und gemeinsam machten wir uns auf die Suche nach dem Zeug, dessen Fachbegriff mir immer noch nicht einfiel. Wir hatten Glück. Tatsächlich fanden wir den Sack recht schnell in der Küche, direkt neben dem Mehl. Wo auch sonst.

Wenige Minuten später rührte ich schon die Masse an. Wie viele Anteile Wasser im Verhältnis zugeführt werden mussten, stand praktischerweise außen drauf. Schwuppdiwupp klatschte ich mit einem Kochlöffel den Brei aus einer Müslischale in das freigelegte Stückchen Wand. Dann zog ich mit einer Wasserwaage – was Sinnvolleres war nicht aufzutreiben – alles glatt. Als ich fertig war, gab es da zwar diesen dunklen Fleck, aber die Wand war wiederhergestellt. Ich war stolz auf mich. Und meine Freundin auch.

Wir kämpften den Rest der Flasche leer und warteten darauf, dass das Zeug trocknete. Das heißt, vielmehr vergnügte ich mich mit sinnlosen Spielen auf dem Smartphone, während meine Freundin sofort nach dem letzten Schluck wieder ins Koma gefallen war. Das Schnarchen störte kaum. Im Gegenteil, es schuf sogar eine beruhigende Atmosphäre.

Nach einer Stunde stand ich auf und fiel hin. Meine Beine waren bis zur Hüfte eingeschlafen. Nach ein paar quälenden, kribbelnden Minuten konnte ich unter Stöhnen wieder auftreten, humpelte zur Wand und prüfte den Festigkeitsgrad der Masse, indem ich hypervorsichtig mit dem Zeigefingerknöchel dagegenklopfte. Fest. Irre. Es lief gut. Ich klopfte etwas stärker. Immer noch fest. Dann wie an einer Tür. Alles hart. Fantastisch. Das war ja ein Teufelszeug. Ich beschloss, in Zukunft mehr selbst zu machen. Wenn es sooo einfach war. Dass ich gerade eben noch beim Versuch, ein simples Bild aufzuhängen, kläglich versagt hatte, war von meinem Ego bereits gelöscht worden.

Ich griff einen Nagel, den Hammer, nahm noch einmal genau Maß, setzte an und haute zu. Huch. Das Ding verschwand wie durch Butter. Entweder hatte ich plötzlich unmenschliche Kraft entwickelt oder das erforderliche Mischverhältnis doch nicht ganz korrekt berechnet. Jedenfalls war der Nagel bis auf den Kopf komplett verschwunden. Und noch während ich stutzte, riss ringsherum mehr als die vorherige Fläche ein, kippte in einem Stück nach vorne und krachte mir vor die Füße. Auch tief in die Wand hinein hatte mein Steinbruch noch ein paar Zentimeter draufgelegt. Vor mir tat sich ein Krater auf. Meine Freundin war von dem Knall zwar kurz hochgeschreckt, hatte mich und die Mauer angesehen und laut »Ha!« gemacht, war aber anscheinend nicht richtig wach geworden. Eine Sekunde später lag sie schon wieder auf der Decke.

Blieben zwei Möglichkeiten: Entweder machte ich jetzt noch eine zweite Flasche auf, oder ich brachte das hier mannhaft zu Ende. Aber wie? Aha! Mir fiel ein, dass teure Bilder in Museen oft an Schnüren hängen. DAS war die Lösung! Ich würde einfach einen Nagel viel weiter oben einschlagen, weit weg vom Krater, und das Bild schick darunter baumeln lassen. Gut, mittlerweile hätte es, um den Bombeneinschlag im Putz zu kaschieren, ein etwas größeres Bild sein müssen, am besten das riesige, schreckliche mit dem Pferd, aber das Motiv war ja eh vollkommen zur Nebensache geworden.

Gedacht, getan, holte ich Nylonschnur und das erwähnte Hottehü-Bild aus dem Keller und war voller Vorfreude schon stolz auf meinen unglaublichen Scharfsinn. Ja, ja, liebe Leserin, lieber Leser, ich weiß, ich weiß.

Im Wohnzimmer wieder schnell ausgemessen, alle Längen und Abstände hochkonzentriert errechnet, die Wasserwaage fachmännisch eingesetzt und diesmal zwei Nägel über meinem Kopf eingeschlagen. Ein größeres Bild bedeutete logischerweise auch mehr Nägel.

Mit dem letzten Schlag passierten zwei Dinge gleichzeitig. Zum einen bahnten sich zwei Risse im Putz ihren Weg bis zur Mitte, trafen sich dort und machten dann gemeinsam bis zum alten Krater nach unten weiter. Zum anderen hörte ich ein lautes »Klack« im Flur. Ich war mir ziemlich sicher, dass eine Sicherung rausgeflogen war und der Ersatzkühlschrank schon anfing abzutauen. Herrlich. Durch meinen Eifer hatte ich also nicht nur die Wand vollends zerstört, sondern auch ein wichtiges Elektrokabel in der Wand getroffen. Warum das in dieser absurden Höhe verlegt worden war, konnte ich den Elektriker zwar zu später Stunde nicht mehr fragen, aber das würde ich ganz sicher nachholen, HERR KURTZ.

In meiner Verbissenheit wollte ich es jetzt wissen. Das verdammte Bild MUSSTE noch an diesem Abend hängen. Ich rollte also etwas Schnur ab, stutzte sie auf die richtige Länge, befestigte sie am Rahmen und hängte das Bild behutsam an die beiden Nägel. Es klappte! Vielleicht hatten sich die neuen Risse ja nur oberflächlich gebildet. Jedenfalls trat ich zwei Meter zurück und sah nichts mehr von all dem Chaos dahinter. Ich wähnte mich im Museum und betrachtete mit gespieltem Kennerblick dieses professionell aufgehängte Bild direkt vor mir.

Bis es runterfiel.

Gerade mal dreißig Sekunden hatte es gehangen und mir die Illusion von Einrichtung geschenkt. Immerhin.

Durch den Krach des zu Boden stürzenden Meisterwerks und weiterer Mauerbrocken war meine Freundin aufgewacht. Verschlafen fragte sie, was denn los sei. Ich nahm sie an der Hand und pustete die Kerzen aus.

»Wir gehen ins Bett.«

Am nächsten Morgen hatte ich nicht nur Kopfschmerzen, sondern auch ein Problem. Die Maurer würden erst in einigen Tagen (oder Wochen?) wiederkommen. Die Meteoritenkollision mit der Wand musste aber vorher behoben werden. Denn die anderen Arbeiten sollten ja weitergehen, und ich war nicht scharf darauf, zuzugeben, dass diesmal ich selbst Bockmist gebaut hatte.

Da erinnerte ich mich daran, dass sich meine Nachbarn gerade eine Garage neu bauen ließen. Jedes Mal, wenn ich in den letzten Tagen nach Hause gekommen war, hatte ich die zügigen Fortschritte bewundert und war eifersüchtig gewesen. Vielleicht konnte ich mir die Maurer kurz »ausleihen«? Fragen kostete nichts. Einen Wimpernschlag später klingelte ich an der Tür meiner Nachbarn und schilderte ihnen meine Dämlichkeit.

Zu meiner großen Überraschung erklärten sich sowohl das junge Pärchen als auch die Maurer sofort bereit, mir aus der Patsche zu helfen. Sogar ein Elektriker, der wegen der Stromanbindung der Garage vor Ort war, kam gleich mit rüber zu mir, um das

Kabel wieder in Ordnung zu bringen. Danke, lieber Gott. Du musst schließlich doch Mitleid mit mir gehabt haben. Es war ein Wunder!

Beide Handwerker waren unglaublich nett. Sie waren souverän, wussten sofort, was zu tun war, und taten es dann einfach. Schnell, sauber und vorsichtig. Sie legten etwas auf den Boden, damit er keinen Schaden nahm. Sie erklärten mir nicht, dass es länger dauern würde. Sie redeten auch nicht auf mich ein, die ganze Leitung noch mal neu legen zu lassen. Sie waren Götter. Die beiden hatten Spaß bei der Arbeit, wir unterhielten uns und scherzten. Ich machte für beide Kaffee, den sie im Eifer des Gefechts sogar vergaßen zu trinken.

Und dann das Ergebnis! Es war perfekt. In Nullkommanix war alles wiederhergestellt, die Wand glatt und eben wie ein Baby-Popo, die Elektrik im Haus voll funktionstüchtig. Sogar das Licht war überall plötzlich verfügbar. Dem Ersatzelektriker war es völlig unerklärlich, warum die entsprechende Verbindung im Sicherungskasten nicht längst eingerichtet gewesen war, und hatte das auch noch schnell mit erledigt. Er hoffte, dass er dabei nicht zu voreilig gewesen sei.

Voreilig? Ich wollte mit ihm schlafen!!! Zumindest im Affekt. Eigentlich nur im übertragenen Sinne.

Nachdem die beiden wieder nach nebenan verschwunden waren, ich eine halbe Stunde die perfekte Wand genossen und sicher hundert Mal diverse Lichtschalter betätigt hatte, war meine Freundin endlich aufgewacht und kam ins Wohnzimmer. Sie stellte sich neben mich und blickte auf die gestern Abend noch völlig zerstörte Wand.

»Wow, das hast du ja toll wieder hingekriegt. Ich wusste gar nicht, dass du so was draufhast. Sieht wirklich perfekt aus. Ich bin stolz auf dich. Kuss.«

Tja, wie soll ich sagen ...

»Danke Schatz. Ja, ist ganz okay geworden ...«

Ähem.

Die Handwerker meiner Nachbarn waren sensationell. Es gab sie also doch, die normalen, in ihrem Metier versierten, fachkundigen Profis, die solide Arbeit ablieferten. Natürlich gab es die! Ich hatte anscheinend mit meiner Auswahl nur unglaubliches Pech gehabt, die falschen Empfehlungen angenommen.

Als mich diese Erkenntnis unerwartet vom Stuhl riss, wollte ich *sofort* alles rückgängig machen und auch endlich auf die Sonnenseite des Renovierens wechseln. Erst recht, als die Rechnungen der beiden drei Tage später im Briefkasten lagen. Die Preise waren absolut fair. Auch das noch.

Ich bat sie, ich flehte, ich lockte und versprach das Blaue vom Himmel, aber es war nichts zu machen. Die beiden Superhandwerker und auch alle anderen, die die Nachbarn mit dem Goldhändchen empfahlen, waren bis über beide Ohren für die nächsten Monate mit Aufträgen ausgelastet. Wen wunderte das schon? Sie boten an, sofort danach zu kommen, aber das half mir natürlich nicht. Meine Katastroph... äh, meine Baustelle war in vollem Gange, und eine Unterbrechung auf nahezu unbestimmte Zeit unmöglich.

Ich fand mich also mit meinem Schicksal ab. Sollte ich sie irgendwann in der Zukunft mal brauchen, wüsste ich ja jetzt, wo ich die wahren Ritter des Umbauens finden konnte. Bis dahin musste ich eben mit meinen Hofnarren auskommen.

Am nächsten Tag fiel der Fliesenleger übrigens durch mein Lieblingsbild. Selbst echte Götter wie Mars und Venus hatten keine Chance.

Wussten Sie eigentlich ...
dass ein Fliesenleger bei der Renovierung einer Küche in Hannover einen Goldschatz im Wert von 100 000 Euro gefunden hat?

Aller guten Dinge sind zwölf

Nach meiner fachkundigen Hängung im Wohnzimmer musste ich einsehen, dass ich doch nicht alles alleine machen konnte. So sehr ich es mir auch gewünscht hätte. An einige Arbeiten musste ich wieder meine »Profis« ranlassen. Vom Regen in die Traufe.

Damit wir uns richtig verstehen: Natürlich ist es normal, dass mal was kaputtgeht. Meinem Schreiner fiel aus Versehen der Hammer aufs frisch versiegelte Parkett. Der Installateur latschte über den noch nicht ganz trockenen Estrich. Der Maler verfugte die alten Fenster anstatt der neuen. Kann passieren, ist nicht so schlimm. Ich habe solche Unfälle oder Fehler natürlich einkalkuliert, um meine Nerven vor Beginn der Arbeiten auf Carbon-Drahtseil-Festigkeit zu trainieren. DASS etwas kaputtgeht, war ja auch nicht das Problem. Nur: Dass die gleichen Sachen IMMER WIEDER kaputtgehen können, tja, das war mir irgendwie neu.

Damit Sie die anschließende Geschichte besser verstehen, möchte ich Ihnen zuerst eines der wichtigsten Gebote des Handwerkergottes erklären:

»Du sollst keine anderen Arbeiten neben deinen eigenen anerkennen.«

So wie ein bildender Künstler sich nur auf sein Bild konzentriert und dabei nichts aus seiner Umgebung in sein sensibles Bewusstsein dringen lässt, so beschäftigt sich auch der ungemein kreative Installateur, zuständig für Gas, Wasser, Sch..., ausschließlich mit seinem eigenen, heiligen Werk. Verständlich. So wie die Mona Lisa das schöpferische Kind von Leonardo da Vinci ist, so ist das neue Eckhähnchen das Opus magnum für den Klempner. Absolut vergleichbar.

Unter diesen Umständen ist nur allzu verständlich, dass die Aufmerksamkeit für die Werke der anderen niederen Zünfte stark eingeschränkt ist. Dass es sich bei seiner Arbeit eigentlich um die Anschaffungen für einen Dritten, nämlich den Kunden, handelt, ist für den Installateur Nebensache. Das darf aus künstlerischer Sicht keine Rolle spielen. Ehre ist Ehre – und nichts so wichtig wie der gerade eingebaute Siphon.

Es begab sich so:

In unserem Badezimmer war eigentlich alles fertig. Die Fliesen schmückten Wand und Boden. Das Sideboard war aufgehängt, ein Schränkchen aufgestellt, die Duschglaswände verfugt und das neue Waschbecken ohne »Schatten« montiert und angeschlossen. Das Einzige, was noch fehlte, war das Lämpchen über dem Spiegel. Ein popeliges Lämpchen, das bei der letzten Lieferung gefehlt hatte, aber aus Gewährleistungsgründen unbedingt vom Elektriker anzubringen war. Ich fand's lächerlich, aber na gut, kein Problem. Sicherung raus, Lämpchen verkabeln und dranschrauben, Sicherung wieder rein, fertig. So lange konnte das ja nicht dauern. So weit die Theorie.

In dieser Reihenfolge hätte eigentlich auch alles klappen können. Wenn, ja wenn zwischen »Sicherung raus« und »dranschrauben« nicht noch »Lämpchen unglücklich runterfallen lassen und das Waschbecken sprengen« einzufügen wäre. Aber okay, wie eingangs erwähnt: ist doof, kann aber passieren. Und auch wenn man den Vertreter der mittlerweile hinlänglich bekannten Elektrofirma für die in letzter Sekunde vereitelte Fertigstellung des Badezimmers *kurz*erhand ertränken möchte, so geht das nicht. Erstens ist der arme Mann ja auch nur ein Mensch. Zweitens ist das Waschbecken schon wieder kaputt. Und drittens kommt die Badewanne als Alternative nicht in Frage. Die würde in kürzester Zeit sicher auch dran glauben müssen. Dann eben leben lassen.

Leider, leider liegen Waschbecken nicht auf der Straße herum. Einfach in den nächsten Baumarkt rennen und schnell ein neues kaufen, konnte ich auch nicht. Anschlüsse und andere Voraussetzungen in dem alten Haus grenzten die Möglichkeiten erheblich ein. Somit musste leider, leider auf ein baugleiches Modell gewartet werden. Kein Problem: Die Lieferzeit betrug nur drei Wochen.

Okay, putzten wir uns die Zähne eben ein paar Tage lang verkrampft über der Badewanne. Wir waren ja noch jung!

Nachdem wir vier Wochen lang – Lieferschwierigkeiten! – auf Knien vor der Wanne herumgerutscht waren und uns langsam fragten, wofür man eigentlich ein Waschbecken braucht, meldete sich endlich der Installateur und verkündete frohen Tones: »Das neue Waschbecken ist da, wir könnten dann in einer Woche vorbeischauen.« Hurra!

Er kam dann auch wirklich und baute das Waschbecken ein. Leider stieß er dabei mit dem Werkzeug, das in seinem Gürtel steckte, an die Wandfliesen.

»Hach, das tut mir aber leid! Solche Veränderungen im Bestand vorzunehmen, ist eben gefährlich.« Ich erspare mir die Nachfrage, ob ich denn der Einzige sei, bei dem mal ein Waschbecken nach dem Einzug ausgetauscht werden müsste.

Nun gut. Das neue Waschbecken funkelte, dafür musste jetzt eben noch mal der Fliesenleger ran. Egal, dann hätten wir es ja. So was konnte immer mal passieren ... Murphys Gesetz sei schuld, und was wir uns sonst noch für einen Quatsch eingeredet haben. Es half. Noch!

Der Fliesenleger kam schon nach zwei Wochen, löste den Fugenmörtel, schlug die kaputten Fliesen von der Wand, öffnete aufgrund der nebelschwadigen Staubwolken netterweise eigenständig ein Fenster, klebte die neuen Fliesen wieder auf den frischen Mörtel – und machte einen gigantischen Kratzer in das Sideboard.

Ich stand daneben.

Kennen Sie diese Millisekunden, in denen Sie das Unglück kommen sehen, in denen alles wie in Zeitlupe abläuft, Sie es aber nicht mehr aufhalten können? Ich sah noch, wie er mit seinem Zollstock die Abstände überprüfen wollte, und setzte an, ihn freundlich darauf hinzuweisen, dass das Sideboard gerade frisch lackiert worden sei und er gefährlich nah daran vorbeifuchtele. Im nächsten Augenblick aber war mir schon klar, dass es der Lack bei diesem Pirouetten-Auftakt nicht mehr schaffen würde. Mit dem unerträglich quietschenden Geräusch von Kreide auf einer Tafel schnitzte Leonardo da Windschief seine Signatur in Slow Motion in mein Badezimmer.

»Das kann man ganz schnell reparieren. Nur ein bisschen schleifen, Farbe drauf, fertig.«

Unfähig, meinen Schmerz zurückzuhalten, schüttete ich ihm mein Herz aus. Nein, ich quatschte ihn voll: »Es hat doch nur noch das doofe Lämpchen gefehlt! Aber nein, plötzlich musste das Waschbecken dran glauben, dann die verkackte Fliese, und jetzt will das Sideboard auch noch ein bisschen mitspielen. Das kann doch alles nicht wahr sein!!!«

Er hatte sicher großes Verständnis, konnte das aber irgendwie nicht so richtig zeigen.

HIMMEL!

Als Nächstes kam also der Schreiner, nahm die Fronten zum Abschleifen und Lackieren mit, rief uns nach nur einer Woche wieder an und machte einen Termin für das Wiederbringen.

Und wenn Sie jetzt einwerfen, dass man doch mit dem Kratzer auch einfach hätte leben können, so unterschätzen Sie meinen Kampfgeist gewaltig.

Der Schreiner kehrte zurück, setzte die erste Front ein, dann die zweite. Hierbei – ES IST WAHR! – knallte er mit der Platte an das längst montierte Lämpchen, holte es damit aus seiner Verankerung und beendete vorzeitig dessen Lebensdauer.

Es tat ihm wahnsinnig leid. Was ich an diesem Punkt aber nicht mehr mitbekam. Nach dem ganzen Chaos der letzten Monate saß ich auf dem Badewannenrand und flüsterte: »Bloß noch das Lämpchen ...!«

Aber damit ist die Geschichte noch lange nicht zu Ende. Ob Sie es glauben wollen oder nicht, es passierte Folgendes:

Nach drei Wochen wird das neue Ersatz-Lämpchen geliefert, der Elektriker kommt. Dann: Sicherung raus, Lampe dranschrauben, **Lampe runterfallen lassen und diesmal den Rand des Waschbeckens abbrechen,** Lämpchen dranschrauben, Sicherung wieder rein. Ich putze meine Zähne über der Badewanne und überlege, wer aus meinem Bekanntenkreis Verbindungen zur Camorra hat.

Der Installateur kommt nach weiteren zwei Wochen (Expresslieferung!), montiert das Waschbecken, legt dabei nichts unter die Arbeitsgeräte und sprengt eine Fliese auf dem Fußboden.

Kontakt zur Mafia aufgenommen. Luigi ist unterwegs.

Der Fliesenleger kommt nach Wochen, tauscht eine Fliese aus und torpediert beim Rausschlagen der alten Bruchstücke das nicht abgedeckte, frisch lackierte Sideboard.

Luigi wieder abbestellt. Muss sich um *Versteckte Kamera* handeln. Lächeln!

Der Schreiner kommt, tauscht die einzelne Front, stößt, weil er dem Lämpchen über dem Spiegel so weit wie möglich ausweichen will, an die Deckenlampe.

Lächeln hilft nichts, keine Kameras weit und breit. Luigi will nicht noch mal umsonst anreisen. Do-it-yourself-Mord wird innerhalb der Familie besprochen.

Der Elektriker kommt nach Wochen, tauscht die Deckenlampe, verbiegt mit der Leiter den Wasserhahn.

Ich finde mich mit der Situation ab und unterbreite den Vorschlag, dass die Monteure ihr Werkzeug doch auch gleich liegenlassen können. Dann brauche nicht jeder Kollege sein eigenes Zeug mitschleppen. Außerdem sei, wo man jetzt sowieso schon den Rest seines Lebens mit Handwerkern im Bad verbringen müsse, das Gästezimmer hergerichtet. Das spare Anfahrtskosten.

Der Installateur kommt ... der Fliesenleger ... der Schreiner ... der Elektriker ... der Installateur ... der Fliesenleger ... der Schreiner ... der Elektriker ... der Installeger ... der Schreilateur ... der Fliesentrickser ... der Elektrofuzzi ... Aaaaaaaaaaahhhhhh!!! ES WAR DOCH NUR NOCH DAS
LÄÄÄMPCHÄÄÄÄÄÄÄÄÄÄÄN!!!

Führerscheinprüfung für Handwerker

Als sich der gerade beschriebene Zerstörungskreislauf im Badezimmer immer schneller drehte, bin ich natürlich zur strengen Aufsicht in jeder Sekunde dabeigeblieben. Selbstverständlich habe ich wie ein Luchs aufgepasst und den täglich grüßenden Murmeltieren auf die Finger gesehen. Allerdings ist auch das nicht gerade zielführend, weil die Tierchen dann nervös werden und unter Druck der Fehlerquotient steigt. Wie sollte man sich in ähnlichen Situationen in Zukunft denn nur verhalten? Ließ man sie allein, ging viel kaputt. Blieb man dabei, ging viel kaputt.

Und dann hatte ich plötzlich die Lösung.

Um all diese Katastrophen von vornherein zu verhindern, brauchte es eine Führerscheinprüfung für Handwerker. Natürlich! Hier müssten sie erst einmal beweisen, dass sie sich richtig verhalten können, Rücksicht nehmen und keinen Schaden anrichten, bevor man sie auf die Kunden losließ. Man könnte sie jederzeit aus dem Zimmer winken und die Papiere kontrollieren. Sollte bei der Überprüfung herauskommen, dass sich zu viele Punkte angesammelt hatten, der Schein bereits eingezogen oder sogar noch nicht einmal eine Prüfung abgelegt worden war, konnte man das schwarze Schaf mit einer Verwarnung zur Nachprüfung schicken.

»So, Herr Brandt. Das ist Ihre erste Handwerkerfahrprüfung, nicht wahr? Gehen Sie in Ruhe alles durch, und bereiten Sie sich angemessen vor. Sind Sie so weit? Dann wollen wir mal. Was machen Sie als Erstes?«

»Als Erstes lege ich natürlich die Latzhosenträger an, damit unterwegs nichts passiert. Gut einklicken, wir wollen ja nicht plötzlich ohne Schutz dastehen.«

»So weit, so gut. Fahren Sie fort!«

»Jetzt putze ich meine Brille, für eine freie Sicht nach vorn und hinten. Unerlässlich. Nichts ist schlimmer als eine eingeschränkte Sicht. Da sind Unfälle mit kreuzenden Kunden, Haustieren, offenen Schubladen oder anderen fest stehenden Hindernissen wie Kunstgegenständen oder einer Wand quasi schon vorprogrammiert.«

»Na, Sie waren aber fleißig, Herr Brandt. Fast wörtlich aus dem Handbuch zitiert.«

»Zange, Schraubenzieher, Zollstock und Bleistift sind gut verstaut und können nicht herausschauen oder herumfliegen. Auch das ist sehr, sehr wichtig, weil sonst bei einem abrupten Abstoppen andere Handwerksteilnehmer, Auftraggeber oder starre Einrichtungen von diesen Utensilien getroffen oder touchiert werden können.«

»Na, hier sehe ich bei Ihnen aber noch den Kreuzschlitz aus der Beintasche ragen! Wo gehört der hin, Herr Brandt, wohin? Was haben Sie bei der Theoriestunde gelernt?«

»Sei doch keine Flasche: den Kreuzschlitz in die Tasche.«

»Ganz genau, Herr Brandt. Und weiter?«

»Und so ist es Brauch: Schlitz und Zange auch.«

»Wunderbar. Was kommt jetzt?«

»Als Nächstes muss ich noch mal mein Profil überprüfen.«

»Absolut korrekt, Herr Brandt. Dieser Punkt wird oft völlig unterschätzt. Welche Komplikationen sich ergeben können, wenn Ihre Pneus Steine oder Matsch auf frisch poliertes Parkett oder den Perserteppich tragen ... Sie machen sich keine Vorstellung. Das werden Sie jetzt nicht verstehen, aber glauben Sie mir, die Profile zu checken wird Ihnen viele Schwierigkeiten im täglichen Kundenverkehr ersparen. Ihre Versicherung wird Sie ansonsten zudem im Schadensfall hochstufen, wodurch die Reparaturkosten doch an Ihnen hängenbleiben. Aber weiter im Text.

Herr Brandt, wir befinden uns in einer Verkehrsübungswohnung an einer Flurkreuzung auf dem Weg zur Schadstelle. Worauf müssen Sie hier achten?«

»Ich darf nicht einfach ins Schlafzimmer gehen.«

»Okay. Was noch?«

»In alle Richtungen schauen, ob der Kunde Vorfahrt hat. Wenn niemand zu sehen ist, mich deutlich bemerkbar machen, Schulterblick und langsam auf die Kreuzung vortasten.«

»Gut ...«

»Dann checken, ob der Türrahmen zu eng ist, und die eigene Höhe und Breite, einschließlich Werkzeugkoffer und überlanger Ersatzteile, vergleichen.«

»Sehr gut.«

»Wenn der Türrahmen zu eng ist, NICHT einfach weiterlaufen. Gepäck dem engeren Durchlass anpassen.«

»Oder ...?«

»... oder wieder gehen.«

»Möglich, zum Wenden kommen wir aber erst im Anschluss.«

»... odeeeer den Kundendienst rufen.«

»Gegebenenfalls. Vorher geht noch etwas anderes.«

»Äh ... das Gepäck abladen?«

»Ganz genau. Das ging jetzt aber grade noch mal gut, Herr Brandt. Abladen und erst mal ohne Gepäck die Verengung passieren. Richtig.

Sehen Sie die Kunden-Dummies da vorne im Wohnzimmer sitzen? Gehen Sie bitte einmal daran vorbei und wieder zu mir zurück.«

»Entschuldigen Sie. Ich müsste hier kurz durch. Vielen Dank.«

»Vorbildlich, vorbildlich. Machen wir weiter: Nehmen Sie bitte alle Ersatzteile und Ihren Werkzeugkoffer wieder in die Hand, und stellen Sie sich dicht an diese weiße Wand. Bitte wenden Sie in drei Zügen, OHNE die Wand zu berühren.«

»Oh Gott. Das konnte ich noch nie. Ich hab' bis heute nicht verstanden, wie man das macht.«

»Keine Angst, Herr Brandt, ganz locker. Also los!«

»Also gut, also gut ... ich setze links vor, behalte dabei die Steckerleiste unter meinem rechten Arm im Auge, damit die Wand nicht touchiert wird. Gleichzeitig achte ich auf das vordere Ende, weil der Flur sehr eng ist. Jetzt klemme ich die Taschenlampe unter den anderen Arm und schwinge den Werkzeugkoffer um die eigene Achse, um ... Ach, Scheiße!«

»Tja, Herr Brandt, das war's leider schon. Durchgefallen. Die Taschenlampe ist auf die Dielen gekracht, die Wand ist durch den Werkzeugkoffer völlig hin und muss neu verputzt und gestrichen werden. Woher haben Sie denn das mit dem Schwingen? Wer hat Ihnen denn so einen Quatsch beigebracht?«

»Niemand. Ich dachte, dass ich so am besten ...«

»Viel zu gefährlich, wie Sie sehen. Aber machen Sie sich mal keinen Kopf, Sie schaffen das bestimmt beim nächsten Mal. Vorerst können wir Sie aber noch nicht auf die Kunden loslassen. Hier, Ihre Taschenlampe ist leider kaputt.«

»Ach verdammt. Ich hatte gehofft, es wäre nur das Lämpchen!«

Wussten Sie eigentlich ...

dass man im neuen Flughafen Berlin-Brandenburg offenbar vergessen hat, eine Rettungsstelle für kranke Passagiere einzurichten, tausend Bäume rund um das Flughafengelände falsch gepflanzt worden sind, Schlüsselzylinder an Schließanlagen vergessen wurden, Rolltreppen zu kurz gebaut und neue Fußbodenfliesen beschädigt wurden, da die Schutzabdeckung fehlte, während Gabelstapler über diese drüberfuhren?

Expeditionen ins Marktreich

Wenn Sie unendliche Handwerker-Tsunamis im eigenen Bad irgendwann einfach nicht mehr ertragen. Wenn Sie auf dem unfertigen Parkett nicht mehr ohnmächtig vor und zurück pendelnd auf die Ankunft der Heilsbringer warten wollen. Wenn Sie also endlich nicht mehr von den Pseudo-Experten abhängig sein wollen. Dann machen Sie es irgendwann einfach selbst. Schluss, fertig, aus.

So dachte ich jedenfalls.

Wofür die Armee der Finsternis drei Jahre in die Lehre ging, schaffte ich doch locker in zwei, drei Tagen. Wär doch gelacht.

Voller Tatendrang machte ich mich kurz entschlossen eines Morgens auf in den nächsten Baumarkt, bereit, mein Häuschen und meine Seele zu retten, koste es, was es wolle. Im Eingangsbereich des Ladens schaute ich mich nach einem Mitarbeiter um, weil ich noch eine Frage hatte.

Ist Ihnen schon mal aufgefallen, dass es in einem Baumarkt gar nicht so leicht ist, einen Verkäufer zu erwischen? Die sind so selten wie die sogenannten »big five« im Nationalpark in Afrika. Und mindestens genauso scheu. Drüben meint man damit Leopard, Löwe, Büffel, Nashorn und Elefant. Im Heimwerker-Dschungel sind es der Holzwurm im Zuschnitt, die putzige Kanalratte bei Sanitär, der Backenzeisig in der Gartenabteilung, die Schnecke am Infostand und der Knallfrosch bei Gas und Elektro.

Wenn Sie dann doch mal mehr Glück als Verstand hatten und eins dieser seltenen Exemplare der »funny five« am Ende des Gangs entdeckt haben, ist sofort Eile geboten. Denn Sie sind nicht allein auf der Pirsch. Mehrmals habe ich im Augenwinkel bemerkt, wie der Jäger im Parallelgang plötzlich auffallend unauffällig einen

Schritt zulegte, um eher bei der Beute zu sein als ich. Regelrechte Rennen habe ich mir schon geliefert, Haken geschlagen, Abkürzungen über Fußmatten-Stapel und Glühbirnen-Paletten genommen, um kurz vor der Ziellinie als Erster zu brüllen: »Tschuldigung, können Sie mir helfen?« Damit hatte ich meine Klauen ins Opfer geschlagen und meinen Besitzanspruch offiziell angemeldet.

Aber nicht nur die anderen Jäger machen es einem schwer. Nein, auch die Beute selbst, weil sie naturgemäß gerne flieht. So schaut sie zum Beispiel zur trickreichen Täuschung demonstrativ und unbeteiligt in eine andere Richtung. Sie tut so, als hätte sie einen gar nicht bemerkt, nur damit man keinen Verdacht schöpft und direkt losrennt. Dann schlendert das putzige Tierchen wie zufällig um eine Regalecke und – Zack! – ist es spurlos verschwunden. Warum die das machen? Ganz einfach! Sie wollen in ihrer natürlichen Umgebung ihre verständliche Ruhe. Jeder würde doch am liebsten einfach nur in der Steppe herumstehen, an nichts denken und wiederkäuen. Sie haben keine Lust auf nervende Baumarktsafari-Touristen, die ihnen den ganzen Tag lang nachstellen, nur weil sie sich in dieser fremden Umgebung nicht auskennen. Absolut verständlich.

Was aber nun tun, wenn Sie nicht weiterkommen und einen der »funny five« dringend brauchen? Wie überlisten Sie die jahrtausendelang erprobten und darwinistisch erfolgreich selektierten Fluchttechniken? Ich habe meine Vorgehensweise diesbezüglich mittlerweile perfektioniert und möchte Ihnen ein paar hilfreiche Tipps geben:

Sie müssen sie überraschen. Wenn Sie in einem Gang eine Gruppe von Verkäufer-Tierchen sehen, biegen Sie scharf um die Ecke und fixieren Sie sofort ein Exemplar aus dem Rudel. Gehen Sie dann ganz ruhig und langsam auf die Gruppe zu. Um Himmels willen keine hektischen Bewegungen, sonst war alles umsonst.

Lassen Sie Ihr Ziel nun keine Sekunde mehr aus den Augen, und lassen Sie sich auch nicht von panisch flüchtenden Exemplaren ablenken, die aus der in Bewegung geratenen Herde ausbrechen. Die sind zu vital, die erwischen Sie nie. Sie brauchen das jüngste, schwächste oder ein angeschlagenes Familienmitglied. Verfolgen Sie stur und unbeirrt Ihre Beute durch alle Gänge, und versuchen Sie, es von der Gruppe zu trennen.

Und jetzt kommt das Wichtigste: Sobald Sie Ihr Verkäufer-Männchen oder -Weibchen isoliert haben, müssen Sie es in die Enge treiben und, wie schon erwähnt, SOFORT ansprechen. Kundenstimmen paralysieren diese Tiere und machen sie gefügig, weil sie nicht mehr entkommen können. Sie geben auf. Und Sie haben gewonnen.

Ich möchte Ihnen hier ein paar Schnappschüsse meiner spannendsten Verfolgungsjagd auf der letzten Baumarktsafari zeigen. Stundenlang habe ich verbissen gekämpft und nicht aufgegeben, um ein besonders schönes Exemplar zu stellen. Leider ist es mir immer wieder entwischt …

So ging's los.
Das stattliche Exemplar war irre schnell, womit ich gar nicht gerechnet hatte. Sonst sind die größeren Vertreter behäbiger. Das versprach, eine interessante Jagd zu werden.

Kleines Suchbild.

Na? Finden Sie das Verkäufer-Tierchen? Kleiner Tipp:
Es tarnt sich und behauptet, es sei eine Fahne.

Jedes Hilfsmittel wird zur Flucht genutzt. Cleveres Exemplar.

Dank Hubwagen ist es so schnell abgezischt, dass es die Kurve hinten beinahe nicht geschafft hätte.
Und irgendwas wurde ganz sicher umgerissen. Nachdem es aus dem Sichtfeld verschwunden war, hat es tierisch gescheppert.

Komplett verschwunden. Irre. Ein Meister der Illusion.

Die Teppichrolle war leider einfach zu dick.

Oder der Verkäufer.

Und weiter geht der Staffellauf ...

Kurze Pause für die Beute.

Als ich hinter dem Regal hervorsprang, war sie weg.

Gefunden habe ich den Verkäufer dann wieder in der Teppichabteilung. Zumindest Teile von ihm.

Perfektes Versteck.

Absolut unsichtbar.

Ab in die Gartenabteilung ...

... ins Gebüsch ...

... oder getarnt als Gartenlampe.

Die absolut beste Täuschung.

Finden Sie ihn?

Jede Chance zur Arbeitsvermeidung war ihm recht.
Auch wenn es eng wurde ...

... oder nass ...

... oder gefährlich.

Hier war wohl was schiefgelaufen und die Tür zu früh zugeschlagen ...

... aber zur endgültigen Flucht taugte das sicher blutleere Bein anscheinend noch.

Ich habe das Tierchen in diesem Baumarkt nie wiedergesehen. Aber es gab ja noch andere!

Wussten Sie eigentlich ...

dass ein Warenverräumer im Baumarkt im Durchschnitt zwanzig Kilometer pro Tag, sprich einen Halbmarathon, läuft?

Selbst ist der Dumme

Beim Einfangen eines Großwild-Mitarbeiters im Baumarkt konnte mir schon bald keiner mehr das Wasser reichen. Mit dieser Gewissheit im Rücken entschloss ich mich nun, das Zepter selbst in die Hand zu nehmen. Die Zeit war reif, den sogenannten Profis zu zeigen, wo der Presslufthammer hing, und die Arbeiten auf der Baustelle selbst zu Ende zu bringen. Dafür brauchte ich nur noch die richtige Ausstattung.

Ich sollte an dieser Stelle vielleicht erwähnen, dass ich in Bezug auf Heimwerkerarbeiten absolut überdurchschnittlich interessiert, außergewöhnlich motiviert und darüber hinaus nicht im mindesten ausreichend qualifiziert bin. Es macht mir trotzdem unglaublichen Spaß, die Dinge selbst anzugehen. Stolz zu sehen, wie unter meinen Händen neue Wände entstehen, die Schrankwand wächst oder ein Rohrbruch die neue Auslegeware vernichtet. Ja, ich geb's ja zu, es geht schon mal was daneben. Aber das sind bloß Kollateralschäden. Ich führe nur eine lange Tradition von Männern fort, die nach ihrer felsenfesten Überzeugung ganze Städte alleine bauen können, dabei aber verdrängen, dass sie eine Muffe nicht von einem Flansch unterscheiden können.

Und so wurde ich Platinkunde im Baumarkt um die Ecke.

In der ersten Woche nach meinem Entschluss verfiel ich in einen Kaufrausch, bei dem ich mir vier Schleifmaschinen, drei Schlagbohrer, eine 3000-Watt-Teichpumpe (ich hatte überhaupt keinen Teich) und eine Entsalzungsanlage zulegte. Wozu ich das alles brauchte? Ich habe nicht die geringste Ahnung. Es hatte mich voll erwischt.

Dabei war ich früher schon öfter in »Obiland« gewesen ... Das Fatale war nur, dass ich dachte, jetzt, bei den Umbauarbeiten, JEDE Maschine unbedingt haben zu müssen. Ich stand vor diesen baumhohen Regalen mit Spielzeug für Erwachsene, und meine Augen quollen mir über. Endlich durfte ich das alles brauchen müssen!!! Ich wollte der kompletten Baustellen-Rotte zeigen, wie man den Umbau schneller, sauberer und sicherer hinkriegte, um danach alle mit zurechtgerückter Eigenwahrnehmung und gesenktem Haupt im Gänsemarsch wieder auf die Baustelle zu lassen. So weit der Plan.

Wie Sie aber bereits ahnen, hat dieses geniale Vorhaben nicht ganz so funktioniert, wie ich mir das damals im Terpentin- und Lösungsmitteldelirium zusammenfantasiert habe. Noch dazu hält so ein Baumarkt deutlich mehr Fallen bereit, als man für möglich hält. Ich möchte Ihnen einen meiner Besuche schildern. Damals wollte ich viele verschiedene Kleinigkeiten kaufen, weil ich im Haus logischerweise an allen Ecken gleichzeitig angefangen hatte …

Als ich an jenem Tag auf dem Parkplatz des Baumarktes angekommen war, holte ich mir einen der großen Einkaufswagen aus diesen Häuschen und wackelte damit munter auf den Eingang zu. Warum erwische eigentlich immer ich das Ding mit dem unmotiviert tanzenden Rad? Immer, wirklich immer zuckt eines der Räder wild in der Gegend rum wie Joe Cocker und zieht den Wagen mal nach rechts und mal nach links, so dass man permanent damit beschäftigt ist, nicht in die Regale zu krachen. Egal. Wenn ich den Wagen nicht schob, sondern hinter mir herzog, dann ging es einigermaßen.

Ich betrat also den Markt durch die Schiebetüren, eilte an den riesigen Säcken Grillkohle im Eingangsbereich vorbei, bei denen ich mich immer frage, wer um alles in der Welt halbe Elefanten auf den Rost schmeißt, und ließ mir am nächsten Grenzübergang die Flügelschranken vor die Oberschenkel knallen. Warum gehen die eigentlich immer zu spät auf? Oder zu früh wieder zu? Kann man die nicht anders einstellen oder die Lichtschranke einen halber Meter früher einbauen? Sitzen da im kalten Büro hinter der Fliesenabteilung gehässige Mitarbeiter vor den Überwachungskameras und erfreuen sich daran, dass die Kunden immer gegen die Dinger ballern? Wahrscheinlich!

Nun stand ich jedenfalls hinter den Folterschwingen und schaute auf meinen Einkaufszettel. JA, ich hatte diesmal alles aufgeschrieben. Wie meine Oma. Nach den ersten Kaufattacken und den darauf folgenden nächtelangen Verkaufssessions bei ebay, bei denen ich versuchte, zumindest einen Teil der Kohle wiederzubekommen, musste ich mich dringend selber erziehen. Ich hatte mir auferlegt, ausschließlich das Zeug auf meiner Liste zu kaufen.

Als Erstes stand da: Dübel – Größe 8.

Mit meinem Breakdance-Wagen im Schlepptau machte ich mich auf den Weg zum Gang mit den Schrauben und Dübeln. Dort angekommen, stand ich ohnmächtig vor einem riesigen Regal mit einer unfassbaren Auswahl. Hier musste eine Arbeitsgruppe von Dübelfetischisten in den letzten Jahren anscheinend nichts anderes getan haben, als ihre krankhafte Fixierung exzessiv auszuleben. Ich brauchte dringend einen Verkäufer, der mir weiterhalf.

Aus meinen mit der Zeit immer weiter verfeinerten Jagdtechniken wählte ich diesmal meine Lieblingslist. Ich drückte mich ganz flach an ein Regal und wartete geduldig auf mein Opfer. Als der Verkäufer dann um die Ecke bog, stand er direkt vor mir. Er hatte absolut keine Chance, so zu tun, als hätte er mich nicht gesehen.

»Entschuldigen Sie, ich bräuchte Dübel in Größe 8, allerdings weiß ich nicht, welche Version ich da aussuchen muss. Könnten Sie mir vielleicht weiterhelfen?«

Mit einem Gesichtsausdruck, der an eine Mischung aus geschlagener Antilope und lustlosem Faultier erinnerte, trottete er vor mir zu Gang 22. Seine Augen verrieten, was er dachte: Der kann doch noch nicht mal einen Luftballon aufblasen. Dabei fragte er mich betont freundlich nach der Art der Verwendung.

»Ich weiß leider nicht genau, aus was die Wand gebaut ist. Und ich habe leider vergessen, probeweise einen Nagel reinzuschlagen. An manchen Stellen klingt sie hohl, an anderen ist sie so hart wie Granit.«

»Beton.«

»Wie bitte?«

»Granit wär ganz schön teuer. Ihre Wand ist maximal aus Beton. Und die hohl klingenden Stellen sind alte, überputzte Löcher vom Vorbesitzer, nehme ich mal an.«

»Schon klar. Und welche Dübel nehme ich da?«

»Oder Sie haben eine Backsteinwand. Na dann, gut Nacht Marie!«

»Wie bitte?«

»Wenn Sie 'ne alte Backsteinwand haben, dann müssen Sie nur ein Poster mit einer Heftzwecke aufhängen, und schon zerbröselt Ihnen das ganze Haus.«

»Na, das wollen wir doch besser lassen. Ist aber sicher keine Backsteinwand. Welchen Dübel nehme ich jetzt also? Am besten die Universalvariante, oder?«

»Oder Sie haben eine Gipsbetonwand. Die wäre dann aber nicht so fest.«

»Wie ich schon sagte, ich weiß leider nicht ...«

»Oder ...«

»Hören Sie! Welche Möglichkeiten habe ich denn jetzt, wenn ich nicht noch mal zurückfahren möchte?«

»Tja, das kommt drauf an. Im Grunde können Sie jeden Dübel nehmen – oder keinen. Es gibt Spreizdübel, Universaldübel, Metalldübel, Kippdübel, Klappdübel, Multizweckdübel, Dämmstoffdübel, Schlagdübel, Rigipsdübel, Gasbetondübel, Lochsteindübel, Hohlraumdübel, Hohlraumdübel mit Schraube, Hohlraumdübel aus Metall, Pilzdübel, Schwerlastdübel und Injektions- oder Schwerlast-Anker. Und noch ein paar andere.«

»Äh ... welchen würden Sie denn empfehlen?«

»Das kommt drauf an.«

»Alles klar. Ich versuch's mal mit den Universaldübeln. Die Bezeichnung klingt vielversprechend.«

»Wenn Sie meinen. Welche Länge brauchen Sie denn?«

»Ich habe mir Größe 8 aufgeschrieben. Passend zur Bohrergröße.«

»Jou, aber wie tief wollen Sie denn? Sind das 30-, 40-, 45-, 50-, 60- oder sogar 80-Millimeter-Schrauben?«

»Ich hab mir Größe 8 aufgeschrieben.« Das letzte Mal hatte ich mich so dumm gefühlt, als ich im Kindergarten meine Sankt-Martin-Laterne nicht zusammengeklebt bekommen habe. Ich hätte mich wirklich besser vorbereiten sollen, ich Idiot.

»Also ...?«

»Wissen Sie was? Ich kaufe jetzt einfach die passenden Schrauben zu den Dübeln. Problem gelöst. Ich danke Ihnen.«

Als Nächstes stand auf meiner Oma-Liste also: Schrauben.

Es war nicht weit, ich musste nur drei Schritte nach links. Der Verkäufer war weg. Anscheinend hatte ein anderer Kunde ihn erlegt.

Nachdem ich die Dübel-Problematik souverän entschärft hatte, brauchte ich jetzt nur noch vier Schrauben, um normalgroße Bilder aufzuhängen, in ca. 40 Millimeter Länge und einem Durchmesser für Dübel Größe 8. Nur leider gab es die ausschließlich in einer 100er-Packung. Wie viele Bilder sollte ich denn in meinem Leben noch aufhängen? Wurscht. Ab in den Wagen damit.

Nächster Punkt: Gummidichtung für Zimmertüren in Weiß.

Na, das dürfte jetzt einfach werden, dachte ich. So viele verschiedene Versionen wird es doch von simplen Gummidichtungen nicht geben. Die sind bestimmt genormt. Alles andere wäre ja bescheuert.

Es gab Gummidichtungen in den Ausführungen Standard, Classic, Classic E-Profil, Classic P-Profil, Superflex, Universal, Thermo Cover, mit 20, 40 oder fast 50 Prozent Heizkosteneinsparung, in den Größen Small, Middle, Large, Extra Large, in 1 bis 3, 5, 4 bis 5 oder 6 Millimeter Breite und in 6, 8 oder 12 Meter Länge, in den Farben Weiß, Schwarz, Grau und Braun und in den

Geschmacksrichtungen Erdbeere, Schoko und Pistazie. »So, lieber Ralf, jetzt musst du dich entscheiden. Welche soll deine Herzdichtung sein?«

Seltsamerweise kam gerade ein anderer Verkäufer vorbei, der nicht sofort flüchtete, meine Verzweiflung erkannte und wohl ein wenig Mitleid empfand. Der musste neu sein.

»Kann ich Ihnen helfen?«

Das hatte er einfach so von sich aus gesagt. Ich brauchte eine Sekunde, um mich zu sammeln.

»Oh danke. Wahnsinnig gern. Wissen Sie, ich bin überraschend zu einem alten Häuschen gekommen und versuche nun, es wieder flottzukriegen. Es sind noch ein paar alte, aber ganz hübsche Türen eingebaut, die neue Gummidichtungen brauchen. Und ich bin gerade ein bisschen überfordert.«

»Kein Problem. Sind es denn eher breite oder schmale Türrahmen?«

»Normale.«

»Schätze, dann reichen auch die schmalen Dichtungen. Falls nicht, können Sie die ja auch wieder umtauschen.«

Ich liebte ihn. Meine Freundin durfte nichts von uns erfahren.

»Klasse. Ich brauche die dann in Weiß. In der Ausführung nehme ich sicherheitshalber Universal. Ich danke Ihnen sehr.«

»Sie sparen mit Thermo Cover allerdings eine Menge Heizkosten. Wie alt ist denn Ihr Haus?«

»Gebaut wurde das Ding, glaube ich, Mitte der Sechziger.«

»Warten Sie mal. Ich frag mal nach ...«

Mittlerweile haben alle Verkäufer in Baumärkten immer schnurlose Festnetztelefone dabei, damit sie die Kollegen schnell erreichen können.

»Ja, Herr Koch, Künstler hier ...« – meinte der mich oder hieß er so? – »... sach mal: Bei 'nem fünfzig Jahre alten Haus, nehm ich da Thermo bei den Dichtungen? Ah! Okay ... Der Kollege kommt mal vorbei.«

Im selben Augenblick stand Herr Koch neben uns. Entweder hätte Herr Künstler auch flüstern können oder die verkauften mittlerweile Beam-Transporter. Zudem überraschte mich, wie schnell es gehen konnte, wenn jemand aus dem gleichen Rudel Hilfe anforderte.

»Guten Tag. Also, ich würde ja immer die Thermo Cover nehmen. Wenn man schon mal sparen kann, warum sollte man das dann nicht tun?«

»Ja, Herr Kollege, schon klar. Aber der Kunde hier hat ein Haus von 1960, und ich weiß jetzt nicht, ob die passen, weil die weißen nur noch in 5 Millimeter da sind.«

Ich fand das Bemühen ja sehr nett, musste aber so langsam weiter. »Meine Herren, ich riskier das einfach. Ich nehme die hier und ...«

»Die Frau Krieger hat doch auch so 'ne alte Kiste ... Warte mal!« Kurzwahltaste 3. »Krieger, bist du's? Sach mal, du wohnst doch in diesem alten Fachwerkding von anno pief. Hast du Gummidichtungen in 5 Millimeter oder eher kleiner in deinen Türen? Vor mir steht ein Kunde, der sich nicht sicher ist.«

»Wissen Sie ...«

»Okay! Danke dir ... Frau Krieger ist klasse.«

Und simsalabim:

»Sind die Herren der Schöpfung in Sachen Gummis überfordert? Ha ha ha ... Wo liegt denn das Problem?«

»Es gibt gar kein Problem. Ihre Kollegen haben mir schon alles Wichtige gesagt, und falls die Dichtungen hier nicht passen, komme ich wieder und tausche die um.«

»Nix da. So schwer kann das ja nicht sein. Sie haben also ein altes Haus. Da würde ich die Thermo Cover auf keinen Fall nehmen, weil die erstens mit dem Doppelfalz nicht in die alte Nut passen und zweitens die Energie sowieso zu den Fenstern rausfliegt. Bei Zimmertüren ist die Energieklasse doch total schnurz.«

Die beiden Jungs schauten betreten zu Boden. Von Gummis hatte Frau Krieger anscheinend wirklich mehr Ahnung.

»Viel entscheidender ist doch, ob Sie E-Profil oder P-Profil brauchen. Was für alte Türen haben Sie denn?«

»Ach, wissen Sie, ich schaue mir das alles einfach ...«

»Hiergeblieben. Sitz!« Das hat die Kunden-Dompteuse wirklich zu mir gesagt! Sie tippte auf ihr Telefon. Kurzwahltaste 6. »Hey Wischniewski, wo treibst du dich rum? Lass die Mädels in der Küchenabteilung in Ruhe! Sag mal, bei alten Türen, E oder P bei den Dichtungen? ... Okay...«

»Lassen Sie mich raten: Ihr Kollege kommt zu uns?«

»So, ihr Hübschen, der Wischi ist da, trallala. E oder P, DAS ist hier die Frage?«

»Ob's edler im Gemüt ...«, versuchte ich einen Witz, weil ich dachte, er hätte auf Shakespeares *Hamlet* angespielt. Hatte er aber nicht. Seinem Blick nach zu urteilen, wollte mich Wischi in diesem Moment sicher einweisen lassen.

»Also, ihr Ahnungslosen, bei alten Türen müsst ihr immer E nehmen. Die fügen sich besser ein, kleben nicht so schnell zusammen und puffern die Geräusche bei den schweren Holzdingern besser ab. Viel wichtiger ist aber, welche Länge ...«

Ich riss blind zwei Packungen Gummidichtungen aus dem Regal und rannte.

Mein Joe-Cocker-Gedächtniswagen pendelte ekstatisch hinter mir her. Und ich konnte nur mit allergrößter Mühe verhindern, dass er die Sonderposten im Mittelgang abräumte.

Als Nächstes: Dämmplatten.

Ohne Gummi-Gang, aber auch so einsam wie der Nerd beim Abschlussball stand ich eine halbe Stunde völlig überfordert in der Baustoffabteilung herum. Mittlerweile hatte ich nicht die geplanten zehn Minuten, sondern fast zwei Stunden im Baumarkt verbracht. Ich musste ziemlich dringend los.

Aber vorher wollte ich noch die doofen Dämmplatten für eine zu dünne Abdeckklappe über einem Rohrabzweigwinkel –

eine lustige Sprache – außen an einer Hauswand kaufen. Dabei hatte ich zwar keinen Schimmer, für was die ganzen Rohre und Winkel gut waren, aber der Installateur hatte gemeint, dass er nicht verstehe, warum wir mit im Winter sicher komplett zugeeisten Leitungen überhaupt noch Teil der Zivilisation seien. Seinem Gesichtsausdruck nach war es ein Wunder, dass die Bude unter dem Druck der Eisrohre noch nicht in die Luft geflogen war. Wenn man nun den obligatorischen doppelten Übertreibungsquotienten mit vierfachem Zuschlag von seiner Katastrophenschilderung wieder abzog, blieb leider immer noch genug Sorge übrig, um die fehlende Kälteisolierung nicht auf die lange Bank schieben zu können. Und so stand ich, verlassen wie das hässliche Entlein, vor unzähligen Dämmplatten und Isoliermatten, bis potenzielle Unterstützung vorbeischlurfte.

»Entschuldigen Sie, vielleicht ...«

»Is nich meine Abteilung. Ich bin Elektro.«

»Na, sehen Sie mal an. Und ich hätte Sie doch glatt für einen richtigen Menschen gehalten. Verrückt, wie weit die Japaner schon sind. Aber vielleicht können Sie mir ja trotzdem helfen, Data. Kennen Sie sich hier denn gar nicht aus?«

»Doch. Vorher war ich ja Baustoffe und Isolierung ...«

»Perfekt. Wo viel Hohlraum ist, da ... aber lassen wir das. Welche Dämmstärke brauche ich denn für den Außenbereich, die Abdeckmetallplatte ist leider nur circa drei Millimeter dick, das Rohr dahinter ziemlich dicht dran. Absolute Fehlkonstruktion, aber ich muss retten, was möglich ist.«

»Tja, das kommt drauf an ...«

Nicht schon wieder!!!

»Gut ist WLG 040, besser natürlich WLG 035 oder sogar WLG 030. Es gibt Glaswolle, Steinwolle, Isofloc Zellulosedämmung und noch ein paar andere. Klemmfilz und Folie dürfen Sie auch nicht vergessen.«

»Spitze. Und was heißt das übersetzt? Ich habe mein Diplom

in Glaswolle leider nicht geschafft. WLG zum Beispiel, was bedeutet das? Wahnsinns-Lust-Gewinn, Winter-Luft-Graupel oder Wasser Lassen Genehmigt?«

»Wärme ... Leit ... Gruppe«

»Geht doch. Und was brauche ich?«

»WLG 040, besser 035, noch besser 030.«

»Gut, so weit waren wir ja schon. Dünne Abdeckplatte aus Metall, dahinter Wasserrohr. Was empfehlen Sie als Profi dem Laien?«

»Entweder Sie nehmen WLG 040 oder ...«

»Himmel. Ich lese ja selber, was da drauf steht. Aber wenn es Unterschiede gibt, wofür muss ich mich dann hier entscheiden?«

»Draußen sagen Sie?«

»Ja.«

»Dünne Metallplatte?«

»Ja.«

»Direkt dahinter das Rohr?«

»Ja.«

»Schwierig, entweder WLG 040 oder ...«

Bevor ich R2D2 mit zwei Dämmplatten in WLG Nullkommanix einen neuen Scheitel ziehen würde, ging ich lieber einfach weg und riskierte ohne Isolierung eine Rohrexplosion biblischen Ausmaßes. Alles war besser als diese verschwendeten Jahre meines kostbaren Lebens, die mir durch die Finger rannen.

Angsterfüllt schaute ich auf meinen Terrorzettel. Es stand nichts weiter drauf. Ich war frei. Fast. Mit meiner kärglichen Ausbeute, bestehend aus 8er-Universaldübeln, 'ner Schubkarre Schrauben und zwei Gummidichtungen in unterschiedlichen Größen stand ich schließlich an der Kasse.

Vor mir ein netter älterer Herr, der allerdings gerade dabei war, in Zeitlupe jede Schraube einzeln auf das Transportband zu legen. Wo hatte er die denn jetzt her? Wieso gab's bei mir nur die Familienpackung?

Hinter mir ein untersetzter Mann mit Halbglatze, der mit seiner nicht minder korpulenten Frau Deutsch sprach, dabei allerdings mit einem ausgeprägten polnischen Akzent fabulierte.

An der Kasse saß die neue Auszubildende – allein. Mit dem Scanner war sie noch nicht so vertraut, wie wir uns das alle gewünscht hätten.

Bei der vierten Schraube, die ihren Weg aus dem Einkaufskörbchen des Großvaters auf die Gummiunterlage schaffte, knallte mir mit voller Wucht eine Latte an den Kopf. Das machte mich stutzig.

Als ich mich umdrehte, blickte ich in weit aufgerissene Augen. Der polnische Kunde hinter mir war offensichtlich dabei, ein paar weiße Fußleisten zu kaufen, allerdings nicht in der Lage, alle fünf unter seine Achsel geklemmten Teile zu kontrollieren. Er sah aus wie Kermit, der Frosch, mit einem nach innen zerknautschten Mund. Die Attacke tat ihm wahnsinnig leid. Doch bevor er sich entschuldigen konnte, haute ihm seine vollschlanke Frau mit der Hand in den Nacken. Wirklich wahr! Sofort musste ich mich wieder nach vorne drehen, weil ich sonst in schallendes Gelächter ausgebrochen wäre. Kermits bessere Hälfte Miss Piggy hatte mindestens in so weitem Bogen ausgeholt und ordentlich zugelangt wie das Original.

Flash senior vor mir war zwischenzeitlich bei der sechsten Schraube angekommen, als ihm zwei runterfielen. Das war wartetechnisch gesehen aber völlig unerheblich. Denn die Azubine hinter der Kasse rutschte mit ihrem Scanner panisch auf irgendwelchen Tabellen neben der Kasse rum, weil die einzelnen Schrauben natürlich keine Preisschilder hatten. Es piepte im Sekundentakt. Die richtigen Codes zu treffen musste irre schwer sein, denn Opi Heesters hatte laut Kassendisplay statt einer Handvoll Schrauben plötzlich einen Metallschwamm, einen Bimsstein, einen Klodeckel, zwei Tuben Fensterkitt de luxe, eine Eckbank und den Supergrill »Boost 5000« im Wagen. Dann musste alles wieder storniert werden, und die junge, hysterische Dame begann mit einem nervös zuckenden Augenlid mindestens zum zwölften Mal von vorne.

In diesem Moment trafen mich zwei Fußleisten in die Kniekehlen. Perfekter Treffer, bei dem ich einen spontanen Kniefall für ein Ave Maria einlegte. Noch bevor ich mich herumdrehen konnte, knallte Miss Piggys harte Rechte erneut hörbar in Kermits Nacken. Lautes polnisches Geschrei folgte, und ich hoffte mittlerweile, dass ich den *Klapps*mühlen-Markt nicht so schnell verlassen musste. Das hier war besser als jede Sitcom.

Aber kaum hatte ich diesen Gedanken zu Ende gedacht, lagen plötzlich alle Schrauben in der hinteren Ablage, der alte Mann hatte bezahlt, und ich war dran. Der Scanner erfasste meine Produkte mühelos, ich bekam die Fußleisten nur noch zwei Mal ins Kreuz, und Kermit heute Abend sicher die größte Abreibung seines Lebens.

Später auf dem Parkplatz musste ich mich mit aller Kraft von der Beobachtung der Muppets losreißen, die die Drei-Meter-Leisten um jeden Preis in ihre A-Klasse stopfen wollten. Als mein Einkaufswagen sich Haken schlagend davonmachte und der polnische Puppenfrosch mit hochrotem Kopf und einer neuen Handsäge bewaffnet aus dem Baumarkt zu Wagen und Miss Piggy stürzte, ließ ich schleunigst mein Auto an und machte mich aus dem Staub. Ich kann Horrorfilme nicht leiden.

Die Dübel waren übrigens die falschen, die Gummidichtungen zu dick und die Dämmplatten fehlten nach wie vor. Ich musste also am nächsten Tag noch einmal hin. Vorsichtshalber packte ich Helm, Protektoren und Pausenbrot ein. Und nahm mir den ganzen Tag frei.

Wussten Sie eigentlich …

dass der größte Baumarkt in Deutschland 1 700 verschiedene Schraubenarten führt?

Handwerker-Knigge

Mein Masterplan, ab sofort alles selbst zu machen, haute zugegebenermaßen nicht so richtig hin. Es war schlichtweg nicht zu schaffen. Somit blieb mir nichts anderes übrig, als wieder die »Profis« ranzulassen. Ich würde sie einfach noch besser im Auge behalten müssen.

Während ich meine Handwerker auf der Baustelle beobachtete, musste ich mich immer wieder fragen, wie es eigentlich zu erklären ist, dass deren Verhaltensweisen sich oft so ähneln. Ich habe mich das immer und immer wieder gefragt. Zum Beispiel, wenn der Fliesenleger vier Stunden später kam als vereinbart – genau wie der Maler. Oder wenn der Elektriker in Schockstarre verfiel wie ein Kaninchen vor der Schlange, nur weil ich ihn auf einen Fehler aufmerksam gemacht hatte – genau wie das Installateur-Kaninchen.

Handelt es sich am Ende wirklich um eine eigene Spezies? Oder sind es tatsächlich Aliens von einem anderen Stern? Oder geht es gar um eine gigantische Verschwörung mit dem Ziel, alle Menschen in den Wahnsinn zu treiben, um sie irgendwann beherrschen zu können?

Nein. Es ist viel simpler. Den Führerschein für Handwerker gibt es ja leider noch nicht, aber bevor Trockenbomber, Parkettzerleger & Co. zum Kunden dürfen, müssen sie dafür einen Knigge-Kurs an der Volkshochschule besuchen, damit sich auch ja alle den Klischees entsprechend verhalten. Was so ist, muss auch so bleiben.

Ich habe mich mal reingeschmuggelt:

»Ich begrüße alle Schüler, die sich für diesen Kurs angemeldet haben, und freue mich, dass wir diesmal wieder eine so große Gruppe sind. Den Titel unseres Kurses schreibe ich sicherheitshalber noch mal an die Tafel. Nicht dass sich ein Kunde oder Auftraggeber zu uns verlaufen hat ...«

»Ich möchte gleich ins Thema springen und anhand konkreter Beispiele die häufigsten Szenarien mit Ihnen durchspielen. Sie hier in der ersten Reihe: Was für ein Handwerk haben Sie gelernt, und wie heißen Sie?«

»Ich bin Installateur, und mein Name ist Martin Büderich.«

»Falsch.«

»Wie bitte?«

»Wieder falsch ... So können Sie sich doch nicht vorstellen! Und das Wort ›bitte‹ kommt schon gar nicht über Ihre Lippen. Der Kunde muss VON ANFANG AN das Gefühl bekommen, dass Sie nur die Hälfte verstehen und Rückfragen umsonst sein werden. Sonst haben Sie den die ganze Zeit an der Backe. Wenn Sie in Ruhe arbeiten wollen, dann müssen Sie sich schon bei der Begrüßung mehr Mühe geben. Also, Herr Büderich, gleich noch mal.«

»Äh ... Tach, isch bin der Klempner. Krause mein Name.«

»Schon viel besser, Herr Büderich. Oder Herr Krause! Ha ha ha. Bevor Sie sich aber vorstellen können, müssen Sie ja erst mal klingeln. Wie machen Sie das?«

»Ja ... wie ... ich stehe vor der Tür, schaue noch mal, ob die Haare okay sind ...«

»Sind Sie Friseur?«

»Wieso denn Friseur?«

»Oder schwul?«

»Was soll das denn jetzt ...?«

»Ich frage nur, weil Sie noch die Haare richten wollen. Sie sollen nicht gut aussehen, sondern so, als seien Sie gerade aus der Baustelle gefallen. Wie wollen Sie den Kunden denn sonst auf Abstand halten? Nichts wirkt so zuverlässig wie schwarze Finger, Knoblauchfahne und 'ne Menge Dreck.«

»Das trifft aber nicht immer zu und ist auch ein ganz schönes Klischee ...«

»... welches wir hier bestätigen und aufrechterhalten wollen. Die Verräter mit sauberen Sachen und serviceorientierter Leistung werden zwar immer mehr und versauen den Schnitt, sind aber Gott sei Dank noch weit in der Unterzahl. Und dank meines Kurses werden sie es auch nie schaffen, die Oberhand zu gewinnen. Falls Sie Angst haben, dass Sie auch privat so herumlaufen müssen, keine Sorge: Da können Sie machen, was Sie wollen. In Privatklamotte erkennt Sie sowieso kein Kunde wieder. Und außerdem: Je deutlicher Sie sich bei Ihrem Handwerker-Outfit Mühe geben, desto unwahrscheinlicher wird eine Entlarvung abends im Arthouse Kino. Also Herr ... ›Krause‹. Wir waren beim Klingeln stehen geblieben ...«

»Also gut. Ich schmiere mir noch ein bisschen Teer in die Hände, beiße in eine Zwiebel ...«

»So will ich Sie haben, Krause!«

»... und dann drücke ich kurz auf den Klingelknopf.«

»Ja, aber um Himmels willen, warum denn nur kurz? Sie klingeln gefälligst, als würde das Haus brennen. Und dazu bitte unbedingt noch eine ganze Stunde zu früh! Dann geben Sie dem Kunden drei Sekunden Zeit und klingeln nochmals. Und nach weiteren zwei Sekunden wird geklopft. Wollen Sie ewig da draußen stehen?

Außerdem ist es sehr lustig, wenn die Kunden gehetzt an die Tür gerannt kommen. Die Haare sind dann oft noch durcheinander, der Schlafanzug falsch geknöpft oder die Bissschiene noch drin. Ich habe bereits eine herrliche Fotosammlung zusammengetragen, die ich Ihnen im Rahmen meines Diavortrags nächste Woche zeigen werde. Mein schönstes Motiv zeigt einen kleineren drahtigen Kerl, nur mit einem lila Gästehandtuch bekleidet. Sehr lustig.

Das wichtigste Ziel bei dieser Klingeltaktik ist natürlich, dass Ihr Kunde so dermaßen neben der Spur steht, dass mindestens die erste Arbeitsstunde in seliger Abgeschiedenheit erledigt werden kann. Um es mit den Worten eines zu Abkürzungen neigenden Freundes zu sagen: ›Was man, hat man‹. Weiter, Krause.«

»Ich halte die Klingel also so lange gedrückt, bis jemand aufmacht ...«

»Jetzt verstehen wir uns.«

»... und sobald die Tür aufgeht, stelle ich mich vor ...«

»Achtung!«

»Schönen juten Tach, isch bin der Klempner. Krause is mein Name. Isch soll bei Ihnen irjend'n Rohr reparieren ...«

»Zwischenfrage: Sind Sie wirklich wegen einer defekten Rohrleitung bestellt worden?«

»Nein.«

»Sie machen sich, Herr Krause, Sie machen sich, Sie alter Streber. Nur weiter so.«

»Nachdem der Kunde mich über den korrekten Auftrag informiert hat ...«

»... von dem Sie natürlich nur in Ansätzen gehört haben ...«

»... von dem ich nur in Ansätzen gehört habe, trete ich mir die Schuhe ab und ...«

»Das darf doch wohl nicht wahr sein. Wir sind noch nicht mal drinnen, da degradieren Sie sich schon vom Musterschüler zum Nullpeiler. Herr Büderich, eben noch Krause ... Sie treten sich natürlich NICHT die Schuhe ab! Sie versauen erst mal schön den hellen

Perser oder schleppen Steine unter den Schuhsohlen auf das frisch polierte Parkett. Also ehrlich, konzentrieren Sie sich! Wenn Sie jetzt schon erkennen lassen, dass Sie vorausdenken können, dann können wir gleich einpacken. Und dann wird das auch nix mit Ihrem Abschluss in meinem Kurs.«

»Es tut mir leid. Ich weiß auch nicht, wie ich da draufgekommen bin. Macht der Gewohnheit.«

»Na, kann ja jedem mal passieren. Also, noch mal für alle zum Mitschreiben: Wenn Sie eine Wohnung oder ein Haus betreten, dann vergessen Sie natürlich IMMER, Ihre Schuhe abzutreten oder anderweitig zu säubern. Die Sorge um seinen Boden oder seine Einrichtung wollen wir dem Kunden auf gar keinen Fall abnehmen. Er muss Sie IMMER als Handwerker erkennen und von Freunden oder Privatmenschen unterscheiden können. Das ist die oberste Direktive. Ansonsten geraten die Fronten noch durcheinander, und das würde uns Verantwortung für unser eigenes Handeln und Zurechnungsfähigkeit aufbürden. Und genau das wollen wir mit diesem Kurs erfolgreich verhindern.

Zurück zum Betreten des Hauses: Gerne können Sie vor dem Klingeln noch einmal durch eine tiefe Pfütze oder Matsch waten. Falls beides aufgrund sonniger Wetterlage nicht zur Verfügung steht, können Sie auch zur nächstgelegenen Straßenbaustelle fahren und dort durch staubigen Schotter oder schmelzendes Bitumen laufen. Und erst DANN betreten Sie das Heim des Kunden.

Wenn Sie nun die Diele versaut haben, der übermüdete Kunde mit zerknautschten Haaren noch eine alte Decke gefunden und ausgelegt hat, lassen Sie sich zum Grund Ihres Auftrages führen. Laufen Sie dabei größtenteils neben der Decke lang. Trotten Sie langsam – bitte nicht hetzen! – hinterher, und schauen Sie dabei in wirklich JEDES Zimmer, in das Sie gar nicht müssen. Das macht einen herrlich schlechten Eindruck, und der Kunde wird Sie zudem ab sofort immer persönlich zu Ihrer Arbeitsstelle bringen.

Sie müssen sich also nicht mal den Weg merken. Machen wir mal mit jemand anderem weiter. Wer sind Sie?«

»Christian Lammert ist mein Name ...«

»Haben Sie am Anfang gepennt?«

»Mahlzeit. Mir sinn die Maurer. Stankowski.«

»Besser. Herr Stankowski, wenn Sie nun durch den Flur schlendern. Was machen Sie dann?«

»Ich könnte mir vorstellen, dass ich hier und da mal anecke ...«

»Nicht übel. Womit?«

»Mit meinem Schuh am Treppengeländer?«

»Dilettant. Was haben Sie als Maurer immer dabei?«

»Eimer und Kelle.«

»UND?«

»... äh...«

»Dreckige Hände natürlich. Letzteres gilt selbstverständlich für alle hier im Klassenraum. Ihre Hände, meine Herren, sind Ihre effektivste Einsatzmöglichkeit. Auf dem Weg durch den Flur machen Sie also was, Herr Stankowski?«

»Ich schrabbel, wie zufällig und aus Versehen, mit dem Kellengriff am Türrahmen entlang und stütze mich mit der schmutzigen Hand an der weißen Wand ab.«

»Ganz genau. Das Abstützen mit dreckigen Händen an den Wänden sollten Sie sich übrigens gleich von Anfang an merken und tüchtig trainieren, gehört zum absoluten Basiswissen – können und sollten Sie immer und überall anwenden. Hier oder da mal kurz hingefasst, das ist schnell erledigt und sollte Ihnen in Fleisch und Blut übergehen.

Noch mal zurück zu Klempner Krause. Sie sind mittlerweile im Designer-Bad Ihres Kunden angekommen. Ihr aufgefrischter Auftrag ist welcher?«

»Ich soll den Spülkasten überprüfen.«

»Okay. Und was machen Sie als Erstes?«

»Ich stemme ein Loch in die Wand.«

»Exakt! Eins plus mit Sternchen! Egal, für was Sie gerufen werden, machen Sie erst mal was kaputt, und überlegen Sie DANACH, ob das überhaupt nötig gewesen ist. Und damit sind wir schon bei Punkt zwei unseres Basiswissens. Wir machen schnell Fortschritte. Das gefällt mir.

Herr Krause, wenn Sie nun bis zu vier Löcher in die Wand geklopft haben, was, denken Sie, kommt als Nächstes?«

»Aus dem Bauch heraus würde ich jetzt die Toilette abschrauben, erst DANACH ganz kurz in den Spülkasten schauen, sagen, dass ich das nötige Ersatzteil nicht dabeihabe, und für zwei Wochen nicht mehr wiederkommen.«

»Im Grunde alles korrekt, aber vorher gibt es noch eine Menge zu beachten: Wenn Sie die Toilette abgeschraubt haben, dürfen Sie auf keinen Fall das aus dem Abflussrohr zurücklaufende Wasser mit einem Lappen auffangen. Lassen Sie es direkt auf den Badezimmerteppich fließen. Zur Not rücken Sie ihn noch an die richtige Stelle.

Und bei dem Fäkaliengestank machen Sie auf keinen Fall die Badezimmertür zu oder das Fenster auf. Lassen Sie den Geruch langsam ins ganze Haus ziehen. Glauben Sie mir, das wird von Ihnen erwartet.

Falls Sie eine Tasse Kaffee angeboten bekommen, weil man Sie noch nicht kennt und das der erste Termin ist, nehmen Sie sie gerne an, verstecken Sie aber die leere Tasse hinter den Handtüchern im Sideboard. Das ist allerdings schon die Königsklasse.

So ... was haben wir noch ... Ach ja: Dass Sie mit Ihrer Zange kleine Macken ins Waschbecken und Kratzer auf die Fliesen machen, versteht sich mittlerweile von selbst.

Zum Schluss habe ich noch eine Frage an Sie alle: Was ist die schlimmste Handlung, die schrecklichste Waffe, die Bazooka, die wir allerdings nur bei den allernervigsten Kunden zum Einsatz bringen? Herr Büderich? Herr Lammert? Jemand anderes?«

»Ich benutze die Toilette.«

»Sie sind mein Lieblingsschüler, Herr Büderich alias Krause! Genau.

Ansonsten sollten Sie für heute das Fazit mit nach Hause nehmen, dass Sie den Ort des Geschehens stets in schlimmerem Zustand verlassen, als Sie ihn vorgefunden haben. Genauso sollte der erste Termin beim Kunden zu Ende gehen. Und damit ist auch unsere erste Stunde in diesem Kurs leider schon vorbei. Ich danke Ihnen allen und freue mich auf die nächste Woche mit der Lektion: ›Wie überhöhe ich ein Angebot?‹«

Wussten Sie eigentlich ...
dass es kriegstüchtigen Bürgern in manchen antiken Städten verboten war, in einem handwerklichen Beruf zu arbeiten? Laut Ansicht der Stadtbewohner war man als Handwerker anfälliger für Krankheiten, drohte körperlich zu verweichlichen und wurde unbrauchbar für geselligen Umgang.

DIE BESTEN HANDWERKERLÜGEN

Haben Sie nicht auch so ein mulmiges Gefühl, wenn Ihnen der Installateur sagt, dass alle Rohre marode seien und erneuert werden müssen, obwohl er noch nicht mal in die Wand geguckt hat? Klingeln bei Ihnen nicht auch alle Alarmglocken, wenn es am Telefon heißt, dass der Maler gleich da sei, im Hintergrund aber die Wellen rauschen? Zweifeln Sie nicht auch ein bisschen, wenn Ihr neuer Boden Bremsschwellen hat wie eine Dreißiger-Zone, der Estrichleger aber meint: »Das muss so!«?
Ich schon.

Ich habe immer sehr genau hingehört und für Sie die zehn besten Handwerkerlügen aufgeschrieben, damit man Sie nicht mehr an der Nase herumführen kann. Mit diesem Rüstzeug sind Sie klar im Vorteil und müssen sich keine Lüsterklemme mehr für einen Kabelbinder vormachen lassen. Ich versichere Ihnen, dass ich alle Äußerungen tatsächlich auf meiner Baustelle gehört habe. Aber da werde ich sicher nicht der Einzige sein.

- PLATZ 10 -
Das war schon kaputt.

...

- PLATZ 9 -
Das haben wir schon hundert Mal gemacht.

...

- PLATZ 8 -
Das geht ganz schnell.

...

- PLATZ 7 -
Sie haben hier ganz schlechte Substanz.

...

- PLATZ 6 -
Da kann man nur abreißen und von vorne anfangen.

...

- PLATZ 5 -
Das Ersatzteil haben wir im Lager. Wir sind gleich wieder da.

...

- PLATZ 4 -
Der Nachlass ist doch schon drin.

...

- PLATZ 3 -
Das sind Setzrisse.

...

- PLATZ 2 -
Nein, nein, wir machen nichts schmutzig.

...

- PLATZ 1 -
Morgen früh kommen wir wieder.

Was Handwerker wirklich denken

Wir haben schon einiges über die Spezies Handwerker gelernt. Wir haben herausgefunden, warum sie oft so sind, wie sie sind. Gerade eben beispielsweise durch den Knigge-Kurs. Wir haben die kleinen und großen Ausflüchte und Flunkereien aufgedeckt. Und wir haben schon einige Lösungswege für Probleme entwickelt.

Was wir allerdings noch nicht versucht haben, das ist, einen Handwerker wirklich zu verstehen. Seine Sprache zu untersuchen. Was fühlt er? Was denkt er? Wie denkt er? Das zu wissen könnte für die Kommunikation ungemein nützlich sein. Sicher entstehen Missverständnisse zwischen Kunde und Handwerker allein schon durch noch unerforschte Sprachbarrieren.

Um Ihnen, liebe Leserin, lieber Leser, auch hier das Zusammentreffen in Zukunft zu erleichtern und einen kleinen Vorteil zu verschaffen, habe ich meine telepathischen Fähigkeiten angeknipst und die wichtigsten Aussagen zusammengestellt.

Gern geschehen!

Was er sagt	Was er denkt
Morgen.	Du Pappnase bist wahrscheinlich gerade erst aufgestanden.
Mahlzeit.	Guten Tag oder auch: Wir machen gerade Pause, gehen Sie bitte weiter und sprechen uns nicht an. Oder auch: Ich weiß nicht, was ich sonst sagen soll.
Bis morgen.	Mal gucken.

Was er sagt	Was er denkt
Haben Sie ein Glas Wasser für mich?	Eigenes Haus, aber geizig. Typisch.
Ja.	Vielleicht.
Nein.	Nein.
Vielleicht.	Eher nicht.
In dieser Sprache nicht vorhanden.	Danke.
Ein schönes Häuschen haben Sie hier.	Hübsche Hütte. Noch!
Das geht nicht.	Na klar, geht das. Aber das müsstest du ja erst mal wissen.
Datt hammer immer so jemacht.	Ich habe davon nicht den blassesten Hauch einer Ahnung.
Das war schon vorher kaputt.	Das war ich zwar, aber dafür können Sie mich nicht zur Verantwortung ziehen, weil Sie keinen Zeugen haben.
Alles wird wieder gut.	Es wird NIE wieder gut. Gott sei Dank wohne ich nicht hier.
Da kann ich nichts für.	Ich habe das sogar mit Absicht gemacht, weil ich in einem Geheimbund bin, der allen Menschen auf diesem Planeten das Leben schwermacht. Und du wirst niemals erfahren, dass es uns wirklich gibt.

Was er sagt	Was er denkt
Das kann man einfach nicht besser machen.	Ich krieg's einfach nicht besser hin.
Davon hat mir mein Chef gar nichts gesagt …!?	Ich weiß genau Bescheid, aber vielleicht muss ich es dann nicht machen. Eisdiele!!!
Da hat der Kollege vor mir aber ganz schön Mist gebaut.	Immer wieder toll, dass du von Tuten und Blasen keine Ahnung hast. Das macht das Leben so einfach.
Da haben Sie recht.	Armleuchter.
Das müsste jetzt ziemlich sicher funktionieren.	Mist, ich hab das Ersatzteil falsch herum eingebaut.
Nä, nä, das ist doch keine tragende Wand.	Ist mir doch egal.
Das Ersatzteil wurde noch nicht geliefert.	Ich habe diese Woche überhaupt keine Zeit für so'n Kleinkram.
Haben Sie ein Abflussproblem?	Auch ich muss ja irgendwann mal aufs Klo gehen, oder!?
Natürlich werden wir das sofort austauschen und den Fehler beheben. Ist doch schließlich unsere Schuld, und wir werden ohne Wenn und Aber für das geradestehen, was wir verbockt haben.	Trallali trallala … Dumdidumdidumm … Vielleicht gibt's heute Abend ja Schmorbraten …

Was er sagt	Was er denkt
Noch weiter kann ich mit dem Preis nicht runtergehen. Dann zahle ich ja drauf.	Eine kleinere Gewinnspanne als 182 Prozent geht nun wirklich nicht.
Da mache ich Ihnen mal ein Angebot.	Ich hab erst in acht Monaten wieder Kapazitäten frei, aber den lasse ich trotzdem nicht von der Angel.
Die Rechnung stimmt aber so.	Ich habe keine Ahnung. Ich schreibe da eh immer rein, was mir gerade einfällt. Plus 10 Prozent.
Also mal ganz ehrlich ...	Also mal ganz gut für mich ...
Wir verlassen Ihr Häuschen natürlich so, wie wir es vorgefunden haben ...	Nach mir die Sintflut! Ich geh eh bald in Rente.
Das hält jetzt ewig.	Nach mir die Sintflut! Ich geh eh bald in Rente.
Nehmen Sie mich beim Wort!	Nach mir die Sintflut! Ich geh eh bald in Rente.
Na klar, ziehen wir uns immer die Schuhe aus.	Nach mir die Sintflut! Du musst eh bald in Rente.
So, wir sind dann fertig.	Weil du die meisten Pfuschereien gar nicht mitbekommen hast, können wir jetzt doch schon abhauen. Wir sehen uns bald wieeeeedeeeeeeeeer ...
Empfehlen Sie uns weiter!	Mein Chef zwingt mich, das zu sagen.

Immer lekker perfect

Langsam, aber sicher kapierte ich endlich, wie Handwerker ticken. Dachte ich. Und mit diesem Wissen fühlte ich mich wieder als Herr der Lage, jetzt konnte nichts mehr schiefgehen. Dachte ich. Umso entspannter war ich, als ich beschloss, es noch einmal mit einem neuen zu versuchen. Diesmal würde alles gut gehen – noch dazu, weil mein guter Freund Hänschen mir den Schreiner wärmstens empfohlen hatte.

Dachte ich.

Und dann wurde alles zwar tatsächlich ganz anders, aber nicht besser.

Herr van Leeuwen war holländischer Landsmann und angeblich so etwas wie ein Geheimtipp, den man nur guten Freunden verriet. Es handelte sich zwar nur um eine Kleinigkeit, die ich eigentlich sogar gerne selber erledigt hätte, aber Hänschen bestand darauf, dass ich das von seinem Profi machen ließ. Herr van Leeuwen sei ein regelrechtes Juwel, die Preise absolut in Ordnung – Gott sei Dank, die Kriegskasse war mittlerweile fast aufgebraucht – und stets so pingelig, als ob es um seine eigenen vier Wände ginge. Er würde nicht eher ruhen, bis alles perfekt sei.

DEN wollte ich haben! Logisch!!! Wenn sich das bewahrheitete, dann würde mir »Superschreiner« meinen Glauben an die Handwerkerzunft sofort zurückgeben. Welch süßen Nektar der Hoffnung ich noch einmal kosten durfte.

Am Telefon war mit Jesus von Amsterdam schnell ausgetauscht worden, dass sich ein Türrahmen über die Jahre wohl verzogen hätte und dieser vermutlich nur ein wenig beigeschliffen werden müsse. Ein Termin für die Arbeit war überraschend schnell gefunden. Und schon zwei Tage später stand ein unglaublich freundlicher, beängstigend sauber und ordentlich gekleideter fliegender Holländer vor meiner Tür. Selbst die beiden Kugelschreiber in seiner Brusttasche waren symmetrisch ausgerichtet.

Äußerst vorsichtig betrat er mein Heim, ließ sich zu seinem Arbeitsplatz führen, breitete behutsam seine Werkzeuge, parallel geordnet, auf einer dicken Wolldecke auf dem Boden aus und machte sich tatsächlich sofort ans Werk. Nach einem fachmännischen Blick auf den Rahmen versicherte er mir, dass er nur hier und da ein wenig schleifen und ausbessern müsste, vielleicht etwas nachziehen und anpassen, und schon werde die Tür wieder sauber schließen.

Ich wollte ihn adoptieren.

Natürlich ließ ich meinen Heilsbringer fortan in Ruhe arbeiten. Keinesfalls wollte ich ihn stören, wenn er mit großem Geschick und, laut Hänschen, magischen Händen Wunder vollbrachte. Nach ungefähr zwei Stunden siegte dann aber doch meine Neugier. Ich gesellte mich zu ihm, um mich nach dem Stand der Dinge zu erkundigen. Der ganze Rahmen war bereits abgeschliffen, der Staub gleichzeitig abgesaugt worden – ringsherum sah alles picobello! aus –, und de Heer Leeuwen fixierte nur noch eine kleine Stelle knapp über dem Boden. Wie lange er dort schon so kniete, wusste ich nicht. Aber es sah aus, als hätte ihn jemand mit einem Vereisungsstrahl schockgefrostet.

Auf Nachfrage reagierte er zuerst nicht. Erst nachdem ich ihn antippte, fand er zurück in unsere Welt. Ich versicherte ihm, dass ich ihn nicht habe erschrecken, sondern nur mal fragen wollen, ob denn alles in Ordnung sei. Er nickte lächelnd und erklärte, dass er alle verzogenen Stellen erfolgreich bearbeitet habe, nur aus dieser einen hier nicht schlau werde. Es könne eigentlich gar nicht sein, aber hier werde es einfach nicht gerade.

»Vielleicht kann man ja an der Tür eine Kleinigkeit verändern, so dass sie schließt«, schlug ich vor.

»Wiessou? Das fungssioniert doch längst.«

»Wie bitte?«

Er sagte, dass die Tür echt lekker passe und seit einer Stunde schon wieder praachtig zusnaape. Was mich, Sie verstehen, a kleen bitje stutzen ließ. Wenn doch die Funktionalität wiederhergestellt war, warum dann noch weiter herumdoktern? Es gab auch optisch rein gar nichts mehr zu beanstanden, oder hatte ich Vleeskroketjes auf den Augen?

Herr Leeuwen verstand nicht im Mindesten, worauf ich hinauswollte. Die Kante im Rahmen hinterließ an bekannter Stelle einen Spalt von 0,329 Millimeter. Das war aus seiner Sicht so breit wie die Meerenge von Gibraltar. Doch auch als ich ihm versicherte, dass ich sehr zufrieden mit seiner Arbeit sei, er also einpacken und lekker Feierabend machen könne, schaute er mich an, als ob ich versucht hätte, ihm auf Chinesisch die Relativitätstheorie zu erklären.

Er nehme seinen Beruf sehr ernst, hinterlasse immer tadellose Arbeit und werde auch hier auf keinen Fall aufgeben, bevor er selbst sie für abgeschlossen erachte. Schließlich habe auch er einen Ruf zu verlieren.

Na »dank jewel Dauerwell«, wie meine Oma immer gesagt hatte.

Wie lange er denn noch brauche, fragte ich vorsichtig, um ihn nicht zu kränken. Und er entgegnete, dass man das zu diesem Zeitpunkt überhaupt noch nicht sagen könne. Manchmal sei es eben nicht so einfach. Er öffnete seinen polierten Aluminiumkoffer und holte aus einer der Seitentaschen Handschleifpapier in der Stärke einer Nagelfeile heraus. Und ich meine die feine Seite! Dann setzte er an der mit bloßem Auge nicht zu erkennenden Meerenge an, hielt kurz inne und fuhr ein Mal schwungvoll darüber. Seine Bewegung erinnerte klischeehaft an berühmte Maler aus diversen Verfilmungen. So stellte man sich ein Genie bei der Arbeit an der Mona Lisa vor. Oder hatte ich den Urenkel van Goghs erwischt? Die Herkunft stimmte ja. Und wenn man ihm ein Ohr abschnitt ... ja, tatsächlich, eine gewisse Ähnlichkeit war nicht von der Hand zu weisen!

Blieb nur zu hoffen, dass Vincent van Leeuwen nicht ebenso viel Zeit für sein Opus magnum benötigte wie sein Vorfahre für die Weiterentwicklung des Impressionismus.

Ich war hin und her gerissen. Einerseits hätte ich die Sache gerne schnell und mannhaft beendet, wo doch das Problem ausnahmsweise mal schnell behoben werden konnte. Ich hätte nach langer, langer Zeit mal wieder den ... äh, wie nannte man das Ding noch gleich ... ach ja, den Fernseher anstellen können. Andererseits war ich natürlich froh, einen so akribischen Handwerker gefunden zu haben. Ziemlich sicher würde man ihn bei anderen Arbeiten irgendwann noch einmal dringend brauchen.

Ich entschied mich also dafür, den Meister gewähren zu lassen. Die paar Stunden mehr, die er in Rechnung stellen würde, waren sicher gut in die Zukunft investiert.

Als ich am Nachmittag wieder zu Künstler und Werk zurückkehrte, sah es so aus, als hätte ich bei meinem Weggehen versehentlich die Pause-Taste gedrückt. Ich hätte schwören können, dass sich Vincent zwischenzeitlich nicht einen Zentimeter bewegt hatte. Auch der Rahmen sah genauso aus wie vorher. Hatte der Vereisungsstrahl erneut zugeschlagen? Oder war Herr Leeuwen in Ausübung seiner Pflicht gestorben und spontan mumifiziert? Regungslos hypnotisierte unser Genie das, was keiner sah. Es war gruselig.

Doch dann, kurz bevor ich ihn ansprechen konnte, flog bei ihm eine Sicherung zurück in Position. Vielleicht hatte er auch eine Eingebung von Gott erhalten. Jedenfalls werkelte er von einer Sekunde zur anderen mit solch unglaublichem Elan am Holz herum, als ob es darum ginge, die Welt vor dem Untergang zu retten.

»Und?«, fragte ich so locker ich konnte. »Wie sieht's aus? Wir sind auf der Zielgeraden, wie ich sehe. Nicht wahr?«

Er schaute nicht hoch, er stockte nicht, er sprach mit dünnen Lippen. »Ich wäiß, wie entäuscht Sie sein müssen. Es tut mir unglaublich laeid.«

»Ach wissen Sie ...«

»Schon klaa. Ich habe Ihne vorher zu viel vasprochen. Da habe ich die Mund wohl a bissche zu voll genommen. Vrzeihen Sie mir, dass ich so gelegen habe daneben.«

»Nicht doch. Für meine Begriffe ist das doch schon ...«

»Sie sind ssehr nett. Und deswegen wolle Sie nicht aussprechen, dass Sie so ein stümperhafte Arbeit noch nie gesehn habe.«

»Ganz und gar nicht! Im Gegenteil bin ich unglaublich ...«

»Ich mache es wieder gout. Sie brauche mir ab jetzt keine Stunde mehr mehr ssu bezahle.«

»Ach, daran soll es nicht scheitern. Aber trotzdem danke. Was glauben Sie denn? Wie lange ...?«

»Wir werde de Rahme wohl doch verliere. Ich unternehme grade die letzte Rettungsverzuik, aber es ist woll nix mehr zu mache.«

Ich versuchte einen Scherz, um die Situation zu entkrampfen, denn anscheinend hatte man beschlossen, die Nuklearsprengköpfe scharf zu machen.

»Herr van Leeuwen. Nun seien Sie mal kein Korintenkakjes! Man sieht doch überhaupt nichts, zumindest ich nicht. Und das ist doch die Hauptsache, nehme ich mal spaßeshalber an. Ich kann wirklich mit der Situation leben und möchte verhindern, dass wir wegen so einer Kleinigkeit jetzt den ganzen Rahmen rausreißen.«

Tja, da war mir die Wahrheit dann doch entfleucht. In seinem Gesicht konnte ich keine eindeutige Regung erkennen. Ich wusste nicht, ob er mir zustimmen, in Heulkrämpfe ausbrechen oder mich wegen meiner Blasphemie mit einer perfekt austarierten Wasserwaage erschlagen würde. Aber Vincent van Pingelkopp erinnerte sich in letzter Sekunde anscheinend der vorherrschenden Rechtsprechung und lenkte ein. Vorerst.

Wir einigten uns darauf, dass er so lange an der Stelle herumschleifen dürfe, bis es seines Erachtens einfach nicht mehr besser ging. Selbst wenn es Tage dauern würde. Es dauerte Wochen. Und das ist keine Übertreibung.

Täglich grüßte Herr van Murmeltier vor meinem Haus. Ohne Fehl und Tadel gekleidet saß er wenig später für den Rest des Tages an seinem Türrahmen. Die Zeit verging, und manchmal, ja manchmal vergaß ich sogar, dass er da war. Er arbeitete unglaublich leise. Manchmal machte er in einer Stunde nur eine einzige Bewegung. Meine Freundin und ich haben ihn sogar aus einer Ecke beobachtet und Wetten abgeschlossen, wie lange die nächste reglose Pause dauern würde. Der Rekord lag bei zwei Stunden und dreiundvierzig Minuten, und meine Freundin hat damals eine Menge Geld gewonnen.

Sie hatte Vincent mit der Zeit richtig in ihr Herz geschlossen. Ich nicht. Was womöglich daran gelegen haben mag, dass Malermeister Monk so lange an seinem Fetisch herumgefeilt hatte, bis der Türrahmen nicht mehr zu retten war. Er hatte es in seinem Wahn wirklich geschafft, alles kaputtzurubbeln, so dass ein neuer Rahmen unumgänglich wurde. Natürlich auf seine Kosten, wie er hundert Mal versicherte.

Doch damit nicht genug! Warum auch? In den neuen Rahmen passte seltsamerweise die alte Tür nicht mehr. Ich kann mir nicht erklären, warum ich unserem Molekularschreiner gestattet habe, diese »mit ein paar kurzen Handgriffen« anzupassen. Denn Sie vermuten richtig! Nach ein paar Tagen war auch die Tür hin und Mister Unperfect am Boden zerstört, seiner Reputation endgültig beraubt. Und auch wenn ich, wie so oft, in die Welt hinausschreien wollte:

Warum immer ICH?

... so fand ich mich doch damit ab. Die Erledigung der anfangs so bezeichneten Kleinigkeit dauerte zwar anstatt weniger Stunden schließlich Monate, aber das war ja nichts Neues. Nur der Grund war diesmal ein anderer. Und das fand ich irgendwie ziemlich komisch! Vielleicht sprach aus mir aber auch nur die pure Verzweiflung – wer kann das an diesem Punkt noch auseinanderhalten.

Nachdem eine neue Tür eingesetzt war – auch auf Kosten von Herrn Leeuwen, dem ich mittlerweile sehr gern ein halbes Ohr abgeschnitten hätte –, stellten wir fest, dass der Parkettboden durch die gröberen Maßnahmen doch ganz schön gelitten hatte. Neu schleifen, polieren, ölen ... alles supper lekker erledigt von Hänschens fantastischem Geheimtipp. Der darf mir seitdem noch nicht mal mehr 'ne Currywurst-Bude empfehlen.

Mittlerweile kann ich laut und herzhaft über »die unendliche Geschichte« und den niedlichen manischen Holländer lachen. Und auf jeden Fall war seine Tür hinterher die schönste von allen. Musste sie ja auch.

Auf der Rechnung standen alle Tage, Rahmen, Tür und Parkettarbeiten.

Bezahlt habe ich in Poffertjes.

Wussten Sie eigentlich ...
dass seit fast achthundert Jahren am Kölner Dom gearbeitet wird? Denn es heißt in Köln: Solle der Dom einmal fertig sein, gehe die Welt unter.

Unheilbar

Endlich. Der erste Tag ohne Holländer. Ich konnte gar nicht glauben, dass dieser neue Morgen nur mir gehören sollte. Ich schlug die Augen auf und freute mich ... auf einen Arztbesuch. Mist, den hatte ich ganz vergessen. Seit einiger Zeit fühlte ich mich merkwürdig, hatte den Termin aber immer wieder verschoben. Und obwohl tausend andere Sachen seit Wochen auf dringende Erledigung warteten, wollte ich jetzt endlich wissen, was mich da quälte.

»Guten Tag, Herr Schmitz. Nehmen Sie doch bitte auf dem Stuhl dort Platz und erzählen mal, was Sie zu mir führt.«
»Ja, vielen Dank, Herr Doktor.«
»Nun ...?«
»Ich weiß, ehrlich gesagt, nicht, was ich haben könnte.«
»Na, das festzustellen ist ja wohl auch meine Aufgabe. Sie müssen mir nur die Symptome schildern, Herr Schmitz. Den Rest mache ich dann schon. Wir finden sicher raus, was Ihnen fehlt. Also?«
»Tja, also ... Meine Beine zittern zum Beispiel. Ich kann einfach nicht ruhig sitzen bleiben. Irgendwie fühle ich mich dadurch auch ständig gehetzt, laufe durchs ganze Haus und kann mich selber nicht davon abbringen. Immer wieder habe ich das Gefühl, irgendetwas könnte nicht stimmen. Ist das eine psychische Störung?«
»Das kann man noch nicht sagen. Ich denke aber, eher nicht. Erzählen Sie erst mal weiter, Herr Schmitz!«
»Ich wache morgens schweißgebadet und viel zu früh auf, schon so um sieben, weil es in meinem Kopf Sturm klingelt. Und das, obwohl ich am Abend vorher auf der Bühne gestanden habe und total kaputt bin. Ich schaffe es aber auch nicht, mich noch einmal herumzudrehen und weiterzuschlafen.«
»Hm ...«

»Das Verrückte dabei ist, dass alle Symptome schlagartig gegen vier Uhr verschwinden. Punkt vier bin ich die Ruhe selbst. Bis es dann am nächsten Morgen von vorne losgeht. Was stimmt nur nicht mit mir?«

»Ich habe schon eine Ahnung. Werden Sie manchmal ohnmächtig?«

»Ja! Schon aus dem kleinsten Anlass heraus. Wenn ich zum Beispiel eine Rechnung im Briefkasten finde, kippe ich einfach rückwärts ins Blumenbeet.«

»Verstehe … Wie sieht es mit Fieber aus?«

»Spontan, wenn's an der Tür läutet, ein Schub. Verschwindet aber auch schnell wieder.«

»Alles klar. Wie sieht es mit Herzklopfen aus?«

»Eigentlich nur, wenn ich vor vier von der Küche ins Wohnzimmer will.«

»Schwitzige Hände?«

»Absolut! Aber nur, wenn ich Männern mit Latzhosen die Hand gegeben habe.«

»Atembeschwerden?«

»Auch das. Vor allem, wenn wir wieder Nebel im Wohnzimmer haben.«

»Nebel im Wohnzimmer?«

»Ja! Klar. Haben wir in letzter Zeit ganz oft.«

»Okay … Haben Sie Ohrgeräusche? Hören Sie manchmal hohe, brummende, hämmernde oder nicht enden wollende Töne, vielleicht sogar ein wildes Durcheinander?«

»Ja! Ja! Ja!«

»Aha … aha … Brechreiz?«

»Selten, nur bei einem bestimmten Auslöser. Manchmal liegt bei uns zu Hause so ein dermaßen penetranter, beißender Geruch in der Luft, dass ich nur schwer alles bei mir behalten kann. Das Merkwürdige dabei ist, dass meine Freundin Stein und Bein schwört, dass sie gar nichts gekocht habe.«

»Ja, das macht alles Sinn. Nur noch ein paar Fragen. Haben Sie schon mal fleckige Hände?«

»Täglich! Woher wissen Sie das alles nur? Jeden Tag sind sie abends fast komplett weißgrau, hin und wieder sogar braun oder schwarz. Ekelhaft. Was hab ich nur???«

»Gleich, Herr Schmitz, gleich. Eine letzte Frage noch: Fühlen Sie sich manchmal verfolgt?«

»Ich wollte es nicht sagen, weil ich mich so geschämt habe. Aber ja, das Gefühl habe ich sogar sehr oft. Entschuldigen Sie, dass ich mich so gehen lasse und sogar weinen muss, aber ich glaube, Sie wissen, was mir fehlt, und werden mir gleich eine schreckliche Mitteilung machen.«

»Ich möchte Sie noch kurz untersuchen, Herr Schmitz. Machen Sie sich bitte mal frei!«

»Muss das wirklich sein? Ich habe so gehofft, dass es etwas Harmloses ist.«

»Ich kann es noch nicht mit Bestimmtheit sagen. Bitte machen Sie sich keine allzu großen Sorgen, aber etwas gänzlich Harmloses ist es vermutlich nicht. Um sicherzugehen, möchte ich abschließend ein paar kleine Tests machen.«

»Das hört sich aber gar nicht gut an.«

»So, Herr Schmitz ... ich werde jetzt die Reflexe prüfen. Achtung, der Hammer kommt! ... Dachte ich mir schon. Absolut keine Reaktion. Haben Sie etwas gespürt?«

»Nicht das Geringste!«

»Total phlegmatisch ... Achtung: Pupillen-Test mit der Lampe ... Auch hier, keine Reaktion. War das unangenehm?«

»Was denn?«

»Alles klar. Bitte tief einatmen und dann sofort tief ausatmen!«

»Oooooooooohhhhjjeeeeeeeeeeehhhhhhhhhhhhhhhhhh ...«

»Noch einmal bitte!«

»Aaaaaaaaaaaachchchchnneeeeeeeeeeiiiiiiiiiiiiinnnnnnnn ...«

»Gut, Herr Schmitz, ziehen Sie sich bitte wieder an!«

»Jetzt sagen Sie schon! Ich dreh gleich durch. Wie schlimm ist es? Wie lange habe ich noch?«

»Herr Schmitz, bitte setzen Sie sich! Gut. Ich habe leider eine schlechte Nachricht für Sie.«

»Oh Gott!«

»Haben Sie jemanden, der sich um Sie kümmern könnte?«

»Jetzt spannen Sie mich doch nicht so auf die Folter. Spucken Sie es aus! Das hält ja keiner aus.«

»Herr Schmitz, es tut mir wahnsinnig leid, aber ...«

»WAS DENN?«

»... Sie haben Handwerker!«

Wenn man so eine Nachricht bekommt, dann stürzt die ganze Welt über einem zusammen. Die Umgebung verschwindet, Zeit und Raum lösen sich auf. In Filmen hat man solche Situationen vielleicht schon hundert Mal gesehen, bei ähnlichen Fällen im Bekanntenkreis hat man in Gedanken durchgespielt, wie sich das anfühlt, aber vorbereitet ist man auf so was nicht im Geringsten. So etwas passiert einem doch nicht selbst. Was hat man denn verbrochen, dass einem so etwas Schreckliches widerfährt? Warum ich?

Und mit wem kann ich darüber sprechen? Mit der Familie? Mit meinen Freunden? Nein, die dürfen davon nichts erfahren. Die würden mich immer so mitleidig ansehen. Zuerst würden Sie alle noch Hilfe anbieten und mich besuchen. Aber bald schon würden diese Besuche weniger, die Zahl der Freunde würde immer kleiner. Bis irgendwann keiner mehr käme. Wer will schon immer wieder daran erinnert werden, dass es solches Elend gibt? Wer will schon immer wieder mit dem Gedanken konfrontiert werden, dass es auch ihn treffen kann. Aus heiterem Himmel, einfach so, grausam.

»Herr Schmitz? HERR SCHMITZ!!!!!! Sind Sie noch da? Geht es Ihnen gut?«

»Oh ... Ich ... weiß nicht, was ich sagen soll ... Wie stehen meine Chancen?«

»Nun, Sie kommen spät zu mir. Die Symptome lassen darauf schließen, dass Sie schon sehr lange an Handwerkern leiden. Mit ein bisschen Glück können wir das Ruder noch herumreißen, aber, ganz ehrlich, die Chancen stehen schlecht.«

»Was können wir tun?«

»Als Allererstes schreibe ich Ihnen ein paar Do-it-yourself-Ratgeber auf, damit Sie wieder selber anpacken können und zumindest ein paar der ungefährlicheren Plagegeister sofort loswerden. Bei den hartnäckigen wird es deutlich schwieriger. Die haben sich schon tief bei Ihnen festgesetzt und die Abwehrkräfte angegriffen. Nur mit viel Geduld, Ausdauer und der richtigen Therapie werden wir die wieder los. Wenn überhaupt. Die Gefahr, dass wir zu spät kommen, ist in dem Stadium, in dem Sie sich schon befinden, leider sehr groß. Im schlimmsten Fall, das möchte ich Ihnen nicht verheimlichen, saugen die Sie aus bis auf den letzten Rest. Und dann bleibt nur noch die stationäre Einweisung bis zum endgültigen Ende.

Aber so schwarz wollen wir nicht sehen. Wenn Sie den Kampf aufnehmen wollen, Herr Schmitz, dann stehe ich an Ihrer Seite. Gemeinsam werden wir das schon schaffen!«

»Natürlich kämpfe ich. Natürlich werde ich nicht aufgeben. Wenn man den Feind erkannt hat, dann hat man die Hälfte des Weges doch bereits geschafft. Dann weiß man, was man tun kann. Ich bin bereit. Und danke, dass Sie mich unterstützen.«

»Selbstverständlich! Ich werde ein paar Hausbesuche machen müssen, um mir ein ganzheitliches Bild von Ihrem Zustand machen zu können. Erst dann werden wir von De-Sensibilisierungen über therapeutische Schockentlassungen und einer Antipraktika-Behandlung bis hin zu maximal invasiven Amputationsmaßnahmen alles versuchen, was in unseren Möglichkeiten steht. Wir kriegen das schon hin. Es ist jetzt sehr wichtig, dass Sie die Wahrheit nicht ignorieren oder sich zurückziehen. Stellen Sie sich Ihrem Schicksal, und sehen Sie es als Chance. Sie werden sehen, dass Ihre Beschwerden zurückgehen ... Sie die Erreger damit verwirren und bekämpfen ... der Heilungsprozess dadurch enorm positiv beeinflusst wird. Wir müssen das Übel an der Wurzel packen.«

»Ich werde das schaffen! Da bin ich sicher. Es gibt da übrigens noch ein paar andere Symptome, von denen ich noch nichts gesagt habe und die mich beunruhigen. Die passen aber irgendwie nicht zu den anderen. «

»Was meinen Sie?«

»Ich habe ständig so ein Kribbeln überall. Permanent versuche ich alles von der positiven Seite zu sehen. Und anscheinend rede ich lustiges Zeug, denn immer, wenn ich was sage, dann lachen mich die Leute aus. Gehört das auch zu den Symptomen bei Handwerkern?«

»Ach so, nein, nein, das ist etwas völlig anderes. Harmlos, aber unheilbar. Sie haben sich wahrscheinlich schon früh infiziert, vielleicht schon im Mutterbauch. Und diese Infektion hat Sie verändert. Sie sehen vielleicht noch so aus, aber aus medizinischer Sicht sind Sie im Grunde sogar kein Mensch mehr.«

»Oh! Das klingt ja unglaublich. Um Himmels willen, was bin ich denn dann?«

»Sie sind Komiker.«

Der Verschlimmbesserer

Vielleicht haben Sie ja *Schmitz' Mama* gelesen. Und vielleicht erinnern Sie sich an meinen liebenswerten, aber schusseligen Stiefvater Herbert. Schon im vorigen Buch habe ich anschaulich beschrieben, dass er wahnsinnig hilfsbereit ist, aber bei jedem Gefallen, den er Ihnen tut, leider Ihr Hab und Gut zerstört. Wenn Sie also mal ein Abrissunternehmen brauchen, dann lassen Sie sich von ihm einfach einen neuen Duschvorhang aufhängen. Ich gebe Ihnen gern seine Nummer.

Irgendwann konnte ich mich nicht mehr gegen Herberts Hilfe wehren. Ich hatte alles versucht. Die einzigen Ausreden, die mir noch geblieben wären: plötzlicher Tod oder ein Atomangriff Nordkoreas. Und in beiden Fällen hätte ich mit der Beweisführung im Nachhinein Schwierigkeiten bekommen.

Mein Stiefvater bekam natürlich aus erster Hand mit, dass es mit meinem Umbau nicht so gut lief. Meine Mutter versorgte ihn täglich mit den allerneuesten Nachrichten, auch wenn mal gar nichts passiert war. Und irgendwann stand er dann in frisch gestärkter Arbeitslatzhose und mit zwei Werkzeugkoffern bewaffnet sonntags vor meiner Tür. Mein Hals zog sich zu, und ich bekam schlechter Luft.

»Herbert, was machst *du* denn hier? Das ist aber lieb, dass du vorbeikommst, aber das hättest du dir wirklich sparen können. Momentan ...«, versuchte ich ihn gleich am Anfang auszubremsen, noch bevor er einen Schritt ins Haus getan hatte.

Doch vergebens. Er war schon drin.

Allerdings wurde mir schlagartig wieder bewusst, welch schreckliche Diagnose ich gerade erst erhalten hatte. Nun, vielleicht könnte mich Herbert ja trotz seiner, nennen wir es, Talente, bei meiner Genesung unterstützen? Mich ein wenig unabhängiger machen von den Erregern, die mich quälten. Doch noch bevor ich diesen Gedanken überprüfen konnte, wurde schon zum Großangriff geblasen.

Seine beiden Werkzeugkoffer stellte er hinter der Eingangstür mitten im Flur ab. Dann inspizierte er die Räumlichkeiten. Inmitten all der laufenden Arbeiten erkannte Herbert wie ein Adler aus großer Höhe die Feldmaus, dass mein Schrank im Schlafzimmer noch nicht aufgebaut war. Dort lebte ich aus Kisten, Kartons und nahm mir vom Klamottenstapel weg, was oben lag.

»Den baue ich dir auf! So kann man doch nicht leben«, meinte er fürsorglich, und mir graute vor dem, was jetzt unweigerlich folgen musste.

Auf dem Bett wurden alle weltweit verfügbaren Schraubenziehergrößen (Kreuzschlitz und Schlitz natürlich), ein paar Klemmen, ein Akkuschrauber, ein Akkubohrer und diverse Sechs- und Achtkantschlüssel fein säuberlich drapiert. Dann ordnete er alle Schrankelemente der Größe nach und ließ nur zwei davon vier Mal unter ohrenbetäubendem PATSCH mit der flachen Seite auf den Boden fallen. Gott sei Dank war ich allein. Nicht nur, dass meine Freundin panisch aus dem Schlaf hochgeschreckt wäre, sie wäre ihm auch dann erst aufgefallen.

Herbert wollte sich partout nicht helfen lassen. Ich durfte noch nicht einmal ein Seitenteil anreichen oder nur festhalten. Er hatte sich in den Kopf gesetzt, mich zu entlasten, und da war nicht dran zu rütteln. Ich wurde also aus dem Zimmer geschickt und durfte allerhöchstens Kaffee für ihn und Tee für mich selber machen. Okay, okay.

Aber ich hätte so gerne geholfen! Ständig rutschte ihm was aus der Hand. Der Akkuschrauber machte komische Geräusche. Und hin und wieder drang ein »Aua« aus dem Schlafzimmer. In erster Linie wollte ich Herbert vor sich selbst beschützen. Es war ja nur eine Frage der Zeit, bis sein »Talent« sich gegen ihn selbst richten würde. Ich sah uns schon mit blutenden Fingern, Loch im Kopf oder abgetrennten Zehen in der Notaufnahme. Und wie würde es ihm erst gehen.

Schließlich hielt ich es nicht mehr aus. Mit Kaffee- und Teetasse enterte ich wieder mein eigenes Schlafzimmer und war verdutzt. Herbert war gar nicht mehr da. Hatte er aufgegeben und sich heimlich davongeschlichen? Er war definitiv nicht an mir vorbeigekommen.

»Herbert?«

»Was ist denn?«

Fast hätte ich die Tassen fallen lassen. Er hatte sich in eine etwas unglückliche Lage gebracht und war dabei vollständig unter und zwischen den Elementen verschwunden. Wenn ich es nicht besser gewusst hätte, so wäre auch die Vermutung naheliegend gewesen, dass er sich eine kleine Hülle bauen wollte. Nur leider gescheitert war.

Herbert hockte mit hochrotem Kopf zwischen drei großen Schrankteilen, die er nicht mehr unter Kontrolle hatte. Das eine lehnte nur noch an einer Ecke auf seiner Schulter. Das andere hielt er mit verkrampften Fingern hinter seinem Rücken aufrecht. Und das dritte balancierte halb auf der anderen Schulter, halb auf seinem Kopf, nur durch eine bereits ermüdende, zitternde zweite Hand vor dem Abrutschen bewahrt. Wie lange er schon so dagestanden hatte, ließ er sich nicht entlocken. Er behauptete, dass es gerade erst passiert sei. Die Schweißtropfen in seinem Gesicht verrieten anderes.

Nachdem ich die Tassen abgestellt und ihn aus seiner Not befreit hatte, betonte er ständig, dass ich einfach nur schneller gewesen sei. Er wäre da auch so wieder rausgekommen. Natürlich.

Und obwohl die letzte Gefahrenquelle gerade erst gebannt war, schubste er mich wieder zur Tür raus und befahl, dass ich erst in einer Stunde wiederkommen dürfe. Trotz Sorge und Gewissensbissen überließ ich ihm wieder meinen Schrank nebst

Schlafzimmer und hoffte, dass in sechzig Minuten noch irgendetwas von beidem übrig sein würde.

Als ich wieder zurückkam, hatte Herbert zwar alle Elemente zusammengeschraubt, aber ein Schrank war das nicht. Noch nicht mal ansatzweise. Das war bestenfalls ein oberkrasser Tisch oder moderne Kunst, aber ein Schlafzimmerschrank ... keinesfalls. Das sei ihm auch schon aufgefallen, meinte er. Er habe sich schon gefragt, wo man da die Sachen reinlegen solle.

Ich wollte ihn freundlich nach Hause schicken, aber das ließ er nicht auf sich sitzen. Dann eben noch mal von vorn. Wieder eine Stunde, bis ich zurückkommen durfte.

Es war ein bisschen wie an Weihnachten zur Bescherung, wenn man gespannt ist, was »das Christkind« denn unter den Baum gelegt hat und man endlich wieder ins Wohnzimmer darf. Hier war das Engelchen nur schon neunundsechzig und hatte sich wohl im Zimmer vertan. Aber spannend war es trotzdem.

Diesmal erkannte ich ganz klar einen Sarg für zwei Personen oder einen Vierer-Bob für die nächsten Olympischen Winterspiele. Keinen Schrank.

Während ich die nächste Stunde mal wieder alleine in der Küche saß, fragte ich mich, wie lange die einzelnen Teile das ständige Auseinander- und wieder Zusammenschrauben wohl aushalten würden. Parallel stöberte ich im Internet schon mal nach einem neuen Modell.

Als ich mein Schlafzimmer zum dritten Mal betrat, erblickte ich ein übergroßes, abgestürztes Mobile aus schwangeren Kühen. Gucken Sie nicht so! Ich kann doch nichts dafür.

Beim nächsten Mal einen Miniatur-Dachstuhl. Auf zum Richtfest.

Und beim nächsten Mal die Arche Noah.

Ein Schrank wurde es jedenfalls immer weniger.

Herbert erbat sich noch einen letzten Versuch. Er war sich sicher, dass er den Konstruktionsfehler nun gefunden hatte. Und ich willigte ein. Der Sonntag war eh schon im Eimer. Die Handwerker würden am nächsten Tag wiederkommen und Herberts unfreiwilliges Zerstörungstalent sicher ehrenhaft fortführen.

Bei der letzten Bescherung war ich überrascht. Ich hatte mit der endgültigen Zerstörung und einer neuen Ladung für die Pelletheizung gerechnet. Doch da stand tatsächlich ein Schrank. Gut ... ein halber Schrank. Aber alle Teile waren verschwunden, alle Schrauben verbraucht, nichts war mehr übrig. Außer Herbert, der tief geknickt auf dem Bett inmitten all seiner Schraubenzieher saß und mich ansah wie ein Labrador, der den Aufschnitt vom Tisch gefressen hatte. Dabei konnte er gar nichts dafür! Das war mein Schrank, beziehungsweise ein Teil davon.

Ich versicherte ihm, dass er das toll gemacht habe und nichts für den aktuellen Zustand könne. Unendlich erleichtert umarmte er mich.

»Ich hatte schon Angst, dass ich Alzheimer habe und nicht mehr weiß, wie ein Schrank aussieht.«

»Lieber Herbert, mach dir mal keine Sorgen! Wo die andere Hälfte von meinem Schrank geblieben ist, weiß ich zwar gerade nicht, aber weggelaufen kann sie ja nicht sein. Die wird sich schon wieder finden.«

Das kleine Rätsel wird im Verlauf des Buches übrigens noch gelüftet. So viel sei an dieser Stelle verraten.

Herbert jedenfalls packte alle seine Werkzeuge wieder zusammen. Wir tranken noch eine Tasse Kaffee und Tee, und schließlich begleitete ich ihn an die Tür. Ich war erleichtert, er auch. Jederzeit könne ich mich wieder bei ihm melden, wenn mal Not am Mann sei. Tag und Nacht. Falls ich das wirklich einmal in Anspruch nehmen sollte, würden wir auch beide Tageszeiten brauchen. Und sei es nur, um die Wohnzimmerlampe anzuschließen. Ich mochte ihn sehr.

Wussten Sie eigentlich …

dass beim Bau der Elbphilharmonie seit Beginn der Arbeiten 4 494 Mängel angezeigt wurden? Ein Witz im Vergleich zum Berliner Flughafen, hier waren es bereits 2013 über 40 000 Mängel.

Drive Baumarkt

Nach dem herben Rückschlag mit Schreinermeister Edamer und den letzten Herzattacken dank Herbert beschloss ich, doch wieder selber Hand anzulegen. Ja, ich weiß. Das hatte am Anfang schon nicht so gut funktioniert, aber das musste ja nicht so bleiben. Und außerdem: Wenn schon, dann vermurkste ich mein Häuschen doch lieber selbst. So hatte ich wenigstens jemanden, dem ich nach groben Schnitzern in den Hintern treten konnte. Mit ein wenig Verrenkung.

EINEN weiteren großen Vorteil hat das eigenhändige Renovieren natürlich auch noch: Es macht Spaß! Vor allem, wenn man in den Drive Baumarkt darf.

Ja, es gibt ihn. Wirklich! Den Baumarkt zum Durchfahren. Ist das nicht der Hammer!? Vielleicht kennen Sie dieses Angebot ja schon längst. Ich war jedenfalls baff, als mir Hänschen von seinem Besuch dort erzählte. Man konnte tatsächlich mit dem Wagen IN einen Baumarkt hineinfahren, sich die Einkäufe ins Auto laden lassen und am zweiten Fenster zahlen. Wahrscheinlich bekam man am Schluss noch eine Apfeltasche dazu. He he. Entgegen meiner Idee, ein ganzes Haus per Drive through zu kaufen, gab es das befahrbare Heimwerker-Universum schon seit Jahren. Wahnsinn! Ein Abenteuer, das dringend nachgeholt werden wollte.

Wie ein kleiner Junge auf den Ausflug ins Phantasialand, freute ich mich auf meinen ersten Besuch im Erlebnismarkt. Was würde mich erwarten? Ein Kettensägen-Karussell? Ein Irrgarten durch Gänge 1 bis 26? Eine Laubpuster-Achterbahn? Ein Free-Fall-Knauber? Ein rasender Schlauchwagen durch die Gardena-Sprinkleranlage? Oh Mann!!! Ich konnte die ganze Nacht nicht schlafen.

Nach quälenden Tagen, an denen ich von meiner Baustelle einfach nicht wegkam, war es dann endlich so weit. Mit dem Mini rollte ich als Erster früh am Morgen ehrfurchtsvoll durch die große Einfahrt. Mein Atem stockte. Ich hatte das Gefühl, wie Alice ins Wunderland gezogen zu werden. Die Regale waren riesig. Auch ich hatte wohl wie sie zu viel von dem Pilz abgebissen und war auf Mausgröße geschrumpft. NEIN, das war auch für mich neu! Frechheit.

Meter für Meter tastete ich mich vor. Es war berauschend. Eigentlich wollte ich mich ja überraschen lassen und maximal einen Sack Erde mitnehmen, im Grunde also nur ein Alibikauf. Aber als ich nichts ahnend durch die Gartenabteilung FUHR, da sah ich ihn! Ich riss die Handbremse hoch. Seit Jahren, ach, seit Jahrzehnten schon wollte ich ihn haben. Und jetzt stand er wie aus dem Nichts direkt vor meiner Windschutzscheibe. In gleißendes, göttliches Licht getaucht … Vielleicht war es auch nur die Dachluke der Halle. Nur wenige Zentimeter und ein bisschen Glas trennten uns noch. Es war Schicksal, ein Wink des Himmels. Es musste einfach so sein. Und es musste heute sein. Vor mir stand MEIN Geräteschuppen.

Ein netter, groß gewachsener Mitarbeiter – laut Namensschildchen auf seiner Brust hieß er Herr König – trat an meinen Wagen und fragte mich lächelnd, wie er mir denn helfen könne. Als ich auf die Erfüllung meiner Träume zeigte, schaute er erst lange mich, dann meinen Wagen, dann wieder mich an. Anscheinend wusste er nicht so recht, wie er jetzt reagieren sollte. Und ich verstand zunächst gar nicht das Problem.

»Entschuldigen Sie, habe ich das richtig verstanden, dass Sie mir das, was ich aussuche, in mein Auto räumen und ich danach einfach zur Kasse fahre?«

»Äh, richtig.«

»Fantastisch! Also, ich nehme den Geräteschuppen ›Österreich‹.«

Wieder ein langer Blick zu mir, dann zu meinem Auto und wieder zu mir. Blanke Hilflosigkeit in seinen gequälten Augen.

Mit einem Mal erinnerte ich mich daran, dass ich ja in einem Mini saß. Und jetzt war ich derjenige, der tief enttäuscht den Geräteschuppen, dann den Mitarbeiter, dann wieder den Geräteschuppen ansah.

Herr König konnte anscheinend in meinem Gesicht lesen, was in mir vorging. Und er hatte Verständnis. Nachdem klar wurde, dass ich erst in zwei Wochen wieder Zeit finden würde, zurückzukommen, »Österreich« aber schon das letzte Exemplar einer auslaufenden Produktion war, hatte Herr König plötzlich etwas Entschlossenes in seinem Blick.

Er meinte: »Okay. Die Einzelteile sind sowieso in praktische Kartons verpackt ...«

»Ja, schon, aber trotzdem passen die sicher nicht ...«

»Außerdem können wir ja alles auf der Rückbank, im Kofferraum und vielleicht auf dem Dach verteilen.«

»Nun ja, im Prinzip schon, aber ...«

»Und wir haben ja schließlich auch schon einige Erfahrung mit dem Beladen gesammelt.«

»Bestimmt. Aber selbst wenn das so ist, dann ist es rein physisch gar nicht möglich und auch viel zu gefährlich, weil ja auch alles kaputt ...«

»Wir kriegen das schon hin. Wäre doch gelacht!«

Oh nein!

Ich wurde ausgestiegen, alle Türen und die Heckklappe wurden aufgemacht. Der lange Herr König drehte sich um, ging ohne ein weiteres Wort zu seinem Stehpult mit Computer und befahl in ein Mikrofon, was sofort über alle Lautsprecher im ganzen Markt zu hören war: »110 bitte für 12. Sofort bitte! 110 bitte für 12!!!«

In Nullkommanix salutierten zwei Kollegen vor ihm. Alle drei sprachen wild durcheinander. Abwechselnd schaute mal der eine, mal der andere aus dem Kreis in meine Richtung, zuerst mit einem gequälten Lächeln, dann mit wohlwollendem Nicken, schließlich immer enthusiastischer. Ich lächelte unsicher zurück, weil ich vor dem Angst hatte, was jetzt passieren würde. Meine Vorahnung wurde deutlich übertroffen. Die Spiele konnten beginnen.

Wenn Sie an der folgenden Schilderung besonders viel Spaß haben wollen, empfehle ich Ihnen, sich aus Opas Plattenschrank, aus Ihrem eigenen Repertoire oder per Download das klassische Stück »Hummelflug« von Nikolai Rimski-Korsakow zu besorgen. Falls Sie es gut kennen, können Sie es natürlich auch gerne vor sich hin summen, flöten oder trällern. Sie müssen nur aufpassen, dass man Sie am Ende nicht mit einer weißen Jacke einsammelt. Keine Sorge, ich warte hier auf Sie ...

... Okay, Sie haben die Musik vorliegen und sind bereit? Dann bitte JETZT auf Start drücken oder lossummen.

Der Kleine, der Dicke und der Lange legten los. Alle fünf Pakete waren schnell aus dem Regal herausgefischt. Zwei große, drei kleinere. Zuerst versuchte ausgerechnet der Kleine es mit einem der großen Pakete im Kofferraum. Er kam nicht mal über die Stoßstange. Parallel wuchtete der Dicke mit dem Langen das zweite große Paket aufs Dach. Vorne und hinten wippte es und ragte damit circa zwei Meter über, jeweils, aber immerhin: verstaut. Inzwischen war der Kleine mit einem der kleineren Pakete auf die Rückbank gekrochen. Schaffte es dann aber nicht mehr raus, weil er an dem Ding nicht mehr vorbeikam.

Der Lange nahm nun das andere große Paket und ballerte es dem Dicken vor den Latz. Dann versuchte er es ebenfalls am Kofferraum. Das Ding war viel zu lang und ragte natürlich mehr raus als rein. Aber er verkeilte es und ließ testweise los.

Der Mini bockte sofort vorne hoch, und der Kleine auf der Rückbank schrie wie ein Mädchen, während der Dicke versuchte, ihm ein weiteres kleines Paket ins Auto zu reichen. Er drückte und schob, und der halb Zerquetschte brüllte pausenlos mit fast erstickter Stimme, dass es einfach nicht passe. Sein Kollege ließ sich davon aber nicht beeindrucken, stopfte nur umso intensiver und drückte den Kleinen damit von innen immer dichter an die Fensterscheibe. Was ziemlich lustig aussah, ihm aber irgendwie nicht gefiel.

Läuft die Musik noch? Ansonsten noch mal von vorne starten!

Nachdem es der leicht zerknautschte Kleine doch irgendwie geschafft hatte, der Todesfalle zu entkommen, standen er, der Dicke und der Lange neben dem Auto und checkten ein wenig außer Atem die Lage. Übrig waren immer noch ein großes Paket, das zum zweiten Mal aus dem viel zu kleinen Kofferraum gekracht war, und ein kleines. In den Augen der Tetris-Profis konnte ich wahnwitzigen Ehrgeiz aufblitzen sehen. Und das war der Moment, in dem mir klar wurde, dass ich einen schweren Fehler begangen hatte. Aber nun war es zu spät.

Obwohl das zweite der kleineren Pakete den Innenraum des Minis schon so weit ausfüllte, dass sogar ich beim Fahren die Luft anhalten müsste, versuchte es der Innenraumbeauftragte sogar noch mit dem dritten. Der Beifahrersitz war schon umgeklappt ... ach nee, aus dem Scharnier gerissen. Und obwohl mein Blick auf die Szene kurzfristig eingeschränkt wurde, bin ich mir sicher, dass der Kleine zwei Schritte Anlauf nahm. Und tatsächlich schaffte er es mit seinem letzten Karton fast ganz hinein, büßte dabei aber einen seiner Schuhe im Innenraum ein. Das letzte große Paket wurde von seinen Kollegen ebenfalls aufs Dach gehievt, wohin auch sonst, wodurch der Wagen fast auf den Felgen aufsetzte. Dass die Reifen das überhaupt aushielten, war ein kleines Wunder. Fertig.

Musik aus.

Mit rotem Gesicht, schweißnassen Haaren und stolz geschwellter Brust lächelten mich die drei Superpacker beifallheischend an. Mehr war nicht zu machen. Gott sei Dank. Und wehe, ich hätte es gewagt, diese übermenschliche Leistung zu kritisieren. Diese Geschichte würden die drei noch ihren Enkelkindern am Lagerfeuer erzählen.

Ich bedankte mich brav, machte Komplimente, ließ mir von den drei Helden die Hand zerquetschen und pfropfte mich auf den Fahrersitz. Zum Abschied winkend, fuhr ich mit meinem Geräteschuppen »Österreich« erst zur Kasse und dann nach Hause.

Ich saß so tief und verdreht im Fußraum, dass meine linke Pobacke das Gaspedal bedienen musste. Welcher Körperteil für die Bremse zuständig war, möchte ich an dieser Stelle lieber nicht verraten. Die offene rechte Tür schlackerte in jeder Kurve und schloss ab diesem Tag nie wieder zuverlässig. Der Beifahrersitz war hinüber. Das Heckfenster hatte einen Sprung und fiel drei Tage später raus. Das Dach wölbte sich mit jedem Schlagloch bedrohlich weiter nach innen, und die Reifen hielten gerade noch bis nach Hause. Aber ich hatte es geschafft! Ich hatte mir einen meiner größten Wünsche erfüllt und sogar das Abenteuer »Drive through Baumarkt« erfolgreich hinter mich gebracht. Ha!

Gott sei Dank bin ich nicht mit meinem eigenen Wagen gefahren. Ich hatte mir den Mini meiner Freundin geliehen.

Baumarktholiker

Wie Sie angesichts der vorigen Geschichte sicher schon richtig vermutet haben: Das Klischee stimmt. Männer mutieren schlagartig mit dem ersten Schritt über die Schwelle eines Baumarktes. Wir können gar nichts dafür. Aber wir entwickeln uns spontan evolutionär zurück, alte genetische Codes werden automatisch reaktiviert. Vielleicht liegt es auch an einem olfaktorischen Schlüsselreiz, ausgelöst durch den Duft der Holzspanplatten – die Wissenschaft forscht noch. Irgendeine Synapse im männlichen Gehirn leitet jedenfalls die üblichen Informationen nur recht selektiv weiter, und Homo masculinum hat plötzlich zerzauste Haare, gelbe Zähne und gibt nur noch Grunzlaute von sich, bis er wieder auf dem Parkplatz neben seinem VW Polo steht.

Wenn ich jetzt die Klischee-Keule herausholen würde, dann könnte ich das mit dem Besuch einer Frau bei Douglas vergleichen. Aber das würde ich natürlich niemals unterlassen. He he.

Selbstredend gibt es zahlreiche Ausnahmen, die Welt ist bunt. Da das Klischee des werkzeugverrückten Mannes aber nun mal irgendwoher kommen muss, lohnt es sich, hier einmal genauer hinzusehen.

Liebe Leserinnen, sollten Sie ein Exemplar meiner Gattung bei sich zu Hause haben, passen Sie bitte genau auf. Denn wenn Sie nicht hier und da ein natürliches Gegengewicht liefern, kann der soeben beschriebene Urtrieb zu einer schwer kontrollierbaren Sucht werden. Ein erstes Anzeichen ist zum Beispiel, dass Ihr Gatte im Blaumann vor dem Fernseher sitzt, nur für den Fall der Fälle. Oder dass er nicht mehr ohne Zange unter dem Kopfkissen schlafen kann. Oder dass Sie nachts von ohrenbetäubendem Lärm geweckt werden, weil er mal eben spontan beschlossen hat, den alten Dachstuhl zu isolieren.

Ich kenne mich gut mit diesem Krankheitsbild aus, weil ich während meines Umbaus selber in diese teuflische Falle gestolpert bin. Nachdem der Doc bei mir »Handwerker« diagnostiziert hatte, war alles selbst zu machen zur einzigen Lösung geworden. Es begann ein Kreislauf, den ich nicht mehr kontrollieren konnte. Nur die Teilnahme an Sitzungen einer einschlägig bekannten Organisation hat mir aus meiner Abhängigkeit herausgeholfen:

»Hi. Mein Name ist Ralf, und ich bin Baumarktholiker.

Ich bin zum ersten Mal hier und weiß eigentlich gar nicht so recht, wie ich anfangen soll. Also, so richtig krank bin ich sicher nicht. Ich meine, was ist schon dabei, wenn man mal ein paar Schrauben zu viel einpackt ... oder eine Kiste Unterlegscheiben ... eine Palette Schleifpapier ... und vielleicht noch den einen oder anderen Aufsitzrasenmäher? Man weiß schließlich nie, wofür man das alles noch mal brauchen kann.

Nun ja, wenn ich so darüber nachdenke, dann muss ich vielleicht doch einräumen, dass die vier Tonnen Silikonkartuschen nicht unbedingt nötig gewesen wären. Schließlich wollte ich nur die Außenklingel abdichten. Aber die Kartuschen waren im Sonderangebot, da hätte doch jeder zugeschlagen, oder?

Und außerdem: Was soll man denn machen, wenn da überall diese glänzenden kleinen Maschinen in den Gängen liegen? Frei zugänglich! Es macht so ungemein glücklich, sie anzufassen, ihre Motoren laufen zu lassen, das Motoröl zu riechen, das Vibrieren in den Händen zu spüren und das Gefühl zu bekommen, aus eigener Kraft einen ganzen Planeten renovieren zu können. Wahnsinn!!! Wie soll man denn da Abstand gewinnen? Crystal Meth gibt's doch auch nicht im Supermarkt, oder?

Wenn ich an einer Schraubentheke vorbeigehe, dann sehe ich kein billiges Metall, dann sehe ich einen begehbaren Kleiderschrank, eine Dachterrasse oder einen riesigen Kletterpark im Garten. Wenn ich das hohe Sirren der Schleifmaschinen auch nur höre, fantasiere ich von frisch polierten Gartenmöbeln, lackierten Türrahmen und glänzendem Parkett. Wenn ich durch die Farbenabteilung shoppe und die Lösungsmittel mich berauschen, dann atme ich tief ein und will eine Stadt anstreichen. Oh ja ... Und wenn ich dann in die Gartenabteilung komme, Oh Gott, dann ... JAAAAAA. OKAY. ICH SEHE ES EIN. Ich bin süchtig.

Es begann schleichend. Früher waren Besuche im Baumarkt kein Problem. Da kaufte ich hin und wieder ein paar Balkonblumen, einen Eimer Wandfarbe oder eine Dose Terpentin. Ganz normal. Und es kam sogar vor, dass ich monatelang nicht an Hobeln, Streichen und Abschleifen gedacht habe, weil einfach nichts zu tun war. Aber die Zeiten sind längst vorbei.

Ich weiß nicht mehr, wann genau es angefangen hat. Irgendwann aber habe ich mich dabei ertappt, wie ich auf dem Baumarkt-Parkplatz in meinem Auto saß und gerade ein Teppichmesser gekauft hatte. Ich hielt es in meiner Hand und fragte mich, wofür ich das überhaupt brauche. Wir hatten überhaupt keinen Teppich und wollten auch keinen kaufen, geschweige denn in nächster Zeit verlegen. Warum war ich hierher gefahren? Was machte ich hier? Brauchte ich noch etwas anderes? Nein, eigentlich nicht. Vermutlich hätte ich damals schon die Notbremse ziehen und mich hier bei den Anonymen Baumarktholikern anmelden müssen. Aber ich tat es ab, redete mir ein, dass ein Teppichmesser eben in jeden Werkzeugkasten gehöre, und fuhr nach Hause. Ich nehme an, dass es sich dabei um das typische Verdrängen von Süchtigen im Anfangsstadium handelt, oder?

Dann wurde es schnell schlimmer. Immer öfter stand ich plötzlich mitten im sogenannten Heimwerker-Paradies – welche Ironie – und wusste nicht mehr, wie ich dahin gekommen war. Ich kaufte Heckenscheren ohne Hecke, Unkrautvernichter ohne

Unkraut und Muttern ohne ... äh, Sinn und Verstand. Bald schon fielen alle Hemmungen, und mir gehörten der fünfte Werkzeugkasten, alle Nagel-, Dübel- und Schraubensets, ausziehbare Teleskopscheren in verschiedenen Längen, diverse Mülltonnenboxen und ein aufblasbarer Swimmingpool in Zwölf-mal-sechs-Meter. Und das ist nur eine kleine Auswahl.

Ich schämte mich. Ich wusste nicht mehr, wohin mit den ganzen Sachen. Schließlich habe ich angefangen, alles zu verstecken. Im Keller, hinterm Sofa, unterm Bett ... Und als da alles voll war, habe ich das meiste im Garten vergraben. Nachts. Wenn in vielen Millionen Jahren Paläontologen hinter meinem Häuschen Ausgrabungen durchführen, werden sie sich wundern, wie gut sortiert die Menschen früher gewesen sind.

Hilfe. Ich weiß einfach nicht mehr, wie ich meine Sucht kontrollieren kann. Kaum stehe ich neben einem Eckhähnchen, will ich es haben, mir auf die Brust schlagen, laut brüllen und es einbauen – egal wo. Lasse ich ein Sägeblatt mit Diamantverstärkung langsam durch meine Finger gleiten, kribbelt es bis in die Zehenspitzen, und ich würde all mein Hab und Gut dafür hergeben, damit ein Wild-Tier-Mobile in Originalgröße bauen zu dürfen. Was soll ich nur tun? Schließt doch endlich diese Drogenhöllen! Schickt man den Alkoholiker ins Weindepot oder den Sexsüchtigen zu Beate Uhse? NEIN! Aber ein Baumarktholiker soll beim Dealer um die Ecke trotzdem mal eben nur eine Muffe kaufen. DAS IST DOCH ABSURD!

Der oft leicht dahingeplapperte »gute Ratschlag«, sich zusammenzureißen, ist doch ein Witz. Er geht völlig an der Realität vorbei! Bei diesem Verhalten handelt es sich um eine Sucht, die endlich aus dem Schatten der Tabuisierung herausgeholt werden muss. Sie machen sich ja keine Vorstellung davon, wie stark dieses Verlangen werden kann.

Ich kann nicht mehr!!! So, jetzt ist es raus. Wenn ich die Acrylspritzen sehe, dann möchte ich sie mir in die Venen drücken. Wenn ich den Presslufthammer in den Händen fühle, dann möchte ich Gasbetonsteine zu Pulver zermahlen und mir mit dem Gartenschlauch in die Nase ziehen. Und wenn ich mir einen Teppich von der Rolle ziehe und zusammendrehe, dann will ich ihn rauchen! JA. DAS IST KRANK. Aber wissen Sie was? Ich bin froh, dass es so ist. Ich will gar nicht anders sein. Ich liebe es, wenn die Eingangstüren mit diesem leisen Zischen sanft zur Seite gleiten und der erste Plastikduft von frisch ausgepackten Automatten in meine Nase steigt: Jippijajajippijippiyeah!!! Im ersten Gang rechts gibt es die billigen Sonnenschirmständer für Anfänger, aber ich weiß es besser. Den guten Stoff gibt es erst in Gang 12. Vorher drehe ich in der Lampenabteilung genüsslich alle Glühbirnen in den Prüfkontakt, reibe mit der Glaswolle in Gang 5 sanft über mein Gesicht, laufe mit nackten Füßen über sämtliche Badezimmermatten, stelle alle Radiatoren auf höchste Stufe und bade in Dichtungsringen. Bei den Schweißbrennern fange ich schließlich an zu weinen, weil ich so glücklich bin, dass es sie endlich wieder im Sortiment gibt. Kann man sich einen schöneren Tag vorstellen? NEIN!

Selbst nach der dritten Lautsprecherdurchsage »Liebe Kunden, wir schließen jetzt. Bitte begeben Sie sich zu den Ausgängen. AUCH HERR SCHMITZ!« kann ich mich auch mit größter Willensstärke nicht alleine losreißen. Drei kräftige Mitarbeiter müssen mich und meine fünf Einkaufswagen zur Kasse eskortieren.

Ja, ich bin süchtig. Na und!? Mir geht es gut damit!

Ich verschwende hier nur meine Zeit und werde jetzt gehen. Ich muss die neue Tiefgarage heute noch ausbaggern ...«

Bitte ins Röhrchen pusten

DER BAUMARKTHOLIKER-TEST

Sitzen Sie gerade auf Ihrem Sofa und denken: »Mein Gott, ist der durchgeknallt. So etwas könnte mir nicht passieren«? Hochmut kommt vor dem Fall, sage ich nur. Wir können ja mal testen, ob Sie wirklich so resistent sind und diese von mir beschriebene, völlig unterschätzte Sucht keine Gefahr für Sie darstellt.

Beantworten Sie einfach folgende Fragen wahrheitsgemäß. Am Schluss wissen wir dann, ob Sie beim nächsten Treffen der Anonymen Baumarktholiker auch mal nach vorne gehen sollten.

FRAGE 1
Wenn Sie zu Hause bei einer Fußleiste hinter den Vorhängen bemerken, dass sie sich an einer kleinen Ecke leicht von der Wand zu lösen beginnt, was unternehmen Sie?
- **A)** Ich schaue einfach nicht mehr hin und warte ab, ob sich das in den nächsten Wochen verschlechtert.
- **B)** Ich stehe schon in der Holzabteilung und lasse mir neue Leisten für das gesamte Wohnzimmer zurechtsägen.

FRAGE 2
Wenn Sie mit Ihrer Familie im Auto auf dem Weg nach Süditalien in den Urlaub sind und neben der Autobahn das Schild eines Baumarkts leuchten sehen. Wie verhalten Sie sich?
- **A)** Was soll die Frage? Ich spiele mit meinen Kindern gerade »Ich sehe was, was du nicht siehst«, und wir fahren lachend weiter.
- **B)** Ich fahre raus, kaufe einen Anhänger, Zelte und eine Survival-Campingausrüstung für vier Personen, und wir bleiben direkt auf dem Parkplatz.

FRAGE 3
Sie laufen durch die Fußgängerzone und kommen zufällig an einem Verkaufsstand für ein neues Werkzeugset vorbei. Was passiert?
- **A)** Ich bleibe kurz stehen, vermute, dass das billiges Plastikzeug ist, und gehe schnell weiter.
- **B)** Ich tue nur so, als wäre ich zufällig vorbeigekommen und bleibe, mäßiges Interesse vortäuschend, stehen. In Wirklichkeit bin ich aber wegen genau dieses Werkzeugsets in die Stadt gefahren und kaufe den kompletten Bestand.

FRAGE 4
Ein Freund bittet Sie, ihm bei der Renovierung zu helfen, obwohl Sie am nächsten Tag einen neuen Job anfangen sollen. Wie reagieren Sie?
- **A)** Ich bitte ihn um Verständnis, sage ihm für das nächste Mal zu, aber diesmal natürlich ab.
- **B)** Ich kündige.

FRAGE 5
Sie stehen mitten in einem Baumarkt, haben eine blaue Hose und ein kariertes Hemd an und tragen ein Namensschild. Was ist geschehen?
- **A)** Es ist Karneval, und ich trage ein langweiliges Kostüm.
- **B)** Ein Traum wird wahr. Allerdings weiß ich nicht, wie ich hierhergekommen bin.

AUFLÖSUNG
Wenn Sie auch nur bei EINER der fünf Fragen Antwort **B)** angekreuzt haben, dann hat der Kreis der Anonymen Baumarktholiker soeben ein neues Mitglied bekommen.

Seien Sie herzlich willkommen!

Sexer Dübel

Wie soll man sich eigentlich noch gegen die zunehmende Sexualisierung unserer Gesellschaft wehren? Nicht nur, dass die Werbung uns pausenlos mit nackten Tatsachen bombardiert. Nein, selbst im Baumarkt grassiert diese billige Verkaufsmasche »Sex sells« mittlerweile an allen Ecken und Enden. Oder sind wir einfach nur übersensibilisiert? Ich kann das nicht mehr auseinanderhalten.

Gestern habe ich »Spreizdübel« und einen »Gerätehalter« gekauft. Fällt Ihnen was auf? Diese Bezeichnungen können doch kein Zufall sein! Das machen die doch mit Absicht! Ganz subtil fangen uns die Strippenzieher anhand unserer menschlichen Bedürfnisse und nutzen unsere Schwäche dabei gnadenlos aus.

Haben Sie schon mal eine »Rohrzange« gekauft? Na also! Und wie sieht es mit einer »Gummidichtung« oder mit »Qualitäts-Samen« in der Gartenabteilung aus? Aha!!! Geht Ihnen langsam ein Licht auf? Mir auch, samt »Lampenständer«! Und wir sind erst am Anfang unserer Beobachtungen.

Es gibt auch »Zungenklemmen«, die man definitiv anders hätte nennen können. Oder »Splintentreiber«! Ich fasse es nicht, wie billig uns diese Strategien dazu bringen, ihre Produkte zu kaufen. Nur, weil wir durch unsere Hormone beeinflusst werden und die Herren bei »Silikonkartuschen« wahrscheinlich sofort zugreifen.

Die Sexualisierung des Baumarkts würde auch erklären, warum Männer so gerne dorthin fahren. Es geht gar nicht ausschließlich um das Bauen, Werkeln und die Selbstverwirklichung. Die Jungs fahren zum Erotikshop und kaufen sich ein neues Sextoy.

Für die Fortgeschrittenen gibt es dann den »Kegelspalter«, oder wie? Den habe ich kürzlich wirklich im Regal liegen sehen!

Also, ich finde keine Worte mehr für diese Entgleisungen. Selbst vermeintlich harmlose Geräte wie der »Lötkolben« entblößen plötzlich ihr wahres Gesicht. Spätestens, wenn gefragt wird: »Ist da schon Saft drauf?«

Nein, ich möchte damit nichts zu tun haben. Ich will nicht Sklave meiner eigenen Bedürfnisse und dadurch auch noch unwissentlich ausgenutzt werden. Oder stecken all diese Gedanken am Ende nur in mir selbst? Bin ich etwa alleine für meine Deutungen und Unterstellungen verantwortlich und nicht die sexsüchtigen Geschäftsführer von »O-bi«, »Sauhaus« und »Hornybach«? Habe am Ende ich das Problem?

Damals, während der Umbauarbeiten, ganz sicher. Ich musste pausenlos an Sex denken, weil ich schlicht keinen mehr hatte. Es gab zwar eine Menge Handwerker, aber kein Privatleben mehr.

Ich muss mir also an die eigene Nase oder wohin auch immer fassen. Nur dann wird auch klar, wie es zu diesem Telefonat zwischen mir und dem neuen Dachdecker kommen konnte, von welchem ich Ihnen berichten möchte. Tags zuvor hatte ich mit seiner Frau ausgemacht, dass ihr Mann und ich die Erneuerung des Flachdachs mit Bitumen-Schweißbahnen bald eingehender besprechen wollen. Dummerweise hatte ich seine Telefonnummer auf meinem Notizzettel direkt neben die des Intim-Waxing-Studios geschrieben. Das ist zwar jetzt etwas peinlich, aber wir Männer sind schließlich zunehmend mit einer metrosexuellen Welt konfrontiert. Da muss man schon auf sich achten. Als ich nun die Nummer wählte und mich wunderte, dass am Empfang anscheinend ein Mann saß, hätte ich schon draufkommen können, dass ich die beiden Nummern verwechselt hatte ...

»Wie viele Bahnen müssen wir denn machen?«
»Na ja, ich denke schon, dass wir ein paar Mal mehr hin und her müssen. So katastrophal, wie das da wahrscheinlich aussieht.«

»Ja, da war vor Ihnen auch noch nie einer dran.«

»Ach, du lieber Himmel. Na, dann wird's aber wirklich Zeit. Wie haben Sie das denn bisher in Schuss gehalten?«

»Na, ich hab's selber gemacht.«

»Oh Gott, hoffentlich kommen wir noch nicht zu spät.«

»Na hören Sie mal, so schlimm wird es schon nicht sein. Wird das teuer?«

»Das kann ich erst sagen, wenn ich mir die Oberfläche genau angesehen habe. Wenn da nicht allzu viele Huckel sind und wir nicht zu viel Vorarbeit leisten müssen, dann können wir's so durchziehen.«

»Ist dann schon ein Großauftrag, was? Wissen Sie, ich bin in diesen Dingen ja noch Laie. So was hab ich früher noch nie machen lassen.«

»Tja, jeder ist mal der Erste. Sie brauchen aber keine Angst zu haben. Das wird schon.«

»Okay. Und wann können wir einen Termin machen?«

»Es darf auf keinen Fall zu feucht sein. Ich muss das Material ja mit der Flamme ordentlich heiß machen, damit es weich wird und schmilzt, bevor ich es draufpresse.«

»Verstehe. Müssen wir denn alles machen, oder geht auch nur ein Teilbereich?«

»Das liegt ganz bei Ihnen. Ich rate ja immer: Wenn wir schon mal damit anfangen, dann sollten wir auch gleich den ganzen alten Kram rausreißen.«

»Alles weg? Ist das in meinem Fall nicht übertrieben?«

»Keine halben Sachen. So'n Flickenteppich will doch keiner. Ich meine, so viele Leute werden das ja nicht zu Gesicht bekommen. Aber wenn es mal jemand sieht, dann sollte die Arbeit auch schick sein. Ist ja schließlich meine Visitenkarte.«

»Ja, ja, das stimmt schon. Ich wüsste allerdings zurzeit nicht, wer sich das außer meiner Freundin ansehen sollte … Und wenn, dann …«

»Ganz wie Sie wollen! Ich mache Ihnen da auch eine Landebahn hin, wenn Sie das lieber haben.«

»Das wäre bei mir dann wohl die falsche Adresse.«

»Das denke ich auch. Sie haben ja schließlich keinen Jumbojet in der Garage stehen, oder?«

»Die einen sagen so, die anderen so. Kann denn dabei irgendetwas passieren?«

»Wir passen da sehr gut auf. Sie brauchen sich keine Sorgen zu machen. Das soll ja 'ne Weile halten!«

»Ich meinte zum Beispiel die Stellen vorne und hinten am ... Sie wissen schon! Kommen Sie da gut drum rum?«

»Was meinen Sie denn? Das Fallrohr?«

»Ich hätte es jetzt anders bezeichnet, aber wir verstehen uns.«

»Na klar. Da passe ich unglaublich gut auf. Wenn da was kaputtgeht, das kriege ich ja nie wieder so hin wie vorher!«

»Ganz genau!«

»Keine Angst, da bin ich ganz sensibel und vorsichtig.«

»Moment! SIE machen das selber? Ich dachte, dass ...«

»Ja, warum denn nicht? Hier packt der Chef noch selber kräftig mit an.«

»Tja, warum auch nicht. Verzeihen Sie die Detailfragerei, aber was ist zum Beispiel mit Ecken und Falten?«

»Kein Problem. Reine Routine. Und auch wenn ich kleine Tierchen oder Untermieter finde ...«

»Tierchen ...???«

»Sie glauben gar nicht, wie oft ich da selber überrascht bin. Die Leute denken, dass alles sauber und ordentlich ist. Und kaum fange ich an, was wegzureißen, wuseln die kleinen Biester zwischen meinen Fingern hin und her. Ekelhaft.«

»Ich hab bestimmt keine. Die hätte ich doch schon früher mal bemerkt.«

»Kann, muss aber nicht sein. Sie hören die ja nur ganz selten.«

»Die kann man sogar HÖREN? Die sind doch winzig!«

»Ha! Wenn Sie wüssten, was ich da schon für Klopper gesehen habe.«

»Schrecklich.«

»Na, auch das kriegen wir dann schon hin. Wenn die Biester sich nirgendwo mehr verstecken können, erwischen wir die ja auch ganz gut, und dann ist schnell Schluss mit Nester bauen.«

»Klingt wirklich widerlich.«

»Absolut.«

»Eine Frage hätte ich noch ...«

»Ja?«

»Muss ich danach irgendetwas beachten?«

»Eigentlich nicht. Falls sich allerdings Blasen bilden ...«

»Das kann passieren?«

»Ganz selten! Aber wenn, dann rufen Sie mich am besten gleich an. Dann müssen wir das aufmachen ...«

»Oh Gott!«

»... damit sich darunter keine Hitze staut und es anfängt zu brodeln. Das kann dann nämlich unangenehm werden und sich immer weiter über die ganze Fläche ausbreiten. Die oberste Schicht löst sich und platzt irgendwann auf.«

»Um Himmels willen. Normalerweise gibt es aber keine Komplikationen, nicht wahr?«

»Absolut. Normalerweise ist alles schön glatt wie ein Baby-Popo, und Sie haben mindestens zehn Jahre Ruhe.«

»Alle Achtung! Das ist aber deutlich länger, als ich gedacht hätte!«

»Jahaa! Wenn man das richtig macht und die Profis ran dürfen, dann wird das auch was. Vielleicht hält es auch zwanzig Jahre. Das kann man vorher nicht wissen.«

»Ich bin begeistert. Wir sind im Geschäft.«

»Wunderbar. Dann schlage ich gleich mal den kommenden Montag für unseren ersten Termin vor. Kann sich aber kurzfristig ein paar Stunden nach hinten verschieben, weil wir beim Kunden vor Ihnen einen Sonderwunsch realisieren.«

»Was bekommt der denn gemacht?«

»Bei ihm soll's aussehen wie die Mona Lisa.«

»Wow!«

»Tja, der Kunde ist König!«

Wussten Sie eigentlich ...

dass der Dachdecker, der Konstruktionsmechaniker, der Maurer und der Schornsteinbauer zu den vier gefährlichsten Handwerksberufen zählen? Fragt sich nur, für wen.

Wir werden sie nie wieder los

Zugegeben, zwischenzeitlich habe ich den schlimmsten, nervendrahtseiltanzenden Handwerkern die Pest an den Hals gewünscht und in ausweglos verzweifelten Momenten sogar gehofft, dass der ein oder andere seinen Job an den Nagel hängen muss. Das ist selbstredend ein furchtbarer Gedanke. Er ist auch nicht ganz ernstgemeint und dient ausschließlich dem Frustabbau in ohnmächtigen Situationen.

Wenn man diesen bösen Wunsch aber einmal weiterspinnt, dann kommt man schnell zu der Frage, ob das überhaupt die Lösung des Problems wäre. Würde man den Frust nicht nur verlagern, vielleicht sogar verlängern? Denn: Was macht ein Maurer oder Dachdecker, wenn er in seinem Beruf nicht mehr arbeiten kann? Richtig, er schult um. Er verlässt seinen bislang natürlichen Lebensraum und wird gezwungen, in der normalen Welt da draußen mitzuspielen. Das bedeutet, dass er uns ab sofort überall begegnen kann. Eine schreckliche Vorstellung. Angsteinflößend ist diese Aussicht deshalb, weil der Handwerker auf keinen Fall aus seiner Haut heraus kann. Er wird seine über Jahrhunderte genetisch festgezurrten Verhaltensweisen beibehalten. In jedem neuen Aufgabenfeld. Na, Prost Mahlzeit!

Wagen wir doch einen Ausblick auf die verschiedenen Möglichkeiten. Was passiert zum Beispiel, wenn ein **Kölner Maurer** auf Eisverkäufer umsattelt? Damit man ihm das abkauft, muss er natürlich ein paar Brocken Italienisch einfließen lassen:

»Pon tschorno. Watt kann isch für Sie tun?«

»Schönen guten Tag. Ich hätte gerne fünf Kugeln im Hörnchen. Schokolade, Erdbeere, Pistazie, Panna Cotta und Joghurt bitte.«

»Einstein oder Verband?«

»Bitte?«

»Wie soll isch die anochdnen? Eine oder zwei Reihen?«

»Äh ... eine.«

»Sie sinn der Boss. Breit oder hoch?«

»Was?«

»Herrjott noch mal, soll et schick aussehen oder is et als Sischtschutz jedacht?«

»... als Sichtschutz?«

»Ja, mir is et doch ejal. Is doch Ihr Eis!«

»Äh, einfach irgendwie übereinander, denke ich.«

»... von Tuten un Blasen keine Ahnung, der Mann.«

»Was haben Sie gesagt?«

»Jaanix. Breite oder schmale Fugen?«

»Was denn für Fugen?«

»Na, sollen die Kugeln weit ausenander stehen oder soll man die Übberjänge kaum sehen?«

»Ist mir ziemlich wurscht.«

»Isch rate Ihnen ja zu dünnen Fugen ... Sonst reißt Ihnen der janze Kram nämlisch ausenander un dann hamm Se den Salat auf der Straße liejen. Sieht nischt schön aus.«

»So was habe ich ja noch nie ... Also gut, die fünf Kugeln im Hörnchen mit dünnen Fugen bitte.«

»Welche Farbe?«

»Wovon?«

»Die Fugen. Erdbeersoße, Vanillesoße oder Waldmeister?«

»Jetzt hören Sie aber auf. So ein blöder Quatsch. Geben Sie mir jetzt sofort mein Eis, verdammt noch mal!«

»Typisch, irjendwann werden se alle unjeduldisch, weil se keine Ahnung haben. Wie soll datt denn halten, ohne Kitt?«

»Hören Sie! Ich will keine Soße. Kriege ich jetzt mein Eis oder nicht?«

»Ja sischer datt. Kein Problem. Wie Se wollen, Herr Doktor.«

»Was machen Sie denn da?«

»Na, isch nehm jetzt nen Bescher. Wenn mer schon nix dazwischen machen können, dann brauche mer wenigstens en jutes Fundament.«

»Nein, entschuldigen Sie, wie ich schon sagte, ich möchte wirklich lieber eine Waffel.«

»Jetz is et aber langsam jut. Isch werd doch wohl besser wissen, watt wir hier für'n Unterjrund brauchen, oder!?«

»Ich esse diese Kombination schon mein ganzes Leben lang. Im Hörnchen! Da ist noch nie etwas passiert. Alles klar!?«

»Bitte schön! Der feine Bauherr weiß ja widdermal alles besser. Hab isch kein Problem mit. Mache mer eben nen zweiten schiefen Turm von Pisa. Aber kommen Se mir nisch en paar Tache später anjelaufen un beschweren sisch, datt Ihnen datt Dingen zesammenjekracht is. Manchmal frage ich mich: Wofür bin isch eijentlisch drei Jahre in die Lehre jejangen?«

»Sie haben drei Jahre lang gelernt, wie man Eis übereinanderschichtet?«

»Jenau. So, Se wollen ne bröckelije Waffel, Se kriejen ne bröckelije Waffel.«

»Also gut. Geben Sie mir halt das Ganze im Becher. Ich will jetzt einfach nur mein Eis und fertig.«

»Va Beine.«

»Was soll das denn sein?«

»Na, Ihr Eis!«

»Das sind ja gar keine Kugeln. Das sind Klötze. Und steinhart sind die auch noch.«

»Natürlisch. Datt hällt doch sonst nur bis vorjestern. Isch hab die Truhe um zehn Jrad weiter runterjekühlt und schneide die stabile Masse in Quader. Passt, wackelt un hat Luft.«

»Das möchte ich nicht.«

»Wie jetz?«

»Was soll ich denn mit einer Eismauer? Soll ich da dran jetzt stundenlang rumlutschen oder Lego damit spielen, oder was?«

»Watt Sie damit machen, is mir doch ejal. Von mir aus können Se die Dinger och als Türstopper benutzen. Halten würden se jetz wenigstens.«

»Ich breche zusammen. Ich hatte mich so auf mein Eis gefreut. Na gut, kommen Sie, geben Sie schon her …«

»Nä, nä, datt jeht nisch.«

»WIE BITTE? Was soll das denn heißen?«

»Datt war doch bloß zur Demonstration … Isch schicke Ihnen dazu mal en Anjebot, un beim nächsten Termin werden wir uns dann einisch. Schönen Tach noch!

So, der Näschste bitte … Pon tschorno. Watt kann isch für Sie tun?«

Oder schauen wir doch mal, wie sich ein **sächsischer Maler** als Masseur schlagen würde:

»Sööööö … n'wunderschönen juten Dach. Machen Se sisch bidde ma naggisch un legen sisch dann hier auf de Britsche. Wunderboar. Nu will isch ma gleisch de Farbe anrühr'n …«

»Farbe?«

»Öh, sörry, isch mein nadürlisch des Öl. Soll isch gleisch mehrere Schischten auftraachen? Des trocknet dann nadürlisch ain bissschen länger.«

»Ja, gerne.«

»Un welsches Öl soll es sein? Dispersion, Latex oder Natur?«

»Ich weiß nicht so recht … ich nehme Natur, denke ich.«

»Nu glar! Erst ma kräftsch schüddeln. Un schon gehts lös …«

»Uaaa!!! Das Zeug ist ja eiskalt!«

»Nu, was soll es'n sonst sein? Heiß wie Pömmesfett, odr wie?«

»Das ist doch Massageöl! Das soll sich doch angenehm warm anfühlen …«

»Sö'n Mümpitz! Da wird's doch gleisch hartt. Legen Sie sisch wieder hin, 's geht weider …«

»Oh Mann.«

»Isch werd nu erst mol in die Ecken und Ritzen gehn und nachher dann die größen Fläschen machen.«

»WAS?«

»Wir Pröfis orbeiden immer von klein nach groß. Un Sie gönnen sisch nu ganz endspannen.«

»Also gut. Ich vertraue Ihnen mal.«

»Rischtsch sö! Höppla, da wöllte isch aus Versehen mit Ihrn eigenen gleinen Binsel weidermachen. Macht der Gewohnheit. Sörry. Kömmt nisch wiedr vor.«

»Das will ich aber auch hoffen!«

»Isch muss die Ein- und Ausgänge und die gostbaren Sachn noch abglebn. Nisch dass irgendwö was reinläuft, odr sö.«

»Aha. Wenn Sie meinen.«

»Öh, was habn wir'n hier? Söll isch Ihnen das Luch fix zuspachtln?«

»NEIN!«

»Da sieht man hinderher gor nix, das gann isch Ihnen vorsprechn! Des wird glatt wie'n Bobo!«

»Das IST mein ›Bobo‹! Und ich möchte auf keinen Fall, dass Sie da was zuspachteln, verstanden!? Kleben Sie von mir aus alles ab, aber zugespachtelt wird hier nichts, kapiert!?«

»Subber. Schon fertsch abgeglebt. Jetze höl isch schnell die Rölle, und dann walze isch über die großen Bereiche schnell drübr, un fertsch is der Lack.«

»Rolle? Ich will mich hier entspannen, weil Sie mich mit Ihren Händen bearbeiten. Wieso denn eine Rolle?«

»Söll isch die glebrige Scheiße hier etwa mit'n Händen verrührn, oder wie? Wissen Sie, wie das hinderher aussieht? Das gibt doch Streifn un Schaddn! Un wer is es dann gewäsn? Isch. Nee, nee mein Gutsder. Isch mach jetz fix das Fenstr auf, weeschen de Lösungsmiddel, un dann wird schön gleichmäßisch uffgetrachen.«

»Würden Sie BITTE das Fenster wieder zumachen! Ich liege

hier nackt, und mir wird kalt. Wie soll man sich denn da entspannen, Herrgott noch mal?«

»Für'n gudes Ergäbnis müssn mir uns ebn alle'n bissschn zusammenreißn. Nu! Sie wollen doch hinderher geine Übergänge sehn, odr?«

»Ich will massiert werden! Was für Übergänge denn? Jetzt fangen Sie endlich an!«

»Alsö bidde ... dann ebn öhne Rölle. Sö was! Was solln ds wärdn ... Bödy Päänting odr wie? Is ja äglisch!!!«

»Hören Sie auf! Genug jetzt. Sie massieren ja so sensibel wie 'ne Heißmangel. Ich bin weg ...«

»Geböngt. Sie dürfen die näschsten 24 Stunden nischts dran gömmen lassen, un der Gestank verfliescht auch ganz schnelle.«

»Nichts drankommen lassen? Wie soll ich mich denn da anziehen?«

»Gor nie! Da müssn Se wohl naggisch no Hause. Dann wird's auch schneller drockn!«

Warum nicht mal nach den Sternen greifen? Was spricht eigentlich dagegen, dass ein **Berliner Elektriker** Abitur und Studium im Crash-Kurs nachholt und Herzchirurg wird? Gar nichts. Also ...

»So, Herr Plum, ick würd ma vorschlagn, datt wa die Battarie ma schnell austauschen. Mit der momentanen Restleistung kriegn wa ja nich ma'n Toaster jestartet, wa.«

»Wie Sie meinen, Herr Doktor. Ist die OP denn gefährlich?«

»Ach watt. Sie kommen an'n Jenerator, un dann rupfn wa Ihnen den alten Akku aus'm Jehäuse ...«

»Oh Gott.«

»Janz jenau ... während Sie denn Strom auf unsere Kosten jenießen, klemm icke die altn Drähte ab. Dett wichd aba auch allerhöchste Zeit. Sonst jeht ja in 'n nächsten Tachen det Licht janz von alleene aus.«

»So ernst ist es? Na Gott sei Dank können Sie mir noch helfen.«

»Dett will ick meinen. Wir müssen ma kieken, ob die ollen Kabel noch alle funktionieren, sonst müssn wa 'n paa neue achtadrige Cat-Leitungen ziehen. Dett macht aba nüscht. Wir stemmen innen nur 'n bisschen die Bauchdecke uff un lejen neu unter Putz. Keen Malöör. 'N paar Lüsterklemmen zum Vabindn un weiter.«

»Hört sich kompliziert an.«

»Ach Männeken, 'n Kinderspiel is dett. Wenn denn der neue Traffo montiert ist, denn kriejen Se Starthilfe, un zack, läuft dett rund.«

»Ich hab ziemliche Angst, Herr Doktor.«

»Ach watt, dett is unnötig. Watt soll'n da jroß passiern. Juut, wenn ick Plus un Minus vertausche, denn wär Ende im Jelände. Aber die Jefahr is jering, ick nehm vorher immer'n Phasenprüfer. Hintaher wird sauba isoliert, zujeputzt, un denn läuft dett neue Maschinchen.«

»Okay, wenn Sie so zuversichtlich sind ...«

»Jawoll. Soll ick denn watt neu vadrahten? Wo wer de Bauchdecke jetze scho ma uffmachen.«

»Ich verstehe nicht.«

»Na, vielleicht wolln Se ja KNX oder BUS. Wenn Se rischtisch watt auspackn, kann ick alles so vernetzn un programmiern, wie Sie dett habn wolln. Det is ja dett jeile! Denn könn Se mit'm Handy Ihre Herzschläge einstellen, oder Sie drückn uff de Nase un sin ready for Freddy, wenn Se vastehn, watt ick meine. Ihre Olle findet dett bestimmt duffte, un Sie sehn bald aus wie Rentier Rudolph mit der roten Nase! Kleener Scherz.«

»Ich weiß nicht ...«

»Ja, ick weeß, Schicki-lucky-Kram. Brooch man och nich. Aber 'ne Sicherung un 'ne Überstromschutzeinrichtung baue ick Ihnn rinn. Den Sicherungskastn machn wa vor die Brust, damit Se da immer schnell rankommn, un vor'n Traffo mach ick ma lieber 'ne Revisionsklappe. Da müssn wa ja vielleicht noch ma ran, wa.«

»Das hoffe ich ja nicht. Aber Sie werden schon wissen, was richtig ist.«

»Janz jenau. So Herr Plum, dann womma ma anfangen, wa. Lejen Se sisch jemütlisch zurück. Herr Kolleje Anästäsie: Wenn Se dann bitte ma die Zentrale vom Netz nehmen würden ... Leute, et jeht los. Schwester! Den Seitenschneider bitte ...«

Gehirnwäsche

Fassen wir mal zusammen: Ich hatte die katastrophale Diagnose »Handwerker« bekommen. Ich war mittlerweile Baumarktholiker. Und bei der vorigen Geschichte bin ich mir nicht ganz sicher, ob ich es nicht selbst war, der da bei der Massage gewesen ist. Die Luft wurde langsam dünn im Oberstübchen.

Darüber hinaus haben wir festgestellt, dass das gesellschaftliche Leben in einer Umbauphase sozusagen brachliegt. Man nimmt nicht mehr daran teil, verliert den Bezug zu normalen Menschen. Nur noch in Ausnahmefällen kommt es vor, dass man in den Monaten des Grauens für eine kurze Zeit seine Zelle verlassen darf. Zum Beispiel zu Weihnachten oder Silvester. Diese Ausnahmen bestätigen aber nur die sprichwörtliche Regel. Nicht zuletzt deshalb, weil man trotzdem irgendwie nicht von der Baustelle wegkommt. Man nimmt sie nämlich mit und trägt sie mit sich herum. Ganz unbewusst.

Seien Sie also auf der Hut, liebe Leserinnen, liebe Leser! Wenn Ihre Seele sich den Gegebenheiten aus Selbstschutz seit Monaten angepasst hat, dann legen Sie das nicht einfach so nur für ein paar Stunden wieder ab. Da haben sich Verhaltensweisen und Reaktionsmuster tief in Ihr Unterbewusstsein gegraben, ohne dass Sie es bemerkt hätten.

Genau so ist es mir damals ergangen, bei der Geburtstagsfeier der Mutter meiner Freundin. Ich hatte nach monatelangem Dauerbeschuss meiner Nerven mittlerweile tüchtig einen an der Waffel. Mir selbst ist aber gar nichts Merkwürdiges an meinem Verhalten aufgefallen. Sonst hätte ich doch um Himmels willen viel früher die Notbremse gezogen.

»Hallo, ihr zwei! Ich freue mich so sehr, dass ihr kommen konntet«, begrüßte meine Schwiegermama in spe meine Freundin und mich, als wir bei ihr eintrafen.

»Mahlzeit!«

»Äh, ja, Mahlzeit, mein Junge. Dann kommt mal rein ...«

»Sind die anderen schon da?«

»Nur Großvater fehlt noch. Alle anderen sitzen schon am Tisch.«

»Ist ja klar. Entweder sie kommen zu früh, zu spät oder gar nicht. Aber pünktlich schafft es irgendwie keiner.«

»Ist doch nicht so schlimm, mein Junge. Da sind wir schon. So, ihr Lieben, meine Tochter und mein Vielleicht-bald-Schwiegersohn sind da, dann fangen wir jetzt einfach schon an.«

»Sag mal, Schatz, ganz leise ...«

»Was denn?«

»Wo ist denn das Geschenk für meine Mutter? Das wolltest diesmal doch du besorgen.«

»Ich hab keins dabei.«

»Was?«

»Ja, wie denn? Deine Mutter hat einfach kein Angebot geschickt, obwohl ich sie hundert Mal darum gebeten habe. Wenn Sie nicht will, dann kriegt sie eben auch nichts. Und jetzt guck nicht so!«

»Das ist doch wohl nicht dein Ernst? Wie sollen wir ihr denn jetzt ...«

»So, ihr Lieben, ich habe meine berühmte Himbeer-Sahne-Torte gemacht, für deren Rezept so mancher töten würde. Und hier ist sie schon, wir können loslegen. Habt ihr alles?«

»Leider nein, bei mir fehlt die Kuchengabel. Aber bevor du jetzt noch mal ins Lager musst, weil du dieses Spezialwerkzeug ›aus Versehen‹ vergessen hast und wir uns dann erst in zwei Wochen wiedersehen, gehe ich lieber schnell selber.«

»Ralf!«

»Schon gut, Schatz. Ist ja kein Problem.«

»Mama, es tut mir leid. Wir haben so viel um die Ohren, dass das anscheinend auch mal die Synapsen durcheinanderbringt.«

»So, da bin ich wieder. MIT passendem Werkzeug.«

»Alles klar, dann will ich meinen Sensationskuchen mal anschneiden ...«

»Na ja, Sensation ...«

»Ralf, was ist? Gefällt dir mein Kuchen diesmal nicht?«

»Doch, klar, aber eine Sensation ist er ja nun nicht ... Guck mal hier! Die Crème ist ganz ungleichmäßig verteilt. Und die Spaltmaße sind auch alle unterschiedlich! Also ehrlich, die sind doch wohl ein Witz. Das kann ich so nicht abnehmen. 'Ne saubere Arbeit sieht anders aus. Ich würde vorschlagen, dass das gleich überarbeitet wird. Und dann schauen wir noch mal.«

»Also, so schlimm ...«

»Ralf! Wie redest du mit meiner Mutter? Der Kuchen ist doch wunderbar gelungen ...«

»Dachte ich eigentlich auch. Aber er hat nicht ganz unrecht. Wisst ihr was? Ich mach das Ding schnell schick. Kein Problem.«

»Na also. Und vielleicht könnte dein Bruder aufhören, die ganze Zeit mit seinem Stuhl übers Parkett zu rutschen. Davon wird es auch nicht besser. Oder er macht ein paar Filzgleiter drunter. Ich habe mittlerweile sogar immer welche dabei, hier!«

»Da bin ich schon wieder. Kuchen so in Ordnung?«

»Absolut akzeptable Spachteltechnik. Klasse verputzt, das muss ich schon sagen. Die Überweisung geht morgen raus.«

»Na, Gott sei Dank! Was auch immer du damit meinst. Dann will ich ihn mal anschneiden. Wird ja auch höchste Zeit, ihr Armen habt sicher schon großen Hunger. Mal sehen, mache ich Achtel oder Sechzehntel ...?«

»Das fragt der angebliche Experte den Laien? Soll ich denn wirklich alles entscheiden? Am besten geh ich noch mal in jedem Fach in die Lehre, um allen erklären zu können, was sie eigentlich selber wissen müssten!«

»Möchtest du dich einen Moment hinlegen, mein Junge?«

»Wie denn, wenn ich permanent irgendwelchen überflüssigen Blödsinn entscheiden muss.«

»Keine schlechte Idee, Mama, er hat die letzten vier Nächte nicht geschlafen. Das ist sicher der Grund. Gefangen in einer anderen Welt ...«

»Mir geht es hervorragend. Aber Leute, man kann doch auch unter die Gläser und Tassen etwas legen, bevor Kränze auf dem Parkett entstehen.«

»Auf dem Tisch meinst du!«

»Habe ich doch gesagt!!!«

»Hast du nicht.«

»Und dann dieser Dilettantismus überall. Da will die Facharbeiterin den Kuchen anschneiden und hat noch nicht mal ihre Schutzbrille auf.«

»Die brauche ich doch nur zum Lesen, mein Junge! Aber wenn du willst, hier, schon auf der Nase. Besser?«

»Tse! Die ist doch gar nicht zulässig. Da kann man gar nichts durch erkennen. Die Sicherheitsschuhe lasse ich durchgehen. Die sind dick genug.«

»Äh ... also ... Opa müsste ja langsam mal kommen. Wo bleibt der eigentlich?«

»Der kommt doch nicht mehr. In welcher naiven Welt lebt ihr denn? Der ist wahrscheinlich auf 'nem anderen Geburtstag eingeteilt. Ach, was sag ich. Ganz sicher ist er das! Dass wir hier jetzt den ganzen Tag auf ihn warten müssen und keinen Schritt weiterkommen, geschweige denn irgendwann mal fertig werden, das ist dem feinen Herrn ja total egal, nicht wahr!?«

»So, Mama, ich denke, dass ich meinen Freund jetzt mal einpacke und ans Bett kette. Vorher zehn Valium, dann schläft der wie ein Bauarbeiter.«

»Okay, Schatz. Gerne! Es ist ja auch schon nach 16.00 Uhr. Ein Wunder, dass überhaupt noch einer da ist. Normalerweise lassen doch alle auf die Sekunde genau die Kuchengabel fallen und sind weg. Aber vorher, Leute, packt hier noch jeder mit an und räumt auf. Diesmal wird alles sauber hinterlassen. Punkt. Schließlich wohnen hier Menschen! Aber das ist euch ja vollkommen gleichgültig ...«

»Wir sind weg. Komm, Schatz!«

»Zieh doch nicht so!«

»Komm jetzt. Bei dir sind ein paar Sicherungen durchgeknallt, und die müssen wir erst wieder reinschrauben.«

»Ha haaa!!! Ich wusste es. Der Elektriker hat schon wieder Mist gebaut. Ich habe ihm hundert Mal gesagt, dass die Sicherungen nicht in Ordnung sind. Und das geht doch nun wirklich nicht. Wenn jetzt was passiert ...«

»Ist es schon. Tschüss an alle ...«

»Sei doch nicht so nett zu denen. Das nutzen die nur aus. ALLE MAL HERHÖREN! MORGEN SEHEN WIR UNS PÜNKTLICH UM 8 UHR HIER WIEDER! VERSTANDEN!?«

TOP TEN

DER LUSTIGSTEN HANDWERKERKATASTROPHEN

Wie Sie nicht zuletzt durch die vorige Geschichte sicher bemerken, machte der galoppierende Wahnsinn Woche für Woche, Monat für Monat Fortschritte. Ganz amüsant, dieser Zustand! Bulldozer räumten den Schutt meines alten Lebens beiseite, damit die neue irre Version Platz fand.

Nicht unwesentlich trugen dazu unter anderem die lustigsten (oder auch unglaublichsten) Handwerkerfehler während meines Umbaus bei, die ich in einem kleinen Ranking für Sie zusammengestellt habe. Viel Spaß!

PLATZ 10: DER DACHDECKER

Er hat die Dachrinnen teils falsch herum montiert, so dass der Regen IN das Haus geleitet wurde.

PLATZ 9: DER FLIESENLEGER

Erst die falschen Größen, dann die falschen Fliesen, dann die falschen Fugen.
Ganz sicher der falsche Fliesenleger.

PLATZ 8: DER FENSTER- UND TÜRENBAUER

Die Haustür wurde falsch herum eingebaut.
Das Guckloch war unten.
Doch.

PLATZ 7: DER MALER
Der frischgebackene Geselle hat die abgeklebten Fenster
mit eingeputzt und überstrichen.
Es war stockfinster.

PLATZ 6: DER ELEKTRIKER
Wenn ich von RTL zu 3sat schaltete – tatsächlich nur
in dieser Kombination –, ging der Alarm los.
Der Schock war sicher zu viel für das System.

PLATZ 5: DER FENSTER- UND TÜRENBAUER
Die Haustür wurde ausgebaut und leider weggeschmissen.
Dafür bekam ich dort eine Balkontür.

PLATZ 4: DER INSTALLATEUR
Ein Mitarbeiter hat das Urinal für ein Bidet gehalten
und es auf den Boden geschraubt.

PLATZ 3: DER PARKETTLEGER
Der Lehrling sollte im Flur zehn verschlissene Stäbchen entfernen.
Er hat alle rausgerissen.

PLATZ 2: DER FENSTER- UND TÜRENBAUER
Balkontür raus, dafür ein Fenster rein.
Hurra!

PLATZ 1: DER MAURER
Er hat eine Wand an der absolut richtigen Stelle hochgezogen.
Auf der falschen Etage.

Der Anruf

Mein Mobiltelefon klingelte, als ich gerade in meiner Garderobe saß. Ich war mit meinem neuen Live-Programm auf Tournee und hatte noch eine Stunde bis zu meinem Auftritt. Zu Hause liefen die Umbauarbeiten samt Schwierigkeiten und Katastrophen natürlich weiter. Aber deswegen konnte ich ja meinen Beruf nicht an den Nagel hängen.

Leider hatte sich meine Freundin übel den Kopf gestoßen und musste für zwei Tage zur routinemäßigen Beobachtung im Krankenhaus bleiben. Schlimm war natürlich, dass ich ihr nicht zur Seite stehen konnte. Viel schlimmer fanden wir beide allerdings, dass ihr Bruder, also mein Luftpumpen-Schwager in spe, sich in unserer Abwesenheit um die Beaufsichtigung der Bauarbeiten kümmern musste. Alle anderen Freunde und Familienmitglieder konnten nämlich so kurzfristig nicht einspringen. Da wir es aber endlich einmal geschafft hatten, alle Handwerker gleichzeitig auf die Baustelle zu bekommen, war es doch unmöglich, den Termin abzusagen. Das hätte uns um Monate zurückgeworfen. Somit blieb nur dieser eine Ausweg. Wir waren so dumm.

Sie haben Holger ja in den vergangenen Geschichten das eine oder andere Mal kurz erleben dürfen. Ich hatte alles Notwendige bis ins kleinste Detail mit den verschiedenen Gewerken vorbesprochen. Mein Schwager in spe musste nur vor Ort sein, das Porzellan und die Möbel verteidigen und darauf achten, dass die Tür morgens auf- und nachmittags wieder abgeschlossen wurde. Mehr nicht.

Ich drückte auf »Annehmen«.

»Hallo, Holger. Ich muss gleich auf die Bühne. Was gibt's denn?«

»Du, ich ruf dich nur an, um dir zu sagen, dass du keine Küchenrolle mehr hast.«

»... ja, Holger, äh ... vielen Dank. Das war's schon?«

»Ja, im Grunde schon.«

»Also, Holger, sei mir nicht böse! Aber meinst du nicht, dass das noch etwas Zeit gehabt hätte? Ich hoffe, du rufst mich nicht morgen früh um sieben an, um mir zu sagen, dass in der Kaffeemaschine Wasser nachgefüllt werden muss.«

»Ich dachte ja nur, dass du das wissen willst.«

»Schon gut, alles klar. Kein Problem. Ich bringe auf dem Heimweg neue Küchenrollen mit.«

»Okay. Bis dann ...«

»Danke dir und bis ... äh, Moment ... ich habe doch gerade erst einen Sechserpack gekauft. Die sind schon alle weg?«

»Ja klar.«

»Wieso klar?«

»Na, wir mussten doch das Parkett schonen.«

»Das Parkett schonen? Warum das denn?«

»Da war so eine kleine Pfütze auf dem Boden. Und da dachte ich, dass wir die mal lieber schnell wegmachen sollten, weil du ja immer schreist, dass das Holz noch nicht versiegelt ist.«

»Sehr gut. Aber wieso war denn da eine kleine Pfütze? Hat jemand Saft oder Cola verschüttet?«

»Nein, nein, keine Sorge.«

»Na, Gott sei Dank. Du kannst einem aber auch einen Schrecken einjagen.«

»Das war ganz klares Wasser aus der Leitung.«

»Dann geht's ja.«

»Die Leitung zwischen Gästebad und Flur.«

»Wie ...?«

»Das hatten wir zuerst auch gar nicht gesehen. Wir haben uns nur gewundert, warum das Wasser unten aus der Fußleiste kam.«

»Aus der Fußleiste?«

»Ja! Und als ich ein bisschen gegen die Wand gehauen habe, kam mir der ganze Putz entgegen.«

»Der PUTZ?«

»Ja. Und dahinter war schon alles schwarz. Wahrscheinlich Schimmel.«

»Oh mein Gott. Das darf doch wohl nicht wahr sein.«

»Doch, das stimmt. Allerdings war es nicht nur Schimmel.«

»Nicht?«

»Nein. Da war einfach alles nass. Das meiste ist ja gar nicht rausgelaufen, sondern gleich weitergeflossen. Ins Wohnzimmer in der unteren Etage.«

»Ins Wohnzimmer …?«

»Genau. Und als wir da reinkamen, ist er uns natürlich gleich aufgefallen.«

»Wer?«

»Na, der Rohrbruch. Hier stand nämlich schon alles zentimeterhoch unter Wasser. Sind die Sessel eigentlich neu?«

»Warum?«

»Die haben erst mal das ganze Wasser aufgesaugt und riechen jetzt ein bisschen fies. Ich würde mir überlegen, ob du die nicht lieber wieder verkaufen möchtest.«

»Holger, um Himmels willen, habt ihr denn wenigstens ein paar der Möbel aus dem Wohnzimmer retten können?«

»Na klar. Wir haben alles gleich vorne raus vor die Haustür gestellt.«

»Kann man davon noch was gebrauchen?«

»Ganz bestimmt. Außer den beiden Sesseln ist allerdings nichts mehr da.«

»Warum das denn?«

»Äh … hör mal, heute war doch Sperrmülltag …«

»MEINE NEUEN MÖBEL SIND AUF DEM SPERRMÜLL?«

»Sorry, wir haben das gar nicht mitbekommen, weil wir

drinnen doch wie die Irren das Parkett trocken gewischt haben. Und wie soll ich sagen ... nicht nur deine Möbel ... die ganze Küchenrolle war ja irre schnell aufgebraucht. Da haben wir dann in der Panik auch alle Handtücher aus dem Bad und den Schränken gerissen und ins Wasser geworfen.«

»Na und? Die kann man waschen.«

»... und deine Klamotten.«

»Holger ...«

»... und die Bettwäsche, die Überdecke, die Vorhänge, die Teppiche. Es war einfach unglaublich viel Wasser, weil der Lehrling in der Hektik doch den Haupthahn versehentlich weiter aufstatt zugedreht hat. Dadurch ist das Wasser vielleicht aus der Wand geschossen ...«

»Ich werde waaaaahnsinnig ... Habt ihr die kleine elektrische Wasserpumpe aus dem Keller angeschlossen? Du weißt doch, die, die ich von meiner Mutter mit dem Planschbecken geschenkt bekommen habe ...«

»Wie denn? Es gab doch keinen Strom mehr.«

»Ach so, ja logisch, wegen der rausgeflogenen Sicherung im Wohnzimmer bestimmt.«

»Nein, wegen dem Blitz und dem Knall.«

»...«

»Das viele Wasser hat einen Kurzschluss ausgelöst. Und da der Elektriker doch gerade die Sicherungen rausgenommen hatte, um sie zu tauschen, sind natürlich alle Leitungen im ganzen Haus durchgeschmort. Fernseher, DVD-Rekorder, Computer ... ich glaube nicht, dass da noch was geht.«

»Ich ... ich ... ich ...«

»Ich würde hier und da auch noch mal nachstreichen lassen.«

»Wegen der Wasserflecken.«

»Nein, wegen dem Schwelbrand unterm Dach.«

»Holger, ich weiß nicht, ob ... ich muss ja in ein paar Minuten ...«

»Das Dach ist ausgebrannt, weil durch den Kurzen die Isolierung Feuer gefangen hat. Gott sei Dank hat's angefangen zu regnen. Jetzt ist zwar fast die ganze obere Etage patschnass, aber unten war's ja auch schon so. Ist also jetzt ein Aufwasch. Hö hö ... kleines Wortspiel. Die Feuerwehr war schon da. Keine Sorge, wir haben alles mit Planen abgedeckt. Wenn du wiederkommst, kannst du ganz in Ruhe alles wieder in Ordnung bringen. Ich bin jetzt auch mal weg, weil die Handwerker eh nix mehr machen können. Also, nicht vergessen, denk an die Küchenrolle!«

»Danke ... Holger ... äh ... ich geh dann mal auf die Bühne ....«

Dunkle Seiten

Der Zeitpunkt ist gekommen, an dem ich Ihnen etwas gestehen kann. Sie, liebe Leserin, lieber Leser, haben genug Chaos mitverfolgt, um das, was nun kommt, verstehen zu können.

Es war ein schrecklicher Tag. Wie Sie sich nach den ganzen Geschichten vorstellen können, tendierte meine damalige verbliebene Belastungsgrenze gegen null! Seit Monaten prasselten die schlimmsten Probleme, Rückschläge und endlose Fehlarbeiten auf mich ein. Und irgendwann gab es diesen berühmten Tropfen, der das Fass zum Überlaufen brachte.

Wenn aber auch mitten im Tsunami des Dilettantismus ein – sagen wir es mal vorsichtig – selten dusseliger Installateur wie zum Beispiel der Herr Sommer es nicht auf die Kette kriegt, nur eine einzige Heizung anzuschließen, ohne dabei JEDES MAL gleich die ganze Bude unter Wasser zu setzen, dann weiß ich nicht, wie man das sonst nennen soll. Da fällt einem doch nichts mehr ein!

Jede, aber auch wirklich JEDE Arbeit musste doppelt und dreifach angepackt werden, nur weil Herr Sommer nicht mehr alle Latten am Zaun ... oder besser Rohre unterm Putz hatte. Nicht nur die Wasserhähne mussten, wie Sie ja wissen, regelmäßig ausgetauscht werden. NEIN, DAS REICHTE NOCH NICHT. Auch das Waschbecken musste mehrfach wieder ausgebaut werden. ALLE Rohre waren mangelhaft verbunden, »heiß« und »kalt« nicht isoliert dicht zusammen verlegt und einbetoniert worden. Und wir sind noch lange nicht am Ende der Liste angekommen!

Herr Sommer hatte vielleicht einfach Pech. Ihn traf die aufgestaute Wut von Monaten. Aber seien wir doch mal ehrlich, die beschriebenen Arbeiten gehören doch zu den rudimentären Kernkompetenzen eines Installateurs. Oder sehe ich das falsch? Wenn man das noch nicht mal hinbekommt,

JA WAS DENN DANN? Das ist doch so, als könnte ein Bäcker noch nicht mal ein paar popelige Brötchen backen! DER WÄRE DOCH SOFORT PLEITE! ZU RECHT! Herr Sommer machte immer weiter und weiter ... Sogar die Spüle hat er nicht angeschlossen bekommen! Er hatte natürlich nicht das richtige Werkzeug dabei.

Warum

auch?!

Warum sollte ein Installateur auch eine Rohrzange dabeihaben? DAS kann ja jeder! Herr Sommer hat zwar nicht immer das richtige Hilfsmittel zur Hand, dafür aber immer einen Schlaubi-Schlumpf-Hinweis parat. Wie blöd sich die anderen doch anstellten, ja, wie man es besser machen müsse. Dankeschön, Herr Sommer! DAS hilft natürlich ungemein!

Ich bemühe mich ja schon, wieder runterzukommen, liebe Leserin, lieber Leser. Es gibt sicherlich auch ganz tolle Installateure. Aber wenn man so einen, verzeihen Sie, Vollhonk und Pimmelkopp die ganze Zeit vor sich hat und die Fehler einfach nicht aufhören, dieser ▇▇▇ sich dabei aber für den Größten hält, da könnte man seine ignorante Hoheit doch glatt am höchsten Mast am Hals aufhängen und dann nie wieder mit der Pumpenzange abklemmen. WENN MAN ÜBERHAUPT EINE FINDET!

Ich weiß, dass man über so etwas stehen sollte. Sie haben ja recht. Sich so aufzuregen und vor allem solche Ausdrücke wie ▇▇▇ oder ▇▇▇ zu benutzen, zeugt nicht gerade von reifem, erwachsenem Verhalten. Wie schrecklich wäre es, wenn der Verlag hinterher noch Worte oder ganze Sätze schwärzen müsste. Nicht auszudenken.

Dennoch ... Es kann doch einfach nicht wahr sein, dass so ein ▇▇▇ mit so einer Einstellung, geschweige denn seinem allumfassenden »Fachwissen«, den Menschen und nichtsahnenden Kunden weiter das Leben zur Hölle machen darf? Es ist doch unglaublich, dass eine ▇▇▇ wie dieser ▇▇▇ an der Türe klingelt und man ihn reinlassen muss. Man sollte ihm vielmehr ins Gesicht sagen, dass er sich seinen ▇▇▇ irgendwohin stecken kann. Ganz genau. Und wenn man schon mal dabei ist, dann sollte er auch hören, wie ▇▇▇ und ▇▇▇ auch ▇▇▇

, aber auch dass er unglaublich ███ und ███ und ███ UND NATÜRLICH ███ er ist!!!

Herr Sommer hätte verdient, dass man ihm ███ ███ ███ ███, überzieht und dann ███ ███ aber nur, wenn er dabei ███ lecken muss. GENAU! Und was seine Rohrzange betrifft, so kann er ja mal versuchen, sie ███ ███ mit Strasssteinchen besetzen. Dann glitzert wenigstens sein ███!

Man sollte ihn ███ ███, ███ aus dem ███ scheint. Passt doch gut zum Sommer!!! Und beim allerkleinsten weiteren Fehler wird er ███ und sein ███ ███ durchgestochen. Wenn er dann mal auf seinem eigenen Klo sitzt, dieser ███, dann ███ in ███ von allen Seiten ███ ███ auch fleischfarben. MIT Guacamole eingerieben!

Ich will diesen ███, ███, und ███ nur noch ███ ███ baumeln sehen! **JAAAAAAAA!** Dieser gemeine ███ hat es doch nicht anders verdient, ███ Hundekekse, ███ Nordkorea ███

 auch ohne Pampelmuse. So!

Gott sei Dank ist endlich alles mal raus.

Nachtrag des Autors
Nachdem ich erfahren habe, dass doch ein paar wenige Stellen vom Verlag unkenntlich gemacht werden mussten, möchte ich darauf hinweisen, dass in absehbarer Zeit eine unzensierte Spezialfassung auf den Markt kommen wird. Ab 18 Jahren.

Liebes Tagebuch

Tag 168
HALLO, LIEBES TAGEBUCH! Alter Kumpel! Endlich habe ich dich wiedergefunden. Hattest dich aber auch genau in einem der Umzugskartons versteckt, die ich noch nicht ausgepackt hatte.
Du hast viel verpasst!
Erinnerst du dich noch an den Maler mit der gelben Grundierung? Nach fünf Monaten ist die Fassade jetzt weiß!!! Fast überall.
Das Parkett ist wegen der undichten Dachluke in den letzten Tagen noch einmal abgeschliffen worden. Erstaunlich, wie es dieser helle Staubfilm immer wieder in jede Ritze schafft. JA! In JEDE!!!
In den letzten Wochen bin ich vier Mal über einen Hammer oder eine Zange gestolpert, sechs Mal habe ich nach einer Tür gegriffen, die nicht mehr da war, und mindestens ein Dutzend Mal bin ich aus Versehen mit Farbe unter den Füßen ins Bett gekrochen. Der Maler macht seit einer Woche innen weiter. Wo er in der Zwischenzeit war, kann oder darf er nicht sagen.

Schlaftablette

Tag 184
Liebes Tagebuch, ich habe schon wieder lange nichts geschrieben. Bitte verzeih mir! Ich musste kurzfristig ins Krankenhaus, mit einer Stimmbandentzündung. Ob es an dem ewigen Staub, den Schreikrämpfen oder den Aufputschmitteln gelegen hat, ließ sich nicht zweifelsfrei feststellen.

Tag 189
Das Kochen mit Campinggas war nur am Anfang romantisch.
Ich hoffe, dass die verdammte Küche jetzt bald kommt.
Ich kann Ravioli nicht mehr sehen.

Tag 197
Im Schlafzimmer haben wir erst heute eine mitgestrichene Kippe auf der Wand entdeckt. Der Maler hat sie wohl in den Farbeimer fallen lassen und mit der Rolle aufgetragen. Mal sehen, was wir noch so finden werden. Vielleicht einen seiner Mitarbeiter.

Tag 219
Heute haben wir eine Flasche Sekt aufgemacht. Zum Jubiläum! Wir haben unseren fünften neuen Wasserhahn gefeiert.
Man muss sie eben feiern, wie sie zerkratzen.

Tag 242
Komme gerade vom Psychotherapeuten. Es geht mir schon bedeutend besser! Meine Autoaggression ist nur eine Übertragung meiner unkontrollierten Wut auf das omnipräsente Malervlies. Sobald es weg ist, werde ich mich sofort erholen und wieder der Alte, meint Dr. Freund. Und die Hämatome verschwinden dann auch bald. Und die Beulen ... Und die Schnitte an den Unterarmen.

Tag 271
Rosen-Jubiläuuuum!!!!!!! Unser zehnter Wasserhahn!!!

Tag 273
Heute Morgen bin ich aufgestanden und habe einen toten Installateur im Klo heruntergespült. Es war herrlich!
Dann erst habe ich gemerkt, dass ich das nur geträumt habe. Dann habe ich geweint.

Tag 328
Die Trockenbauwand ist heute Nacht eingestürzt. Gott sei Dank! Sie war ja immer noch viel zu kurz.

Palette Einzyehni kaufen!

Tag 329

Geburtstagsgeschen~~k~~ Mama!

Wir haben den halben Schlafzimmerschrank wiedergefunden, der beim Umzug verlorengegangen war. Dass die Hemden auf der einen Seite immer rausfallen, daran hatte ich mich eigentlich schon gewöhnt. Trotzdem war es nett, dass mir mein Nachbar die Teile aus seiner alten Garage rübergebracht hat. Die Umzugsleute hatten Böden und Seitenelemente dort nur kurz zwischengelagert – über ein halbes Jahr lang.

Tag 333

Habe heute den Anruf erhalten, dass die Küche jetzt auf dem Weg sei. Ohne Worte! Ich HASSE Ravioli!!! Und den alten Übergangs-Kühlschrank von Oma!!!!!!!! Der brummt so laut, dass ich nachts schon Panik bekam, die hätten den Flughafen verlegt.

Tag 407

Estrich-General Budde war heute wieder hier. Alles muss noch mal rausgestemmt und neu gemacht werden. Er kennt den neuen Estrich halt immer noch nicht so gut. Und ich bin sehr sicher, dass man General Budde auch nicht mehr kennen wird, wenn ich mit ihm fertig bin.

DAS PARKETT MUSS DADURCH ZUM DRITTEN MAL NEU GEMACHT WERDEN! UND ABGESCHLIFFEN WERDEN! HURRAAAA!!! WIEDER KRACH– UND STAUBRITZENZEEEEEEIIIIIT!

Tag 408

Die brandneue Haustür klemmt. Habe sie mit dem Hammer geöffnet. Die frische Luft tut gut.

Kein Fastfood mehr!!!

Tag 409
Die eingestürzte Trockenbauwand ist wieder aufgebaut. Der Maler ist heute nach wochenlangem Warten endlich wieder da. Ich bin vor ihm auf die Knie gefallen, weil mich das Glück übermannt hat und ich so unendlich dankbar war, dass er wirklich noch einmal gekommen ist.

Tag 422
Wir haben einen neuen Estrich. Front-Veteran Budde hat nun genug Erfahrung damit gesammelt und ist doch tatsächlich zu 95 Prozent zuversichtlich, dass es diesmal hält. Er hat irgendwie nicht verstanden, warum ich eine halbe Stunde lang gegen sein Auto getreten habe.

Tag 426
Habe mir heute Morgen unter der immer noch undichten Dachluke den Schleifstaub aus den Haaren gewaschen.

Wo habe ich das Tagbuch hingelegt?

Tag 428
Bin gerade dabei, das ganze Parkett mit dem Hornhauthobel abzuschleifen. Damit der arme Parkettleger nicht noch einmal kommen muss. Unser Geld reicht noch für genau drei weitere Hobel. YES!

Tag 429
Ich sage alle weiteren Termine bei meinem Therapeuten ab. Heute hat er mir nämlich mitgeteilt, dass ich angeblich jedes Maß verloren hätte und mittlerweile schizoide Tendenzen zeige. Der spinnt doch.

Tag 431
Der schrecklichste Tag meines Lebens. Ich war ganz allein im Haus. Niemand da, nichts hat gehämmert, keiner hat geklingelt. Das hält doch keiner aus! Und dann dieses ekelhaft schöne Wetter draußen ... Ich bin gar nicht aufgestanden.

Tite...

Tag 433   *alle titeeeeee........*
Letzte Nacht hatte ich einen wunderschönen Traum.
Ich sah Licht am Ende des Tunnels!
Es war der Gegenverkehr.
Eine HandwerkerKolonne.

Tag 458
Unsere Küche kommt.
Nur der Kühlschrank fehlt.

Tag 493
Nach der dritten Dachluke, einem doppelten Wasserrohrbruch
und Wandfarbe, die im gesamten Haus dunkle Flecken gebildet hat,
habe ich gestern anfangen müssen, hysterisch zu lachen.
Leider kann ich bis jetzt nicht damit aufhören.

Tag 529
Habe den ganzen Tag auf einen Zettel mit einer Telefonnummer
gestarrt. Eine Nummer, die ich von einem Freund bekommen habe,
mit folgendem Hinweis: Die brechen Beine. Mit Beweisfoto.
Schnell, sauber, zuverlässig.

Tag 529   (irgendwann nachts)
Ich kann mich einfach nicht entscheiden, ob ich es doch lieber
selber machen soll.

Tag 540
... Malerfies ... ist weg ... Wände ... weiß ... Ding dong! Wer ist da?
Oh, der Elektrische Stuhl. Kommen Sie doch rein ... Der Teufel, es
war der Teufel ... oder der Fliesenverleger ... der Maltretierer ... der
Terrorstallateur ... alles das Gleiche, alles das Gleiche ... DING DONG,
die Glocken, Estrichralda, DIE TÜRGLOCKEN ....

Entschuldige, liebes Tagebuch, ich kann mich an die letzten zwei Minuten irgendwie nicht erinnern. Hier folgt jetzt mein Eintrag für heute: Ich fühle mich ausgezeichnet.

Tag 560

Gestern ist der letzte Handwerker gegangen. Nach anderthalb Jahren. Ich wusste nicht, wie ich darauf reagieren sollte. Stumm und dankbar stand ich in der neuen Tür, auf dem fertigen Parkett, mit sauberen Händen unter dem finalen Wasserhahn gewaschen, unweit einer eigenen, voll ausgestatteten Küche. Tief in mir regte sich zart ein Gefühl, das ich schon lange nicht mehr empfunden hatte. GLÜCK.

Und, liebes Tagebuch, heute Morgen dann war niemand mehr da, den es zu beaufsichtigen galt. Unbeschreiblich. Das musste ich genießen. Ich rannte, so schnell ich konnte, zu meinem Auto, den Schlüssel schon in der Hand, um einfach irgendwohin zu fahren. FREIHEIT!

Laut lachend setzte ich mit Schwung in der blitzfertigen Einfahrt zurück – und spürte und hörte, wie ich gegen die Hauswand krachte.

Wo habe ich den Zettel mit der Telefonnummer hingelegt ...?

Ende gut. Tut gut.

Auch die selbst verschuldete Hauswand-Attacke am Schluss war irgendwann überstanden. Ich hatte zwar noch einige Schwierigkeiten, den Beinebrecher davon zu überzeugen, dass ich ihn wirklich selbst beauftragt habe und der Anruf bei ihm ein Anfall schizoider Verzweiflung gewesen sei. Aber es klappte.

Am Ende ging dann ausnahmsweise einmal alles gut. Die Fassade hatte den Aufprall des Autos gut überstanden, und ich musste nicht ins Krankenhaus.

Das Fest zum Abschluss aller Arbeiten in Tante Helgas ehemaligem und nun meinem Haus sollte orgiastisch werden. Natürlich ohne den Sex. Die ganze Familie war ja da: Freundin, Mama, Stiefvater, Schwester, Holger, Hänschen und irgendwie auch meine Tante. Es gab ausschließlich Weinbrand-Cola, den eigentlich keiner mochte, der die Stimmung aber schnell auf den Siedepunkt brachte. Schließlich waren wir, was die harten Sachen anging, nicht so im Training wie Helga.

Das Haus war schön dekoriert, die Lampen reagierten auf die richtigen Schalter, der neue Kühlschrank war vollgestopft mit Eis und Leckereien, »Ich wollt ich wär ein Huhn« spielte im Hintergrund, und ich war schon nach einer halben Stunde voll wie die Konten meiner Handwerker. Ich hatte aufgrund dieser endlosen Erleichterung so dermaßen Gas gegeben, dass ich mich nur bruchstückhaft an den Rest des Abends erinnere. Leider vertrage ich wirklich gar nichts. Nach zwei Gläsern Bier bin ich meistens schon bettfertig.

Ich glaube, Mama hatte wieder ihre gefürchteten Brikettdellen mitgebracht, mit denen mein Schwager und ich im Wohnzimmer Eisstockschießen spielten. Meine Schwester tanzte auf Pfennigabsätzen mit Hänschen im Flur, Holger mit sich selber im Badezimmer, meine Freundin verteilte Duftkerzen im ganzen Haus, und mein Stiefvater ließ wie immer alles fallen, was man ihm in die Hand drückte.

Es war wirklich ein rauschendes Fest, mit allem, was dazugehört. Vor allem am nächsten Morgen. Als ich aufstand, bekam ich sofort höllische Kopfschmerzen. Nein, nicht vom Alkohol, sondern vom bloßen Anblick meines neuen Heims. Wobei »neu« hier nicht mehr die richtige Bezeichnung sein dürfte. Als ich aus dem Schlafzimmer trat, fühlte es sich so an, als ob mir jemand mit dem Vorschlaghammer vor den Frontallappen ballern würde. Mehrmals hintereinander.

Ich konnte von vorne anfangen. Die letzten Monate der siegreichen Eroberung waren umsonst gewesen. Eisstockschlieren im Wohnzimmer, pfenniggroße Löcher im frischen Parkett des Flurs, Kerzenwachs, der sich überall in den Boden gefressen hatte, und mehrere Scherben von Vasen und Tellern in den Ecken. Außerdem hatte sich anscheinend jemand Brikettdellen von Mama durch den Kopf gehen lassen und damit meine Pflanzen gedüngt. Wobei ich nicht sicher sagen kann, ob ich das nicht selber gewesen bin. Ich tippe allerdings auf Holger. An die Fenster hatte jemand mit Lippenstift geschrieben: »Es ist vollbracht!« Die Schrift kannte ich nicht. Ein Hoch auf Weinbrand-Cola.

Und wieder stand ich mitten im größten Durcheinander. Zurück auf Los. Ziehe keine 4 000 Euro ein! Die Pause des Glücks hatte nicht einmal vierundzwanzig Stunden gedauert. Und wissen Sie was, liebe Leserin, lieber Leser?

Es war mir egal.

In dem Haus sollte gewohnt werden. Und dass es gleich eingeweiht wurde, war nur mehr als richtig. Sollte ich, bloß weil jetzt alles aussah wie geleckt, ein Museum daraus machen und niemanden mehr durch die Haustür lassen? Um Himmels willen. Ich hätte zwar gerne ein paar Tage länger den Duft des Neuen eingeatmet, und der erste Kratzer tut eben immer weh, aber so war es genau richtig. Endlich kam echtes Leben in die Bude. Endlich konnte ich nach Herzenslust dort wohnen, arbeiten, nackt über den Flur rennen und in ein Leben jenseits von Abnahmen, Lieferschwierigkeiten und »Wir kommen morgen wieder« zurückkehren. Fantastisch!

Ich weckte meine Familie, die natürlich bei mir übernachtet hatte. Wir räumten alle gemeinsam auf und frühstückten zusammen am großen Tisch mit viel Lachen und Betonpfannkuchen meiner Mutter. Für die sie diesmal ausnahmsweise nichts konnte, weil die Gipstüte immer noch neben dem Mehl gestanden hatte.

Ende gut. Tut gut.

Schlusswort

Tja, und dann bin ich wieder ausgezogen.

Ja, das verstehe ich. Das müssen Sie jetzt erst mal verdauen. Sicher kommt das Ganze etwas unerwartet. Sie haben wahrscheinlich frühestens im nächsten Buch mit so einer Entwicklung gerechnet.

Aber lassen Sie es sich erklären: Als am Morgen nach der Einweihungsparty dann irgendwann alle gegangen waren, meine Freundin ihren Bruder nach Hause fuhr und ich seit Langem mal wieder ganz alleine war, setzte ich mich auf die alte Schaukel unter dem kleinen Apfelbäumchen und dankte Tante Helga von ganzem Herzen.

Und als ich da draußen unter meinem Lieblingsbaum saß und die letzten Monate noch einmal Revue passieren ließ, da wurde mir schlagartig klar, dass das nur die Generalprobe gewesen sein konnte.

Nach all den unmenschlichen Strapazen und den Momenten, in denen ich einfach hätte hinschmeißen können – und durch die Sie mich nun begleitet haben –, war ich doch nur auf die eigentliche Aufgabe bestens vorbereitet worden:

Natürlich ein *neues* Haus zu bauen!

Nein, ich kann nicht ausschließen, dass diese Entscheidung damals noch im Schwung ausplätschernden Wahnsinns und unter Restalkohol von mir getroffen wurde. Ach, seien wir ehrlich: Ich hatte den Schuss nicht gehört. Aber ich wusste doch jetzt, wie es geht. Bei dem Erfahrungsschatz, den ich mittlerweile hatte, flutschte das doch sicher nur so durch. Und für das nun perfekt instand gesetzte Familienerbstück gab es schließlich auch schon einen Abnehmer. Meine Schwester. Die war die ganze Zeit schon heiß auf die Hütte gewesen. Gott sei Dank! Denn NIEMALS hätte ich mein Baby einem Fremden anvertraut.

Ab diesem Moment ging die Reise also wieder von vorne los. Ich war auf alles vorbereitet. Und Sie sind es jetzt auch!

Bis zum nächsten Abenteuer.

*Ihr
Ralf Schütte*

Gebrauchsanweisung

KOMPAKT

Der große Test:
Wie verhalte ich mich beim Umbauen richtig?

Der Zeitpunkt ist gekommen, um zu überprüfen, ob Sie während der Lektüre dieses Buches gut aufgepasst und etwas fürs Leben gelernt haben. Jetzt können Sie feststellen, ob Sie für Ihre eigene Baustelle gut gerüstet sind oder meine Ausführungen nur für amüsanten Zeitvertreib gehalten haben. Ich meinte alles bitter ernst.

Beantworten Sie die folgenden Fragen bitte grundehrlich. Wir lesen uns dann bei der Auflösung am Schluss wieder. Bis gleich!

FRAGE 1
Wenn Sie die Wahl hätten? Wie würden Sie am liebsten an ein eigenes Häuschen oder eine eigene Wohnung kommen?
- **A)** Am schönsten wäre es, wenn man das neue Eigenheim ganz komplikationslos und individuell angepasst bei McHaus bekäme.
- **B)** Besetzung.
- **C)** Am besten hat man erst mal nur ein paar Hektar Mutterboden. Dann baggert man den Keller aus, setzt Stein für Stein aufeinander und baut ein Hochhaus. Fantastisch. Es darf niemals aufhören …
- **D)** Eigentlich würde ich lieber auf meinen zwölf Quadratmetern wohnen bleiben. Oder gibt es so kleine Häuser?

FRAGE 2

Wenn Sie ein Haus erben, was machen Sie als Erstes?

A) Ich betrauere vermutlich den Verstorbenen und nach Überwindung der sich überschlagenden Ereignisse betrachte ich wehmütig die Erinnerungsstücke im Haus.

B) Ich sehe mir den Kasten mal an und entscheide dann, wie groß die Beerdigung ausfallen wird.

C) Ich mache sofort ein erstes Aufmaß und nehme schon mal das neue Stemmeisen mit. Muss sicher kernsaniert werden.

D) Ich habe geerbt? Ein ganzes Haus??? Wo sind meine Herzpillen?

FRAGE 3

Wenn Sie zum Rathaus müssen, um ein paar behördliche Dokumente zu beantragen, wie wappnen Sie sich gegen den Amtsschimmel?

A) Ich meditiere und behalte dann stoisch die Ruhe. Ich habe eh keine Wahl. Vor allem stehe ich aber pünktlich um halb acht morgens vor der Tür und entscheide mich direkt für das hellblaue Märkchen.

B) Da mache ich nicht mit. Die Gebühren sind nichts anderes als staatliche Wegelagerei.

C) Das macht meine Frau / mein Mann / meine Mutter. Ich kann schließlich nicht weg von der Baustelle. Ist ja außer mir keiner da.

D) Ich nehme immer drei Durchschläge, eine Schreibmaschine und ein eigenes Stempelkissen mit. Dann kann nichts schiefgehen.

FRAGE 4

Wenn Sie von einem Handwerker die Worte »Datt is überhaupt kein Problem« hören, was ist zu beachten?

- **A)** Dann ist oberste Vorsicht geboten. Vermutlich will er nur Unwissenheit überspielen und verspricht mir das Blaue vom Himmel. Ich hole lieber noch eine zweite Meinung ein.
- **B)** Ich halte ihm eine Schrotflinte an den Kopf und lasse es ihn schwören.
- **C)** Welcher Handwerker denn schon wieder?
- **D)** Zu beachten? Gar nichts. Das ist Musik in meinen Ohren und ich freue mich, dass es so gut läuft.

FRAGE 5

Wenn morgens um halb sieben ein alter Elektriker neben ihrem Bett steht und Sie weckt, was ist schiefgegangen?

- **A)** Die Baustellen-Blechtür muss endlich gegen die neue Haustür ausgetauscht werden, dann hört das von alleine auf.
- **B)** Meine Instinkte sind immer hellwach. Der schafft es nicht bis ans Bett.
- **C)** Geil! Vielleicht hat er ein paar Tipps für mich.
- **D)** Der Defibrillator steht immer neben mir auf dem Nachttisch. Gott sei Dank. Nach der Reanimation mache ich uns erst mal eine schöne heiße Tasse Tee.

FRAGE 6

Wenn der Maler für den Anstrich der Hausfassade über fünf Monate braucht, was ist zu tun?

A) Der Maler hat sich ein paar Mal mit der Grundierung und dem RAL-Ton vertan. Aber was lange währt, wird endlich gut. Der macht das schon.

B) Man schnappt sich einfach den menschlichen Maler-Pinsel und streicht mit ihm ein paar Bahnen selbst. Wenn er fünf bis zehn Mal mit dem Gesicht über die Fassade gerubbelt ist, fällt ihm der RAL-Ton sicher schnell wieder ein. Die eigene Arbeit wird dann natürlich von seinen Stunden abgezogen.

C) Gar nichts ist zu tun. Schneller kann ich einfach nicht.

D) Ist mir egal. Ich sehe sie sowieso nie. Ich gehe ja kaum vor die Tür.

FRAGE 7

Sie rufen bei Ihrer Krankenkasse an und verzweifeln. Woran könnte das liegen?

A) Zuerst hänge ich stundenlang in einer Warteschleife, und dann habe ich eine nichtsnutzige Frau Klausen oder Krause am Apparat. Meine Zeit rinnt durch meine Finger.

B) Man findet meine Daten nicht. Ich bin nämlich gar nicht versichert. Verweichlichter Quatsch.

C) Da geht keiner ran. Die kennen inzwischen meine Nummer auswendig und versuchen mich wegen der ganzen Unfälle schon seit Jahren rauszuschmeißen.

D) Keine Ahnung. Ich habe das größte Paket und bin nie krank. Aus Angst gehe ich ja nicht mal zur Vorsorge. Die sind eigentlich immer unglaublich nett zu mir. Letztens habe ich sogar ein Auto und eine Karte von denen zum Jubiläum geschenkt bekommen: »Unserem liebsten Patienten – zwanzig Jahre keine Rechnung!«

FRAGE 8

Baustellenmaschinen und Werkzeuge drängen sich in jeden Winkel Ihres Alltags. Wie begegnen Sie dieser Herausforderung?

A) Ich nehme die Situation, wie sie ist, und entdecke, dass viele Sachen total nützlich und sogar effektiver sind als die herkömmlichen. Das macht großen Spaß.

B) Wer was rumliegen lässt, ist dran. Andererseits ... Wer's findet, darf's behalten.

C) Ich schneide mein Brot schon seit Jahren mit der Kreissäge und öffne die Suppendose mit dem Presslufthammer. Für mich also keine Umstellung.

D) Ich kaufe mir einen ABC-Schutzanzug, eine Panzerweste und einen Helm.

FRAGE 9

Das Waschbecken ist beim Einbau bereits defekt. Wie verhalten Sie sich?

A) Ich versuche zuerst, dem Installateur gegenüber ruhig zu argumentieren. Wenn das zu nichts führt, stelle ich ihn vor vollendete Tatsachen. Die Beweise sind schlussendlich nicht wegzudiskutieren.

B) Wo hab ich jetzt die Flinte hingestellt?

C) Ich hab das Ding billig bei den Restposten im Baumarkt bekommen. Tadellos.

D) Aus einem bestimmten Winkel kann man den Riss gar nicht sehen. Ich werde mich einfach immer von der Toilette aus waschen.

FRAGE 10
Das leidige Problem mit den nicht eingehaltenen Terminen oder dem unpünktlichen Erscheinen. Was tun Sie, um hier Besserung herbeizuführen?

A) Ich lege mich auf die Lauer und wechsle mich mit meiner Freundin bei der Wache ab. Das ist zwar nervig und zeitigt nur selten Erfolg, aber immerhin.

B) Lockstoffe, Fußfallen und dann Käfige im Keller zum Übernachten. Problem gelöst.

C) Ja, ich weiß, meine Termine vergesse ich immer. Aber nächstes Mal denke ich ganz sicher an den Zahnarzt, meinen Job und die lang geplante Hochzeit.

D) Die kriegen meinen Schlüssel.

FRAGE 11
Im Baumarkt ist es oft sehr schwer, einen Verkäufer zu erwischen. Wie schaffen Sie es trotzdem?

A) Ich überrasche ihn und dränge ihn in eine Ecke, wie Ralf Schmitz es mir in diesem Buch geraten hat. Sehr effektiv.

B) Hab ich doch bei der vorigen Frage schon beantwortet. Alternativ gehen auch Gift, Lasso oder Betäubungspfeile.

C) Ich habe da nie Probleme. Die rennen alle sofort zu mir, sobald ich reinkomme. Aber ich kann wirklich nicht immer allen helfen.

D) Baumarkt ... Baumarkt ...? Helfen Sie mir!

FRAGE 12

Der Hindernislauf im Baumarkt, mit Tausenden Schraubensorten, überraschenden Beratungsattacken und Zeitlupe an der Kasse kostet Sie wertvolle Zeit. Wie reagieren Sie?

A) Ich sammle Erfahrungen und freue mich, dass die Welt bunt ist.
B) Ganz sicher: In zehn Minuten bin ich da wieder raus.
C) Ganz sicher: In elf Minuten bin ich da wieder raus.
D) Noch mal: Baumarkt ...?

FRAGE 13

Der Schreiner ist mit dem Türrahmen so penibel, dass Sie ihn nicht mehr aus dem Haus oder der Wohnung kriegen. Worauf müssen Sie achten?

A) Als Erstes versuche ich früher und vehementer als Ralf Schmitz, die Arbeiten abzubrechen. Falls das nicht zielführend ist, passe ich wenigstens bei der anschließenden Rechnung auf, dass die von ihm verschuldete Mehrarbeit nicht enthalten ist.
B) Dynamit, brennende Lunte ... Der wird fertig.
C) Nachdem er fertig ist, gehe ich besser noch mal ran.
D) Seelenverwandte. Er kriegt das Gästezimmer.

FRAGE 14

Sie haben Handwerker, und auch der Arzt kann Ihnen kaum helfen. Welche Maßnahmen können ergriffen werden?

A) Therapeutische Schockentlassungen, Antipraktika-Behandlungen und noch ein paar andere Möglichkeiten mehr. Aber der Kampf wird schwierig.
B) Selbstmord?
C) Ganz klare Fehldiagnose, ich bin immun. Ich hab mich doch impfen lassen.
D) Selbstmord!

FRAGE 15
Wenn Sie zum ersten Mal zum Drive Baumarkt fahren, was müssen Sie sich vorher merken?
- **A)** Ich darf nicht den Mini meiner Freundin nehmen. Ich darf nicht den Mini meiner Freundin nehmen …
- **B)** Ich darf nicht den Panzer nehmen. Ich darf nicht den Panzer nehmen …
- **C)** Ich muss den *kleinen* Sattelschlepper nehmen. Ich muss den *kleinen* Sattelschlepper nehmen …
- **D)** Ich muss den Anhänger ans Fahrrad machen. Ich muss den Anhänger ans Fahrrad machen.

FRAGE 16
Es hat Sie erwischt. Sie kommen nicht mehr von den Baumarktartikeln los. Was bedeutet das?
- **A)** Ich brauche Hilfe. Ich muss mich sofort bei den Anonymen Baumarktholikern anmelden.
- **B)** Dass ich meinen wachsenden Schatz zu Hause wohl ausreichend schützen und verteidigen muss. Niemand wird mir etwas davon wegnehmen. NIEMAND!
- **C)** Ich verstehe die Frage nicht.
- **D)** Mir bleibt auch nichts erspart.

FRAGE 17

Der Dachdecker redet von der Erneuerung des Daches, Sie von einem Intim-Waxing. Warum?

- **A)** Ich habe aus Versehen die falsche Telefonnummer gewählt, gucke, wie weit ich komme, und lache mich innerlich über das Missverständnis kaputt.
- **B)** Wer ist hier die Schwuchtel? Ey! Wer ist hier die Schwuchtel?
- **C)** Das gleiche heiße, zähflüssige Zeug multifunktional verwendet. Zwei Fliegen mit einer Klappe geschlagen. Ist doch 'ne Superidee!
- **D)** Ich hole mir ein Angebot ein?

FRAGE 18

Sie verhalten sich beim Kaffeekränzchen Ihrer Schwiegermutter in spe auffällig aggressiv. Wie können Sie dem entgegenwirken?

- **A)** Ich werde mir dessen bewusst, dass die zurückliegenden Monate auf meiner Seele lasten, und schon diese Erkenntnis lässt den Druck abfallen und mich wieder zur Besinnung kommen.
- **B)** Wieso? Ich bin doch wie immer!
- **C)** Für so was habe ich einfach keine Zeit. Dafür muss jeder Verständnis haben. Nach drei Stück Torte bin ich halt wieder durch die Tür.
- **D)** Schwiegermutter? Ich wusste ja noch nicht mal, dass ich nicht mehr alleine lebe.

FRAGE 19

Sie sind unterwegs und bekommen den Anruf eines Familienmitglieds, welches in Ihrer Abwesenheit auf Ihr Haus oder Ihre Wohnung aufpassen soll. Im Laufe der Unterhaltung stellt sich immer mehr heraus, dass Ihr Traum in Schutt und Asche liegt. Wie reagieren Sie?

A) Ich kaufe auf dem Rückweg ein Paket Küchenrollen.

B) Ich kaufe auf dem Rückweg ein Paket Küchenrollen, um das Blut aller Schuldigen aufzuwischen.

C) Ich kaufe auf dem Rückweg ein Paket Küchenrollen, um das Blut aller Schuldigen aufzuwischen und zusammen mit den Leichen im Fundament fürs Gartenhäuschen zu vergraben.

D) Ich kaufe auf dem Rückweg ein Paket Küchenrollen. Meine Allergien kommen durch.

FRAGE 20

Sie krachen nach Abschluss aller Arbeiten selber mit dem Wagen vor Ihre endlich fertige Hauswand. Was tun Sie?

A) Ich suche den Zettel mit der Telefonnummer und lasse mir selber die Beine brechen. Gleiches Recht für alle.

B) Ich rufe den Typen mit der Telefonnummer auf dem Zettel an, der mittlerweile mein bester Freund ist, und wir beide machen einen drauf. Danach soll er mir eine reinhauen.

C) Jiippiiieeeeehhh!!! Es wird niemals aufhören!!!!!!

D) Oh Gott. Es wird niemals aufhören! Wieso habe ich plötzlich so ein Ziehen in der Brust und im linken Arm ...?

AUFLÖSUNG

Überwiegend A)
Sie haben dieses Buch aufmerksam gelesen und kommen aus eventuell anstehenden Umbauarbeiten am Ende gesund wieder raus. Machen Sie sich keine Sorgen, Sie werden das locker packen. Respekt, Sie sind der Dalai Lama der Bauherren.

Überwiegend B)
Auch wenn ich Sie unglaublich gut verstehen kann, aber das ist nicht die richtige Einstellung. Sie sollten mit der Renovierung noch etwas warten, bis es Ihnen besser geht. Ich gebe zu, dass auch ich mich hin und wieder danach gesehnt habe, mich einfach so zu verhalten wie Typ b). Es wäre ungemein befreiend gewesen. Aber die rechtlichen Konsequenzen liegen überdeutlich auf der Hand. Somit kann ich Ihnen davon nur abraten. Falls sich die Gesetzeslage ändern sollte und Sie vor mir davon erfahren, lassen Sie es mich wissen!

Überwiegend C)
Ich hasse Sie. Machen Sie doch, was Sie wollen!

Überwiegend D)
Sie dürfen auf GAR KEINEN FALL ein Haus oder auch nur eine klitzekleine Wohnung umbauen oder mit dem Gedanken spielen zu bauen. NIEMALS! Lassen Sie es! Sie sind viel zu nett, naiv und ... dusselig. Sollten Sie doch Ähnliches planen, so werden Sie die nächsten fünf Jahre wohl nicht überstehen. Es sei denn, Sie holen sich einen Typ b) zur Unterstützung an Ihre Seite. Das könnte klappen. Viel Erfolg!

Regelkatalog
für den richtigen Umgang mit Handwerkern

Damit Sie besser auf den Einfall der dritten Panzer-Zerstörungs-Division vorbereitet sind und auch, um Ihnen ein wenig die Angst zu nehmen, möchte ich Ihnen einen kleinen Regelkatalog zur Seite stellen. Studieren Sie ihn vor eventuellen Renovierungsarbeiten, Umbaumaßnahmen oder Bauvorhaben gründlich, oder schlagen Sie während der Ausrufung des Notstandes jederzeit nach. Sie werden viel Nützliches und in der ein oder anderen schweren Stunde vielleicht auch ein wenig Trost in diesen Zeilen finden.

REGEL 1
Vertrauen ist mutig, danebenstehen ist besser.

REGEL 2
Schlafen Sie länger, dann klingeln sie früher.

REGEL 3

Stellen Sie alle alten Möbel, die Sie loswerden oder über die Versicherung abrechnen wollen, auf ihre Plätze und decken Sie diese ab.
Wenn Sie sicher gehen wollen, dass die Sachen auch kaputt gehen, hängen Sie ein Schild mit »Vorsicht« dran.

REGEL 4

Seien Sie ehrlich, wenn die Arbeiten stocken sollen.
Seien Sie stockbesoffen, wenn die Arbeiter ehrlich sein sollen.

REGEL 5

Stellen Sie keine Fragen, wenn Sie Antworten wollen.
Und antworten Sie selbst niemals. Auf gar nichts.
Es hört Ihnen eh keiner zu.

REGEL 6

Wenn etwas als Allerletztes gemacht werden soll, betonen Sie einfach in jedem möglichen Augenblick, wie wichtig und dringend Sie diese Arbeit erledigt haben wollen.

REGEL 7

Denken Sie nicht mehr in alten Zeitschemata! Nur noch in Arbeitsstunden.
Einzige Ausnahme ist der Liebesakt mit Ihrem Partner.
Und passen Sie auf, dass Sie keine Rechnung schreiben.

REGEL 8
»Mal eben schnell miterledigen« ist keine Aufmerksamkeit, sondern teuer.

REGEL 9
Stehen Sie niemals hinter einem Handwerker, wenn er sich bückt. Die Bilder kriegen Sie nie wieder aus dem Kopf!

REGEL 10
Erinnern Sie unter gar keinen Umständen einen Handwerker an seine Aussage von gestern.
Die implodieren.

Alle weiteren 666 Regeln werden gerade im weltweit ersten Handwerker-Regel-Lexikon abgedruckt.
Der Umfang hätte den Rahmen dieses Ratgebers leider gesprengt. Der Veröffentlichungstermin des Lexikons wird bekannt gegeben, sobald der Strom in der Druckerei wieder funktioniert. Man wartet dort nur noch auf den Elektriker.

Alternativ wird gerade Johannes Gutenbergs erste Druckerpresse von 1442 aus Mainz herangeschafft.

Geht wahrscheinlich schneller.

Letzte Tipps
für Betroffene

TIPP 1 Kaufen Sie rechtzeitig ausreichend Obst, Gemüse und Frischwasser. Sie werden Ihr Heim vermutlich für eine sehr lange Zeit nicht mehr verlassen.

TIPP 2 Seien Sie 25 Stunden anwesend. Am besten immer an mehreren Stellen gleichzeitig.

TIPP 3 Reservieren Sie rechtzeitig zwei fixe Termine pro Woche für die gesamte Umbauzeit in Ihrem Kalender. Einen für den Aggressionstrainer. Einen für den Psychiater.

TIPP 4 Meditieren Sie! Üben Sie sich in Gelassenheit und Geduld! Atmen Sie tief durch ... und hängen Sie an die erneute Verschiebung der Fertigstellung einfach noch einen Monat Meditation dran ... Om shanti.

TIPP 5 Fragen Sie hin und wieder mit wirrem Blick, ob das Raumschiff schon gelandet ist. Sie werden sehen, dass die Arbeiten viel schneller gehen, weil alle aus dem Irrenhaus raus wollen.

TIPP 6 Wenn Sie jemanden überhaupt nicht mögen, fragen Sie ihn, ob er bei Ihnen auf das Haus aufpasst, während Sie in Urlaub fahren. Zwei Fliegen mit einer Klappe.

TIPP 7 Sagen Sie das Gegenteil von dem, was Sie wollen. Dann haben Sie die besten Chancen, das zu bekommen, was Sie gerne hätten.

TIPP 8 Überprüfen Sie stets Ihre liquiden Mittel: Wie viel würden Sie für den Fernseher bekommen? Was hat Oma noch unter der Matratze? So sind Sie immer auf den Krisenfall vorbereitet.

TIPP 9 Falls Sie noch keine Fußketten haben, legen Sie sich doch ein Zwölferset zu. Ungemein praktisch.

TIPP 10 Beantragen Sie Ihren Telefonanschluss, sobald Sie bei Ihren Eltern ausziehen. Da das bei den meisten schon zu spät sein dürfte, am besten jetzt! Auch wenn Sie noch kein neues Heim im Auge haben. Es wird trotzdem länger dauern.

TIPP 11 Wenn die Fertigstellung ein halbes Jahr später immer noch nicht erfolgt ist, hören Sie auf mit dem verdammten Meditieren und verstecken die Leichen im Beton-Fundament.

TIPP 12 Wenn wirklich gar nichts anderes mehr hilft: Ziehen Sie sich 'ne blaue Hose an und infiltrieren als Geheimwerker die andere Seite. Nachdem Sie den Feind ausgelöscht haben, ist endlich ... Frieden.

Kleines Fotoalbum zum Schluss

Ich habe darauf verzichtet, überall im Buch schlimme Baustellenfotos einzufügen. Zum einen, weil Sie die Motive wahrscheinlich sowieso schon hundert Mal gesehen haben, und zum anderen, weil ich Ihrer Fantasie Raum geben wollte.

Nichtsdestotrotz sollen Sie sich aber an ein paar Schnappschüssen aus der dunklen Zeit erfreuen dürfen. Zum Abschluss gibt es daher einige meiner Lieblingsbilder, die ich extra für Sie zusammengetragen habe. Viel Spaß damit!

Das angesprochene grüne Badezimmer. Todschick!

Die Entdeckung von Hohlräumen, defekten Leitungen, unglaublichem Pfusch beim Bau und einer Leiche in der Wand.

Nein, das war gelogen. Aber es hat definitiv so gerochen!

Einsetzende Resignation.

Natürlich machen wir nichts dreckig!

Wie man hier sieht, haben sich alle Handwerker penibel an ihr Versprechen gehalten.

Noch unter Strom stehende Kabel wurden absolut fachmännisch zusammengebunden und somit ausreichend gesichert.
Da konnte gar nichts passieren.
Wenn keiner da war.

Vielleicht ist das Häuschen früher mal ein Freibad gewesen?

Ein wunderbares Beispiel für die stets durchdachte Vorgehensweise diverser Handwerker. Hier hatte jemand mit dem Hammer in die Verkleidung geschlagen und erst danach überlegt, ob das überhaupt nötig gewesen war.

War es nicht.

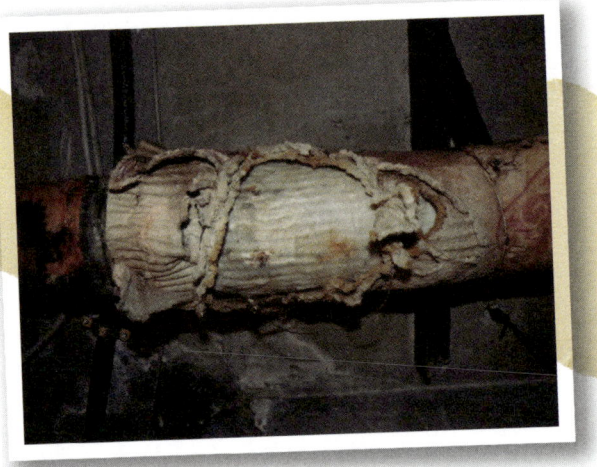

Alte Rohre sind eben alte Rohre.

Aber SO alt hätten sie auch nicht sein müssen.

Manchmal war es wirklich ...
Sie wissen schon.

Zum Schluss noch schnell ein Beispiel für die hochprofessionellen Sanierungsmaßnahmen des ersten Elektrikers.

Nun ja, viel schlimmer, als es vorher war, ...

... konnte es allerdings auch nicht mehr werden.

Im Zweiten Weltkrieg war diese Anlage sicher ganz heißer Scheiß.